Le droit administratif en Roumanie

Logiques Juridiques
Fondée par Gérard Marcou
Dirigée par Jean-Claude Némery et Thomas Perroud

Le droit n'est pas seulement un savoir, il est d'abord un ensemble de rapports et pratiques que l'on rencontre dans presque toutes les formes de sociétés. C'est pourquoi il a toujours donné lieu à la fois à une littérature de juristes professionnels, produisant le savoir juridique, et à une littérature sur le droit, produite par des philosophes, des sociologues ou des économistes notamment.

Parce que le domaine du droit s'étend sans cesse et rend de plus en plus souvent nécessaire le recours au savoir juridique spécialisé, même dans des matières où il n'avait jadis qu'une importance secondaire, les ouvrages juridiques à caractère professionnel ou pédagogique dominent l'édition, et ils tendent à réduire la recherche en droit à sa seule dimension positive. À l'inverse de cette tendance, la collection « Logiques juridiques » des éditions L'Harmattan est ouverte à toutes les approches du droit. Tout en publiant aussi des ouvrages à vocation professionnelle ou pédagogique, elle se fixe avant tout pour but de contribuer à la publication et à la diffusion des recherches en droit, ainsi qu'au dialogue scientifique sur le droit. Comme son nom l'indique, elle se veut plurielle.

Dernières parutions

Robert VINCENT, *Les fédérations sportives françaises. Analyse par la gouvernance*, 2022.
Wiyao KAO, *Le contrat portant sur une chose future. Essai d'une théorie générale*, 2022.
Clemmy FRIEDRICH, *Les contrats de l'administration mis en discours, Une histoire doctrinale du droit administratif (1800-1960)*, Tome 2.
Clemmy FRIEDRICH, *Les contrats de l'administration mis en discours, Une histoire doctrinale du droit administratif (1800-1960)*, Tome 1.
Eric GILARDEAU, *L'empire du matérialisme juridique sur le contrat. La réforme du contrat dans les codes civils allemand et français*, 2022.

Cătălin-Silviu Săraru

Le droit administratif en Roumanie

Préface du Professeur Julien Cazala

L'Harmattan

Du même auteur

- Cătălin-Silviu Săraru, *Tratat de contencios administrativ [Traité contentieux administratif],* Maison d'édition Universul Juridic, Bucarest, 2022, 571 pages

- Cătălin-Silviu Săraru (editor), *Current Issues in Administrative Law*, Cambridge Scholars Publishing, Newcastle upon Tyne, UK, 2020, 152 pages

- Cătălin-Silviu Săraru, *European Administrative Space - recent challenges and evolution prospects,* ADJURIS – International Academic Publisher, Bucharest, 2017, 142 pages

- Cătălin-Silviu Săraru, *Drept administrativ. Probleme fundamentale ale dreptului public [Droit administratif. Problèmes fondamentaux de droit public]*, Maison d'édition C.H. Beck, Bucarest, 2016, 844 pages

- Cătălin-Silviu Săraru (editor), *Studies of Business Law - Recent Developments and Perspectives*, Peter Lang, Frankfurt am Main, 2013, 316 pages

- Cătălin-Silviu Săraru, *Cartea de contracte administrative. Modele. Comentarii. Explicatii [Livre de contrats administratifs. Modèles de rôle. Commentaires. Explications]*, Maison d'édition C.H. Beck, Bucarest, 2013, 480 pages, livre récompensé en 2014 par le prix "Anibal Teodorescu" décerné par l'Union des Juristes de Roumanie

5-7, rue de l'Ecole-Polytechnique, 75005 Paris
http://www.editions-harmattan.fr
ISBN : 978-2-14-030558-0
EAN : 9782140305580

Préface

L'ouvrage que nous présente Cătălin-Silviu Săraru vise à rendre accessible au monde francophone, dans un format resserré, l'essentiel du droit administratif roumain. A lui seul, cet aspect justifierait l'intérêt de l'ouvrage mais il entend aller bien au-delà en affirmant que "la manière dont le droit administratif est réglementé dans un État reflète le degré de démocratisation de ce pays, la mesure dans laquelle des garanties juridiques sont mises à la disposition du citoyen pour se défendre". L'ouvrage invite ainsi à porte un regard très large sur l'ensemble du système juridique roumain de tradition civiliste. Le panorama s'étend à de nombreux aspects du droit public à travers la présentation des points de contact entre droit administratif, science administrative et droit constitutionnel.

Les mouvements d'influence et de mimétisme à l'œuvre dans le développement d'un droit global et spécialement d'un droit administratif global ne sauraient priver de l'intérêt de prendre connaissance, avec la plus grande finesse, de ce qui fait la spécificité de tel ou tel ordre juridique national. Cătălin-Silviu Săraru présente de manière aussi claire que concise le cadre théorique de l'ordre administratif roumain. Limitée à cette dimension, la présentation resterait sans doute incomplète. Celle-ci ne saurait être totalement désincarnée et c'est tout le mérite de l'auteur, dans une approche concrète, de présenter de nombreux aspects pertinents tirés de la jurisprudence des tribunaux administratifs.

Mêlant une approche historique et contemporaine, le tableau d'ensemble permet à l'auteur d'identifier les lacunes ou limites du système juridique et de formuler de nombreuses propositions de réforme visant à les combler. L'ouvrage explore ainsi non seulement les réalités actuelles mais aussi les perspectives de développement du droit administratif roumain. Il constituera sans aucun doute un point de repère et une source d'inspiration pour les spécialistes du droit administratif souhaitant prendre connaissance de la manière dont cette discipline s'est constituée et déploie ses effets dans l'ordre juridique roumain.

Professeur Julien Cazala
Université Sorbonne Paris Nord

les délits ou les différends entre particuliers »[2]. Le pouvoir, disait Lord Acton, tend à corrompre, et le pouvoir absolu corrompt absolument[3].

L'existence de ces trois pouvoirs se contrôlant mutuellement et travaillant ensemble pour répondre aux besoins de la société est susceptible de prévenir les abus à l'encontre des citoyens. Selon Montesquieu, « pour qu'il n'y ait pas de possibilité d'abus de pouvoir, il faut que, par un ordre établi, le pouvoir soit limité par le pouvoir »[4].

La théorie de Montesquieu sur la séparation des pouvoirs dans l'État est à la base de l'organisation des États démocratiques d'aujourd'hui. Cette théorie n'a pas été à l'abri des critiques au fil des ans. La critique la plus importante découle du fait que **le pouvoir de l'État est unique et indivisible** et qu'en réalité, nous parlons de l'existence de fonctions étatiques et non de pouvoirs distincts, à savoir **les fonctions législative, exécutive** et **judiciaire**[5]. En fonction de leurs compétences établies par la loi, les organes de l'État seront regroupés selon ces fonctions en organes législatifs, exécutifs ou judiciaires.

C'est Maurice Hauriou qui définira les termes de *pouvoir*, de *fonction* ou d'*organe d'une* manière qui correspond aux réalités d'aujourd'hui : « il y a trois notions connexes qu'il faut distinguer avec beaucoup de soin :

1. celle des *fonctions de l'État*, comme l'administration de la justice, ou l'élaboration des lois, ou le gouvernement, ou l'administration ;

---

[2] Montesquieu, *De l'esprit des lois*, Maison d'Edition Scientifique, Bucarest, 1964, p. 196.

[3] Lettre à l'évêque Mandell Creighton, 5 avril 1887, publiée dans *Historical Essays and Studies*, édité par J. N. Figgis et R. V. Laurence, Londres : Macmillan, 1907.

[4] Montesquieu, *op. cit.*, p. 194.

[5] Voir G. Burdeau, *Traité de science politique*, LGDJ, 1966, p. 300 ; Ion Deleanu, *Séparation des pouvoirs dans l'État – dogme ou réalité*, « Dreptul » no. 2-3/1991, p. 17-18.

2. celle des *organismes*, qui sont des organisations de personnes chargées d'exercer des fonctions ;

3. celle des *pouvoirs publics*, qui sont l'expression des pouvoirs (compétences) en vertu desquels les organismes exercent leurs fonctions »[6].

Aujourd'hui, ce qui est en jeu n'est pas tant la séparation que l'équilibre des pouvoirs. L'équilibre des pouvoirs doit permettre, sur le plan juridique, d'éviter le cumul de l'exercice des trois pouvoirs, afin qu'ils ne puissent pas « attribuer » une souveraineté dont le seul titulaire est le peuple, et sur le plan politique, d'empêcher les abus que pourrait commettre un seul titulaire de pouvoirs, abus qui mettraient en danger la liberté des citoyens[7].

En Roumanie, selon l'article 4 de la Constitution révisée, l'État est organisé selon le principe de la séparation et de l'équilibre des pouvoirs – législatif, exécutif et judiciaire – dans le cadre de la démocratie constitutionnelle. Les modalités concrètes de coopération et d'intégration de ces trois pouvoirs dans le système d'organisation sociale et politique sont définies par des règles juridiques.

L'équilibre des pouvoirs nécessite une coopération entre eux qui est réalisée[8] :

(a) par le fait que l'exercice d'une fonction est associé à des organes appartenant à une autre puissance. Par exemple, le président, qui fait partie du pouvoir exécutif, promulgue les lois adoptées par le Parlement, qui exerce le pouvoir législatif. La procédure d'investiture du gouvernement exige également, selon l'article 103 de la Constitution, une coopération entre le Président, qui désigne le candidat au poste de Premier ministre, et le Parlement, qui donne le vote de confiance sur le programme et la liste du gouvernement proposés par le candidat.

---

[6] Maurice Hauriou, *Précis de droit constitutionnel*, 2e, Sirey, 1929, p. 347.

[7] Pierre Pactet, *Institutions politiques. Droit constitutionnel*, Éditions Armand Colin, Paris, 2001, p. 110-111.

[8] Constantin G. Rarincescu, *Romanian Administrative Litigation*, deuxième édition, « Universala » Alcalay & Co, Bucarest, 1936, p. 21.

b) par le contrôle mutuel des pouvoirs. Ainsi, le Président de la Roumanie peut dissoudre le Parlement si celui-ci n'a pas accordé le vote de confiance pour la formation du gouvernement, dans les conditions prévues à l'article 89 de la Constitution ; le Parlement peut retirer la confiance accordée au gouvernement à la suite d'une motion de censure adoptée en vertu de l'article 113 de la Constitution ; les tribunaux peuvent annuler les actes administratifs illégaux dans les conditions prévues par la loi n° 554/2004 sur le contentieux administratif, etc.

Un rôle important dans la préservation de l'équilibre des pouvoirs dans l'État est joué en Roumanie par la Cour constitutionnelle, qui règle, par l'effet du contrôle de constitutionnalité de la loi, les divergences concernant les frontières entre les autorités publiques, en assurant le respect des limites de leur autonomie fonctionnelle[9].

1.2.1 Le pouvoir législatif

Le pouvoir législatif est la fonction de l'État qui s'incarne dans l'activité parlementaire d'examen et de délibération des projets et propositions de loi et de vote de la loi[10].

L'État a pour rôle d'établir les règles de conduite sociale obligatoire (normes juridiques). L'État peut principalement réglementer toute catégorie de relations sociales.

Le pouvoir législatif est généralement exercé par le Parlement. Dans de nombreux pays (dont la Roumanie), l'exécutif peut également être impliqué dans la fonction législative, notamment par le biais de l'initiative législative, de la législation déléguée et de la promulgation de lois.

En vertu de l'article 61, paragraphe 1 de la Constitution roumaine révisée, « le Parlement est l'organe suprême de

---

[9] Ioan Muraru, Mihai Constantinescu, *Le rôle des Cours constitutionnelles pour assurer l'équilibre des pouvoirs dans l'État*, « Dreptul » no. 9/1996, p. 5.

[10] Voir Ioan Vida, *Manuel de légistique formelle. Introduction à la technique et à la procédure législatives*, Maison d'édition Lumina Lex, Bucarest, 2000, p. 41-42.

représentation du peuple roumain et l'*unique autorité législative du pays* ».

Le Parlement roumain est bicaméral, composé de la Chambre des députés et du Sénat, conformément à l'article 61, paragraphe 1, de la Constitution. (2) de la Constitution roumaine révisée.

1.2.2 Le pouvoir judiciaire

Le pouvoir judiciaire est la fonction de l'État par laquelle celui-ci assume la tâche de régler les litiges entre les personnes physiques et morales.

Selon l'article 124 paragraphe (2) de la Constitution roumaine révisée « la justice est unique, impartiale et égale pour tous », et selon l'article 124, paragraphe 3 « les juges sont indépendants et ne sont soumis qu'à la loi ».

Les principes, la structure et l'organisation du système judiciaire roumain sont consacrés par la Constitution roumaine et la loi n° 304/2004 *sur l'organisation judiciaire*[11].

La justice est rendue au nom de la loi et est exercée par les juridictions suivantes : la Haute Cour de cassation et de justice, les Cours d'appel, les tribunaux, les tribunaux spécialisés, les tribunaux militaires et les juges.

1.2.3 Le pouvoir exécutif

Le pouvoir exécutif est la fonction de l'État qui organise et fait appliquer la loi[12].

En fonction de la structure de l'exécutif, on peut distinguer l'exécutif monocratique et l'exécutif dualiste.

L'exécutif monocratique se caractérise par la détention de la fonction exécutive par une seule entité étatique. On le retrouve aujourd'hui dans les monarchies absolues où le monarque détient

---

[11] Republié au *Journal officiel*, partie I, n° 827 du 13 septembre 2005, tel que modifié ultérieurement.

[12] Ioan Alexandru, *Traité d'administration publique*, Maison d'édition Universul Juridic, Bucarest, 2008, p. 67.

tous les pouvoirs de l'État. Aujourd'hui, de telles monarchies existent encore dans 6 pays d'Afrique (Swaziland), d'Asie (Brunei, Oman, Qatar, Arabie saoudite) et d'Europe (le Vatican). L'exécutif monocratique se retrouve également dans certaines monarchies constitutionnelles où la Constitution stipule que le pouvoir exécutif appartient au roi et que le pouvoir législatif est exercé collectivement par le roi et le Parlement (Belgique, Danemark, etc.).

L'exécutif monocratique se retrouve également dans les Républiques à régime présidentiel. Par exemple, aux États-Unis, selon la Constitution, le président est le chef de l'État et aussi le chef du gouvernement, ce qui concentre l'ensemble du gouvernement.

L'exécutif dualiste se caractérise par le fait que la fonction exécutive est confiée à une personne qui exerce la fonction de chef d'État et à un organe collégial (gouvernement, conseil des ministres, cabinet, etc.) qui dispose de pouvoirs qu'il exerce de manière autonome, dans une relation de collaboration plutôt que de subordination. L'exécutif dualiste est une structure qui caractérise principalement les régimes parlementaires (Italie, Allemagne, Grèce, République tchèque, Estonie, Pologne, etc.) On trouve également des exécutifs dualistes dans les pays semi-présidentiels (France, Roumanie, Autriche, Finlande, Irlande, Portugal...).

En Roumanie, la Constitution révisée donne naissance à une **structure bicéphale de l'exécutif, composée du président et du gouvernement**. Il n'existe pas de lien hiérarchique entre le Président de la Roumanie et le gouvernement.

Le gouvernement, conformément à son programme de gouvernement accepté par le Parlement, assure la mise en œuvre de la politique intérieure et extérieure du pays et exerce la direction générale de l'administration publique [article 102 (1) de la Constitution roumaine révisée].

Le Président de la Roumanie représente l'État roumain et est le garant de l'indépendance nationale, de l'unité et de l'intégrité territoriale du pays (article 80, paragraphe 1, de la Constitution roumaine révisée). Le Président assure également la médiation entre les pouvoirs de l'État et entre l'État et la société, conformément à l'article 80, paragraphe 1, de la Constitution roumaine révisée. (2) de la Constitution roumaine révisée.

Dans la conception moderne, l'exécutif est considéré comme ayant deux dimensions[13] :

a) **La gouvernance** qui signifie « prendre des décisions essentielles qui engagent l'avenir de la nation », « des décisions à long terme ». La gouvernance est une question de désirs politiques et de grands intérêts nationaux. Le travail du gouvernement implique généralement une responsabilité politique devant le Parlement et l'opinion publique.

b) **L'administration** qui désigne l'accomplissement des tâches quotidiennes en organisant l'exécution et en mettant en pratique les dispositions de la loi afin de maintenir l'ordre public et le fonctionnement des services publics. Par l'activité d'administration, des relations juridiques concrètes entre les autorités de l'administration publique et les personnes physiques et morales sont créées, modifiées ou éteintes, dans lesquelles tant les autorités publiques que les fonctionnaires peuvent être tenus légalement responsables.

L'administration publique est donc un segment de l'exécutif, sans pour autant le chevaucher. Mais l'administration publique peut **également être assurée de manière subsidiaire par** le Parlement et le pouvoir judiciaire.

Ainsi, les activités exercées par les fonctionnaires parlementaires[14] dans les structures spécialisées du Parlement pour l'organisation et le déroulement des séances de la Chambre des députés et du Sénat (convocation, rédaction de l'ordre du jour, distribution des documents, rédaction des procès-verbaux, etc.) sont des activités administratives. De même, l'activité consistant à

---

[13] Voir Jean Rivero, *Droit administratif*, 12e édition, Dalloz, Paris, 1987, p. 15 ; Verginia Vedinaş, *Drept administrativ*, 9e édition revue et mise à jour, Maison d'édition Universul Juridic, Bucarest, 2015, p. 41-42.

[14] Les conditions d'exercice des fonctions publiques parlementaires et les droits et obligations des fonctionnaires parlementaires sont régis par la loi n° 7/2006 *sur le statut des fonctionnaires parlementaires* (republiée au *Journal officiel*, partie I, n° 345 du 25 mai 2009, telle que modifiée).

organiser les audiences des tribunaux avec l'aide des greffiers est une activité administrative.

En outre, de nos jours, l'administration publique peut également être assurée par des personnes morales privées qui, conformément à la loi, ont obtenu le statut de service public ou sont autorisées à fournir un service public sous la puissance publique.

Ces questions soulignent que **l'administration publique est très étroitement liée au pouvoir exécutif, mais ne doit pas être confondue avec lui.**[15]

La distinction entre les dimensions de gouvernance et d'administration du pouvoir exécutif est plus théorique, car dans la pratique, il est difficile de faire la distinction entre la gouvernance et l'administration, d'autant plus qu'elles sont généralement réalisées par les mêmes organes exécutifs[16].

Cette distinction est plus prononcée dans le cas des pouvoirs du Président de la Roumanie expressément prévus par la Constitution. Ainsi, si nous analysons les dispositions de la Constitution révisée, nous constatons que le Président de la Roumanie exerce des **pouvoirs qui sont de nature administrative prononcée** (le Président peut consulter le gouvernement sur des questions urgentes et d'importance particulière ; cf. article 86 de la Constitution ; il peut participer, de sa propre initiative, aux réunions du gouvernement où sont débattues les questions d'intérêt national concernant la politique extérieure, la défense du pays, le maintien de l'ordre public, ainsi que, à la demande du Premier ministre, dans d'autres situations, présider les réunions du gouvernement auxquelles il participe ; cf. article 87 de la Constitution ; il est le commandant des forces armées et agit en tant que président du Conseil suprême de la défense nationale ; cf. article 92 de la Constitution ; confère des décorations et des titres honorifiques ; accorde les grades de

---

[15] Voir Alexandru Negoiță, *Droit administratif*, Maison d'édition Sylvi, Bucarest, 1996, p. 8 ; Ioan Vida, *Pouvoir exécutif et administration publique*, Régie autonome „Monitorul Oficial" Bucarest, 1994, p. 30.

[16] Voir Jean Rivero, Jean Waline, *Droit administratif*, 14e édition, Dalloz, Paris, 1992, p. 11.

maréchal, de général et d'amiral ; nomme aux fonctions publiques et accorde des grâces individuelles en vertu de l'article 94 de la Constitution, etc.) et **des pouvoirs de nature politique prononcée** propres au gouvernement (nomination du candidat aux fonctions de Premier ministre et nomination du gouvernement en vertu de l'article 85 de la Constitution ; envoi de messages au Parlement en vertu de l'article 88 de la Constitution ; dissolution du Parlement en vertu de l'article 89 de la Constitution ; demande de référendum en vertu de l'article 90 de la Constitution ; médiation entre les pouvoirs de l'État et entre l'État et la société en vertu de l'article 80 de la Constitution, etc.)[17].

Dans le cas du gouvernement, il est plus difficile de faire une séparation entre les pouvoirs à caractère politique prononcé propres au gouvernement et les pouvoirs à caractère administratif prononcé car la Constitution ne prévoit pas expressément les pouvoirs du gouvernement, mais indique seulement à l'article 102 son rôle général, à savoir : « Le gouvernement, selon son programme de gouvernement accepté par le Parlement, assure la mise en œuvre de la politique intérieure et extérieure du pays et exerce la direction générale de l'administration publique ». Il découle de cette réglementation constitutionnelle que le gouvernement remplit deux fonctions principales :

a) en tant qu'initiateur et exécutant de la politique nationale. À cette fin, le gouvernement approuve les stratégies et les programmes de développement économique du pays par branche et par domaine d'activité ;

b) gestion générale de l'administration publique. À cette fin, il élabore des règlements administratifs pour assurer la création du cadre réglementaire et institutionnel nécessaire à la réalisation des objectifs stratégiques ; il gère les biens publics et privés de l'État ; il gère les services publics dont l'État est responsable.

---

[17] Voir Antonie Iorgovan, *Traité de droit administratif*, vol. I, 4e édition, Maison d'édition All Beck, Bucarest, 2005, p. 69-70.

CHAPITRE 2.

Administration publique

2.1 Concept d'administration publique

Le terme « administration » vient du latin « *administer* »[1] (formé de « ad » signifiant « à » et de « minister » se traduisant par « serviteur », « sujet ») désignant une *activité subordonnée.* Il s'ensuit que l'« administration publique » désigne une activité subordonnée à l'intérêt public, une activité servant les intérêts des citoyens, de la société.

La notion d'administration publique a un double sens : **un sens formel (organique)** et **un sens matériel (fonctionnel)**[2].

Au **sens formel (organique)**, l'administration publique désigne l'ensemble des autorités et institutions publiques qui exercent, sur la base et dans le but d'exécuter la loi, une activité spécifique.

En Roumanie, les autorités qui assurent l'administration publique au **sens formel-organique** sont les suivantes :

---

[1] Voir Ioan Alexandru, *op. cit.* (*Traité d'administration publique*), 2008, p. 72.

[2] Voir Jean Rivero, Jean Waline, *op. cit.* (*Droit administratif*), 1992, p. 9, 11-12 ; Antonie Iorgovan, *op. cit.* (*Traité de droit administratif*), vol. I, 2005, p. 64 ; Verginia Vedinaş, *op. cit.* (*Droit administratif*), 2015, p. 36 ; Rodica Narcisa Petrescu, *Droit administratif*, Maison d'édition Hamangiu, Bucarest, 2009, p. 5 ; Anton Trăilescu, *Droit administratif*, 4e édition, Maison d'édition C. H. Beck, Bucarest, 2010, p. 1.

A. Autorités et institutions de l'État

Autorités et institutions du gouvernement central

a) Président de la Roumanie ;

b) Gouvernement ;

c) L'administration publique centrale spécialisée composée de :

1. *Autorités de l'administration publique centrale subordonnées au gouvernement* – structures administratives directement subordonnées au gouvernement [ministères, autres organismes spécialisés selon l'article 116, paragraphe (2) de la Constitution] ou subordonnées à des ministères (par exemple, l'Agence nationale d'administration fiscale subordonnée au ministère des Finances publiques) ;

2. *Les autorités autonomes du gouvernement central* – sont établies par une loi organique, conformément à l'article 117, paragraphe (3) de la Constitution (par exemple, l'Avocat du peuple, le Conseil législatif, la Cour des comptes, la Banque nationale de Roumanie, le Service de renseignements roumain, l'Autorité de surveillance financière, etc.)

Parallèlement à ces autorités et institutions de l'administration publique centrale, des *sociétés nationales et des sociétés autonomes* ont été créées pour la gestion directe de certains services et activités publics à caractère économique prononcé, qui sont organisées et fonctionnent sous l'autorité de ministères ou d'autorités centrales autonomes (par exemple, la Société nationale des autoroutes et des routes nationales de Roumanie – S. A. sous l'autorité du ministère des Transports).

Autorités et institutions du gouvernement central dévolues au territoire

a) Préfet – représentant du gouvernement au niveau local ;

b) Les services publics décentralisés sur le territoire des ministères et autres organes centraux spécialisés, dirigés par le préfet (par exemple, les directions départementales de la santé publique et de la municipalité de Bucarest, qui dépendent du ministère de la santé).

B. Autorités et institutions locales autonomes (organisées en unités administratives-territoriales)

a) *Les autorités délibérantes* (conseil local, conseil départemental, conseil général de Bucarest, conseils locaux des subdivisions administratives-territoriales des municipalités) ;

b) *Les autorités exécutives* (maires des communes, villes, municipalités, subdivisions administratives-territoriales des municipalités, le maire général de Bucarest et le président du Conseil départemental).

À côté de ces autorités et institutions d'autonomie locale, afin de répondre aux besoins des communautés locales au niveau des unités administratives-territoriales, il y a souvent aussi des *organismes fournissant des services publics et des services d'utilité publique d'intérêt local ou départemental* prévus par l'article 92, paragraphe 2, du Code administratif :

a) les institutions publiques d'intérêt local ou départemental ;

b) les entreprises et sociétés autonomes créées par des décisions des autorités délibérantes, ci-après dénommées entreprises et sociétés autonomes d'intérêt local ou départemental ;

c) les associations de développement intercommunautaire ;

d) les prestataires de services sociaux, qu'ils soient publics ou privés, qui fournissent des services sociaux conformément à la loi ;

e) les associations, fondations et fédérations reconnues d'utilité publique, conformément à la loi ;

f) les opérateurs de services publics communautaires locaux ou du comté ;

g) les opérateurs régionaux, établis en vertu de la loi.

Au **sens matériel (fonctionnel)**, l'administration publique désigne l'activité consistant à organiser l'exécution et la mise en œuvre pratique des lois[3] par les autorités et les institutions publiques afin de satisfaire les intérêts généraux de la société, activité réalisée par des actions de nature dispositive et des actions de nature performative.

---

[3] Le terme « loi » est utilisé ici dans un *sens général* (*lato sensu*) pour couvrir tous les actes de nature réglementaire émis par une autorité publique suite à une décision unilatérale.

L'exécution des lois est organisée par l'adoption d'actes administratifs à caractère normatif (décisions du gouvernement, arrêtés et instructions des ministres, décisions des conseils locaux, etc.) et d'opérations administratives (par exemple, la construction de bâtiments dans lesquels seront situées les nouvelles institutions créées par la loi pour satisfaire un intérêt public spécifique) qui créent le cadre de l'application des lois et prennent les mesures prévues par la loi.

La mise en œuvre effective des lois passe par la délivrance d'actes administratifs individuels (par exemple, un permis de construire), la conclusion de contrats de droit public (contrats administratifs de concession, contrats de marchés publics, etc.) ou de droit privé (contrats de travail, contrats de donation, etc.) et la réalisation d'opérations administratives (avis, procès-verbaux, rapports, enquêtes de terrain, etc.) par l'intermédiaire de structures administratives.

Le contenu de l'administration publique, considéré dans un sens matériel, s'articule autour de deux composantes essentielles[4] :

– *la composante exécutive-dispositive* par laquelle l'administration publique organise l'exécution et exécute effectivement les lois en adoptant des actes administratifs unilatéraux (décisions du gouvernement, ordres et instructions des ministres, décisions des conseils locaux, etc.)

– *la composante prestation de services publics* par lequel l'administration publique établit, organise et prend les mesures nécessaires pour assurer le bon fonctionnement des services publics en adoptant, à cette fin, des actes administratifs unilatéraux et des actes administratifs bilatéraux (contrats de concession, contrats de marchés publics, contrats de gestion publique, contrats de partenariat public-privé, etc.)

---

[4] Voir Anton Trăilescu, *op. cit.* (*Droit administratif*), 2010, p. 1 ; Alexandru Negoiță, *op. cit.* (*Droit administratif*), 1996, p. 8-13.

2.2 Le phénomène administratif

L'administration publique peut être perçue comme un véritable phénomène social en raison de la complexité des tâches sociales dont elle est chargée[5]. L'administration publique doit s'adapter en permanence à la multitude de faits sociaux que l'on trouve dans la société, pour suivre la typologie des besoins de la société. C'est pourquoi, sous le parapluie de l'administration publique, il existe une multitude d'institutions aux tâches diverses, qui se diversifient constamment. Tous ces éléments forment ce que l'on appelle le *phénomène administratif*.

L'administration publique connaît une expansion continue dans tous les pays du monde depuis plus d'un demi-siècle[6]. Le passage de l'État-providence à l'État social s'est traduit par une augmentation du nombre de services publics correspondant à des besoins sociaux de plus en plus diversifiés. Alors qu'avant le XXe siècle, il n'existait même pas de service public de l'éducation, on parle aujourd'hui de services publics de l'aviation civile et militaire, de services publics de la recherche atomique, etc.

On peut donc parler d'un sous-système d'administration publique composé d'une variété de structures organisationnelles et de connexions sociales intégrées dans le système social global[7].

2.3 L'objectif de l'administration publique

L'objectif de l'administration publique est de satisfaire, dans les meilleures conditions possibles, les exigences sociales qui correspondent à l'intérêt général.

---

[5] Voir Antonie Iorgovan, *op. cit.* (*Traité de droit administratif*), 2005, vol. I, p. 3-10 ; Ion Corbeanu, *Droit administratif*, 2e édition revue et complétée, Maison d'édition Lumina Lex, Bucarest, 2010, p. 17-20.

[6] Ioan Alexandru, *op. cit.* (*Traité d'administration publique*), 2008, p. 89.

[7] Voir Ani Matei, *Introduction à l'analyse des systèmes d'administration publique*, Maison d'Edition Economique, Bucarest, 2000, p. 153 et suivantes ; Alexandru Negoiță, *op. cit.* (*Droit administratif*), 1996, p. 23 et suivantes.

L'intérêt public représente ces exigences essentielles, communes à toutes les communautés humaines, que l'État reconnaît, réglemente par la loi et attribue aux services publics existants ou qu'il crée[8].

Un paradigme du droit contemporain est de trouver un équilibre entre la défense de l'intérêt public et l'intérêt privé. La recherche de cet équilibre est déterminée par une échelle de valeurs qui ne peut être fixée en termes absolus, mais en fonction des besoins sociaux qui évoluent selon les époques, les pays et les circonstances.

La loi n° 554/2004 *sur le contentieux administratif*[9] définit à l'article 2(1) lit. r) l'intérêt public légitime comme l'intérêt qui concerne l'ordre public et la démocratie constitutionnelle, la garantie des droits, libertés et devoirs fondamentaux des citoyens, la satisfaction des besoins de la communauté, l'accomplissement de la compétence des autorités publiques.

Traditionnellement, les lignes de gouvernement d'un État sont définies par le pouvoir politique qui, par le biais de lois adoptées par le Parlement, fixe les limites d'action de l'administration publique[10]. Il convient de souligner que l'élévation d'un besoin social au rang d'intérêt public implique également une consécration législative des limites de l'action de l'administration publique. Dans le cas contraire, s'il n'existe pas de réglementation légale minimale, strictement technique, nous ne serons pas en présence d'un intérêt public et les autorités administratives publiques n'auront aucune obligation à cet égard[11].

[8] Voir Ion Corbeanu, *op. cit.* (*Droit administratif*), 2010, p. 21.

[9] Publié au *Journal officiel*, partie I, n° 1154 du 7 décembre 2004, tel que modifié ultérieurement.

[10] Voir Antonie Iorgovan, *op. cit.* (*Traité de droit administratif*), vol. I, 2005, p. 87.

[11] *Ibid.*

2.4 Fonctions de l'administration publique

Dans les États démocratiques, l'administration publique remplit les fonctions suivantes[12] :

a) La fonction principale de l'administration publique est celle d'un **mécanisme intermédiaire d'exécution** entre le plan de la direction politique et le plan de la réalité sociale dans laquelle se développent les besoins de la société. De cette fonction principale découlent plusieurs fonctions de l'administration publique :

- La fonction consistant à préparer les décisions politiques et/ou à aider à leur adoption.
- La fonction consistant à organiser l'exécution des décisions politiques.
- La fonction d'exécution directe et concrète des décisions politiques.
- La fonction d'assurer l'exécution des décisions politiques. La mise en œuvre des décisions politiques est généralement effectuée volontairement par les personnes physiques et morales auxquelles elles s'adressent et qui comprennent l'impératif social de ces décisions. Si les décisions ne sont pas appliquées volontairement, elles seront mises en œuvre par la force coercitive de l'État.
- La fonction de porte-parole des demandes, souhaits et besoins des membres de la société auprès des autorités compétentes pour prendre des décisions à leur sujet.

b) Sa fonction d'instrument de préservation des valeurs matérielles et spirituelles de la société. La manière dont l'administration publique agit et est organisée reflète les valeurs fondamentales de la société à un moment donné. C'est à travers cette fonction que sont préservées et défendues les valeurs de la société : la souveraineté, l'indépendance et l'unité de l'État, la propriété, l'individu et ses droits, l'État de droit, etc.

c) La fonction consistant à organiser et à coordonner les adaptations requises par les changements inhérents à l'évolution des

---

[12] Voir Ioan Alexandru, *op. cit.* (*Traité d'administration publique*), 2008, p. 90-91.

différentes composantes de la société, en particulier de sa structure économique.

2.5 Relations entre l'administration publique et les principaux éléments du système social

a. Relations entre l'administration publique et les partis politiques

Dans un État démocratique, les **partis politiques ne sont pas superordonnés à l'administration publique**. Conformément aux dispositions de l'article 40 de la Constitution roumaine, les citoyens peuvent s'associer librement dans des partis politiques. L'objectif de tout parti politique est d'obtenir le pouvoir dans l'État, mais une fois au pouvoir après les élections, un parti politique ne peut pas exercer la souveraineté en son propre nom car, conformément à l'article 2, paragraphe 1, de la Constitution roumaine, *la souveraineté nationale appartient au peuple roumain, qui l'exerce par l'intermédiaire de ses organes représentatifs, constitués par des élections libres, périodiques et équitables, ainsi que par référendum.* (2) *Aucun groupe ni aucune personne ne peut exercer la souveraineté en son propre nom.* Par conséquent, la volonté des partis politiques ne peut être imposée à l'administration publique que par le biais des dispositions de la Constitution, des lois et autres règlements[13]. Les opinions politiques deviennent des décisions politiques et les décisions politiques deviennent des règles juridiques contraignantes pour l'administration publique.

b. Relations entre l'administration publique et le pouvoir législatif

Selon l'article 61 de la Constitution roumaine, le Parlement, composé de la Chambre des députés et du Sénat, est l'organe représentatif suprême du peuple roumain et la seule autorité législative du pays.

L'administration publique est appelée à exécuter directement la loi adoptée par le Parlement ou à organiser son exécution. La loi établit

[13] *Ibid.*, p. 95.

également les institutions et les autorités de l'administration publique et définit leur organisation et leur fonctionnement. Le Parlement exerce également un contrôle politique sur le travail du gouvernement en interrogeant les ministres et par des motions de censure et peut créer des commissions d'enquête sur le travail des institutions et autorités publiques. On peut donc dire que, **sur le plan fonctionnel, l'administration publique est subordonnée au pouvoir législatif**[14].

c. Relations entre l'administration publique et les groupes de pression

Les groupes de pression sont des groupes sociaux organisés qui cherchent à atteindre leurs propres objectifs au nom de leurs membres en exerçant une pression sur le pouvoir politique ou l'administration. Ces groupes de pression sont : les syndicats, les organisations d'employeurs, les associations de la société civile et les fondations.

Ils interagissent avec les institutions de l'État mais ne participent pas directement à la prise ou à l'exercice du pouvoir, ils agissent sur lui, l'influencent, mais restent en dehors. Ainsi, dans la mise en œuvre transparente du processus décisionnel, les institutions de l'administration publique consultent ces groupes de pression, mais au final, la décision est prise unilatéralement par l'institution publique.

d. Relations entre l'administration publique et le pouvoir judiciaire

Les tribunaux exercent un contrôle judiciaire sur l'action de l'administration publique. Dans un État de droit, toute personne qui estime que ses droits ou ses intérêts légitimes ont été lésés par un acte ou une omission de[15] l'administration publique peut, dans les conditions prévues par la loi, engager une action contre l'administration publique qui a causé le préjudice devant la juridiction compétente. Par le biais du tribunal, la partie lésée peut obtenir l'annulation de l'acte dommageable, la reconnaissance du droit revendiqué ou de l'intérêt légitime et la réparation du dommage causé.

[14] *Ibid.*, p. 95.

[15] Par exemple, l'absence de réponse de l'administration publique dans le délai prévu par la loi à une pétition présentée par une personne.

Les autorités judiciaires et les administrations publiques appliquent la loi. Mais si la fonction du juge est d'appliquer la loi pour régler un litige, faisant de la loi la finalité même de son activité, pour l'administration publique, la loi est une limite et non une finalité[16]. L'administration agit dans le cadre de la loi dans le but de satisfaire les besoins dans l'intérêt public.

2.6 La science administrative – une science interdisciplinaire

La science administrative s'intéresse à l'étude de l'administration publique dans son ensemble, avec toutes ses implications, ses relations et ses corrélations avec les autres éléments du système social[17]. La science administrative a un caractère interdisciplinaire parce que cette discipline fait un usage critique des données et des connaissances que d'autres disciplines scientifiques peuvent fournir et qui sont liées au phénomène administratif public, qui est l'objet de recherche de la science administrative[18]. Ces sciences sont : la gestion publique, la sociologie, la psychologie, l'urbanisme, la démographie, l'histoire, la géographie, l'ethnologie, la cybernétique, l'informatique, le droit administratif, etc. Cependant, la science de l'administration publique est une science en soi, distincte des sciences énumérées, car elle utilise les connaissances acquises par ces sciences en relation avec son propre objet d'étude – l'administration publique – et en utilisant des méthodes et des principes de recherche spécifiques.

---

[16] Voir Jean Rivero, Jean Waline, *op. cit.* (*Droit administratif*), 1992, p. 11.

[17] Voir Ioan Alexandru, *Administration publique, Theories. Réalités. Perspectives*, 2e édition, Maison d'édition Lumina Lex, Bucarest, 2001, p. 102 ; Alexandru Negoiță, *op. cit.* (*Droit administratif*), 1996, p. 18.

[18] Alexandru Negoiță, *op. cit.* (*Droit administratif*), 1996, p. 19. Pour les aspects liés à l'approche interdisciplinaire de l'administration publique, voir Ioan Alexandru, *L'interdisciplinarité : le nouveau paradigme de la recherche et de la réforme de l'administration publique,* Maison d'édition de l'Académie roumaine, Bucarest, 2010.

CHAPITRE 3.

Définition, objet et caractéristiques du droit administratif. Les relations du droit administratif avec le droit constitutionnel et la science administrative. La science du droit administratif

3.1 Définition du droit administratif

Le **droit administratif** est la branche du droit qui comprend les règles juridiques régissant les relations sociales relatives à l'organisation, l'activité, le contrôle et la responsabilité de l'administration publique, sur la base et en exécution de la loi[1].

Le droit administratif n'englobe pas l'ensemble des règles juridiques régissant l'administration publique[2]. En raison de sa complexité, l'administration publique est actuellement régie par des règles juridiques appartenant à plusieurs branches du droit[3]. Ainsi, certaines relations patrimoniales au sein de l'administration publique sont régies par le droit civil, les relations financières sont soumises aux règles du droit financier, les relations en matière de travail et de rémunération sont régies par le droit du travail, etc.

---

[1] Voir Rodica Narcisa Petrescu, *op. cit.* (*Droit administratif*), 2009, p. 27.

[2] Voir à cet égard Jean Fougerouse, *Le droit administratif en schémas*, Ellipses Édition Marketing S.A., 2008, p. 8.

[3] Voir Alexandru Negoiță, *op. cit.* (*Droit administratif*), 1996, p. 34 ; Rodica Narcisa Petrescu, *op. cit.* (*Droit administratif*), 2009, p. 28.

3.2 Objet du droit administratif

Les règles du droit administratif régissent :

- l'organisation et le fonctionnement des autorités de l'administration publique ;
- les relations entre les autorités publiques, d'une part, et entre les autorités publiques et les personnes physiques et morales, d'autre part ;
- les droits et obligations des fonctionnaires régis principalement par le statut des fonctionnaires ;
- le régime juridique de la propriété publique ;
- la responsabilité des autorités publiques ;
- la responsabilité contraventionnelle des personnes physiques et morales ;
- l'exercice d'un contrôle administratif ;
- le contentieux administratif, qui est constitué de tous les litiges de nature administrative, nés des relations entre l'administration et les particuliers, qui relèvent de la compétence des tribunaux ;
- les principes et la procédure selon lesquels les autorités de l'administration publique fonctionnent.

3.3 Caractéristiques du droit administratif

Le droit administratif est une branche du droit public. Déjà dans l'Antiquité, le jurisconsulte romain Ulpianus affirmait que « le droit public est celui qui concerne l'organisation de l'État romain ; le droit privé concerne les intérêts privés » (« *Publicum jus est quod ad statum rei Romanae spectat, privatum quod ad singulorum utilitatem pertinet* » – Ulpianus, D., 1.1.2).

Le droit administratif présentera les caractéristiques générales du droit public et ses propres spécificités.

Les principales caractéristiques du droit public sont[4] :

- les règles de droit public protègent traditionnellement l'intérêt public, ce qui justifie la protection spéciale accordée ;
- l'un des sujets de la relation de droit public (la relation sociale régie par les règles du droit public) est une autorité publique ;
- les parties au rapport juridique de droit public se trouvent dans une position d'inégalité juridique, l'État (les autorités publiques) étant dans une position superordonnée et l'autre partie dans une position subordonnée ;
- les règles juridiques constituant le droit public sont en principe des normes impératives auxquelles il ne peut être dérogé par la volonté des parties – « *Jus publicum privatorum pactis mutari non potest* » – D., 2.14.38 (« Le droit public ne peut être modifié par des accords entre particuliers ») ;
- les règles de droit public sont défendues d'office par les autorités publiques.

Le droit administratif englobe toutes ces caractéristiques du droit public. En outre, le droit administratif a également ses propres spécificités qui découlent de son objet d'activité.

Le droit administratif donne aux relations sociales réglementées un régime juridique administratif justifié par la spécificité de l'*intérêt public*, l'administration des *biens publics* et la fourniture de *services publics* de manière continue et permanente. **Le régime juridique administratif** est un ensemble de règles propres aux activités de l'administration publique établies par des normes

---

[4] Voir Mircea Djuvara, *Théorie générale du droit. Droit rationnel, sources du droit positif*, Maison d'édition All Beck, Bucarest, 1999, p. 68-78 ; Giorgio del Vecchio, *Leçons de philosophie juridique*, Maison d'édition Europa Nova, Bucarest, 1994 (traduction par J. Constantin Drăgan), p. 215-217 ; Henri Lévy-Bruhl, *Sociologie du droit*, Presses universitaires de France, Paris, 1964, p. 7-8 ; Dan Claudiu Dănişor, Ion Dogaru, Gheorghe Dănişor, *Théorie générale du droit*, 2e édition, Maison d'édition C. H. Beck, Bucarest, 2008, p. 253-257 ; Nicolae Popa, *Théorie générale du droit*, 5e édition, Maison d'édition C. H. Beck, Bucarest, 2014, p. 71-75 ; Ion Corbeanu, Maria Corbeanu, *op. cit.* (*Théorie générale du droit*), 2008, p. 188-191.

de droit administratif dans la poursuite de l'intérêt général, distinctes de celles qui régissent les relations entre particuliers. Ainsi, l'adoption d'actes administratifs unilatéraux est soumise à des procédures spécifiques préalables, concomitantes et postérieures. En outre, les actes administratifs bilatéraux (contrats administratifs) sont soumis à un régime juridique qui diffère du régime juridique applicable aux contrats de droit privé. Les contrats administratifs sont généralement conclus à l'issue d'une procédure préalable dans laquelle l'autorité publique sélectionne son partenaire privé (appel d'offres public), une partie des termes du contrat sont des clauses réglementaires établies unilatéralement par l'administration, l'administration a la possibilité de mettre fin unilatéralement le contrat lorsque l'intérêt public l'exige, etc.

En droit administratif, l'**intérêt public prime sur l'intérêt privé**. Contrairement aux particuliers qui poursuivent leurs intérêts personnels en concluant divers actes juridiques dans une position d'égalité juridique, les autorités administratives, lorsqu'elles agissent en tant que dépositaires de l'intérêt général de la société, pourront imposer leur volonté de manière unilatérale dans une position d'inégalité juridique, en réglementant les comportements sociaux, en établissant des règles d'organisation et de fonctionnement des services publics et en affectant le patrimoine des services publics.

Le droit administratif fixe les limites dans lesquelles l'administration publique peut agir en vertu de ses prérogatives de puissance publique (principe de légalité). La **puissance publique** peut être définie comme le droit dérivé de la loi dont disposent les autorités publiques pour imposer leurs décisions avec force obligatoire aux autres sujets de droit (personnes physiques et morales). Dans un État démocratique, la puissance publique s'exerce toujours dans les limites de la loi. Les autorités de l'administration publique exercent leurs activités sur la base de la **loi et conformément à celle-ci**, en assurant l'organisation de son exécution et sa mise en œuvre effective. L'application du principe de légalité implique que l'activité de toute autorité publique s'exerce conformément aux dispositions des actes normatifs et des actes administratifs des autorités hiérarchiquement supérieures, ainsi qu'en tenant compte de ses propres règlements adoptés conformément aux règlements normatifs et administratifs ayant une force juridique supérieure.

Le droit administratif fixe les conditions dans lesquelles la responsabilité juridique de l'administration publique est engagée. Dans un État de droit, les autorités publiques et les fonctionnaires sont responsables des atteintes aux droits et intérêts légitimes des individus. En Roumanie, les personnes lésées par des actes administratifs ont le droit de présenter des pétitions aux autorités publiques dans les conditions prévues par l'article 51 de la Constitution et par l'ordonnance gouvernementale n° 27/2002 *sur la réglementation de l'activité de résolution des pétitions*, le droit de s'adresser à l'avocat du peuple et le droit de s'adresser au tribunal administratif dans les conditions prévues par la loi n° 554/2004 *sur le contentieux administratif*.

3.4 Relations du droit administratif avec le droit constitutionnel et la science administrative

3.4.1 Relations entre le droit administratif et le droit constitutionnel

Le droit constitutionnel est l'ensemble des normes juridiques de droit public qui régissent les relations sociales fondamentales découlant du processus d'établissement, de maintien et d'exercice du pouvoir de l'État[5].

Le droit administratif est étroitement lié au droit constitutionnel. Les règles du droit constitutionnel régissent principalement la forme de l'État, l'organisation, le fonctionnement et les relations entre les pouvoirs publics, les limites des pouvoirs publics, l'organisation politique de l'État, la citoyenneté, les droits, libertés et devoirs fondamentaux des citoyens, les partis politiques

---

[5] Voir Ioan Muraru, Elena Simina Tănăsescu, *Droit constitutionnel et institutions politiques*, vol. I, 11e édition, Maison d'édition C. H. Beck, Bucarest, 2003, p. 12.

et le système électoral. Les règles du droit administratif sont utilisées pour organiser la mise en œuvre pratique et l'application des règles du droit constitutionnel contenues dans la Constitution et d'autres actes juridiques.

Toutes les règles contenues dans la Constitution sont des règles de droit constitutionnel, mais certaines d'entre elles ont une double nature juridique. Ainsi, l'objet du droit constitutionnel comprend deux catégories de relations sociales[6] :

- les relations spécifiques de droit constitutionnel, qui ne font l'objet d'une réglementation que pour les règles de droit constitutionnel (par exemple, les règles contenues dans le chapitre I, titre III – *Pouvoirs publics* de la Constitution révisée, qui réglementent l'institution du Parlement).
- les relations à double nature juridique (les relations qui sont régies à la fois par la Constitution et par d'autres branches du droit). La Constitution contient des règles de nature générale qui constituent une source tant pour le droit constitutionnel que pour les autres branches du droit. Ainsi, certaines règles de la Constitution sont une source à la fois de droit constitutionnel et de droit administratif. Telles sont les règles de la Constitution qui contiennent des dispositions de principe relatives au Président de la Roumanie (chapitre II du titre III), au gouvernement (chapitre III du titre III), aux relations du Parlement avec le gouvernement (chapitre IV du titre III) et à l'administration publique (chapitre V du titre III). La Constitution précise également les conditions dans lesquelles l'expropriation de la propriété privée peut avoir lieu (article 44(3), régit le droit de pétition (Article 51), le droit de la personne lésée par une autorité publique (Article 52) et le droit à la propriété publique (Article 136)).

L'institution du gouvernement et celle du Président de la Roumanie sont l'objet d'étude tant pour la science du droit constitutionnel en ce qui concerne les **pouvoirs du gouvernement à caractère politique prononcé que** pour la science du droit

[6] *Ibid.*, p. 18.

administratif en ce qui concerne les **pouvoirs à caractère administratif prononcé.**

3.4.2 Relations entre le droit administratif et la science administrative

Il y a beaucoup de chevauchements entre le droit administratif et la science administrative.

La science administrative étudie l'administration publique dans son ensemble, tandis que le droit administratif étudie les phénomènes administratifs uniquement d'un point de vue juridique, sur la base des dispositions contenues dans les règlements et les actes administratifs. Le champ d'application de la science administrative est donc beaucoup plus large que celui du droit administratif.

La science du droit administratif et la science de l'administration se complètent, chacune conservant son caractère propre et son autonomie. La science du droit administratif vise à montrer comment l'administration publique est organisée, comment elle fonctionne, ses pouvoirs et sa responsabilité juridique, tandis que la science de l'administration est appelée à rechercher et à expliquer pourquoi l'administration publique, vue de manière systématique, est organisée comme elle l'est, pourquoi elle fonctionne d'une certaine manière et dispose de certains pouvoirs, et sur la base de quels principes elle devrait être organisée pour fonctionner plus efficacement pour les tâches qui lui sont assignées[7].

3.5 La science du droit administratif

La branche du droit administratif est l'objet de recherche de la science du droit administratif.

---

[7] Voir Rodica Narcisa Petrescu, *op. cit.* (*Droit administratif*), 2009, p. 51 ; Anton Trăilescu,
op. cit. (*Droit administratif*), 2010, p. 9 ; Alexandru Negoiță, *op. cit.* (*Droit administratif*), 1996, p. 20-21.

Le droit administratif en tant que science a émergé en France depuis le début du XIXe siècle. Les fondateurs de la science du droit administratif français sont considérés comme étant[8] Joseph Marie Gérando, baron de Rathsamhausen (qui a publié *Institutes du droit administratif français, ou Éléments du code administratif, réunis et mis en ordre*, 6 volumes, 1829-1836), Louis-Marie de La Haye, vicomte de Cormenin (publie *Questions de droit administratif* en 1822 et *Droit administratif* en 1840) et Louis-Antoine Macarel (publie *Éléments de Jurisprudence administrative* en 1818 et *Tribunaux administratifs* en 1828, *et Cours de droit administratif* en 4 volumes entre 1844 et 1846).

Progressivement, l'étude du droit administratif s'est étendue aux facultés de droit d'autres pays.

Un cas particulier, opposé au modèle français, est celui du Royaume-Uni. En 1885, l'ouvrage écrit par A. V. Dicey intitulé *Introduction à l'étude du droit de la Constitution*, dans lequel l'auteur nie l'existence d'un droit administratif en Angleterre, considérant que la common law s'applique à l'administration publique et que les litiges administratifs sont réglés en Angleterre par des tribunaux de common law et non par des tribunaux administratifs spécialisés, comme en France[9]. La théorie du déni de l'existence du droit administratif en Grande-Bretagne a dominé une grande partie du XXe siècle. Depuis la seconde moitié du XXe siècle, on assiste : a) à une extension du champ de l'administration publique en Grande-Bretagne et à la reconnaissance des pouvoirs spéciaux dont jouit l'administration pour réaliser les intérêts publics de la société ; b) à un développement des juridictions administratives spéciales (on compte aujourd'hui plus de 2 000 juridictions administratives, notamment dans le domaine de la sécurité sociale et du droit du

---

[8] Voir Gilles J. Guglielmi, « *Vu par ses pères fondateurs, le droit administratif* », in *Le droit administratif en mutation*, PUF, 1993, p. 42.

[9] A. V. Dicey, *Introduction to the Study of the Law of the Constitution*, Macmillan and Co., Londres, 1885, p. 180.

travail[10]). C'est ainsi que se sont développées des théories du droit administratif à côté des théories du droit constitutionnel, qui ont été réunies dans la discipline « Constitutional and Administrative Law » encore enseignée dans les facultés de droit au Royaume-Uni, concept illustré dans de nombreux ouvrages et cours universitaires[11]. Il y a donc eu récemment un adoucissement de la théorie classique de l'inexistence du droit administratif au Royaume-Uni, telle que défendue par A. V. Dicey.

Dans notre pays, les éléments de droit administratif ont été enseignés pour la première fois dans une matière appelée « Droit public », qui comprenait également des éléments de droit constitutionnel, d'abord à l'Académie Mihailéenne de Iasi au cours de l'année académique 1858-1859 (cours dispensé par Simion Bărnuțiu), puis, avec la création de l'Université de Bucarest en 1864, la matière « Droit public » a été créée au sein de la Faculté de droit.

En Roumanie, le premier ouvrage de droit administratif intitulé *Romanian Administrative Law* a été rédigé par Giorgie C. Alexandrescu-Urechea et est apparu à Iasi en 1875.

Un ouvrage de valeur scientifique intitulé *Cours de droit public roumain* en trois volumes a été publié par Constantin G. Dissescu entre 1890-1891. Les deux premiers volumes traitent des principes et des institutions du droit constitutionnel, tandis que le troisième volume porte sur le droit administratif. Avec ce travail, Constantin G. Dissescu peut être considéré comme le créateur des branches du droit constitutionnel et du droit administratif en Roumanie.

Pendant la période du Royaume de Roumanie, se distingueront comme personnalités de stature européenne dans le domaine du droit administratif : Paul Negulescu (qui a écrit en 1904 l'ouvrage *Traité de droit administratif* en 2 volumes, réimprimé quatre fois

---

[10] Voir Ioan Alexandru, *Droit administratif comparé*, Maison d'édition Lumina Lex, Bucarest, 2000, p. 102.

[11] Voir O. H. Phillips, P. Jackson, *Constitutional and Administrative Law*, 6th ed., Sweet-Maxwell, Londres, 1978 ; A. W. Bradley, R. D. Ewing, *Constitutional and Administrative Law*, 12th ed., Londres, 1998.

jusqu'en 1934), Anibal Teodorescu (son ouvrage de référence est *Traité de droit administratif* en 2 volumes, vol. 1 – 1929 ; vol. 2 – 1935) et Constantin Rarincescu (il est considéré comme le fondateur de l'école roumaine dans le domaine du contentieux administratif. Son livre de référence est *Contentieux administratif roumain*, publié en 1936).

Pendant la période communiste (1948-1989) se distinguent les œuvres des auteurs Romulus Ionescu (*Cours de droit administratif de la République populaire roumaine,* Maison d'Edition Didactique et Pédagogique, Bucarest, 1960), Mircea Anghene (*Éléments de droit administratif*, Maison d'Edition Scientifique, Bucarest, 1958), Ilie Iovănaş (*Droit administratif et éléments de la science de l'administration*, Maison d'Edition Didactique et Pédagogique, Bucarest, 1977).

Après 1989, Antonie Iorgovan (dont l'œuvre fondamentale est le *Traité de droit administratif*, dont la dernière édition, la quatrième, a été publiée en deux volumes par la Maison d'édition C. H. Beck en 2005) et Ioan Alexandru (auteur d'une œuvre unique dans la doctrine administrative roumaine contemporaine intitulée *Traité d'administration publique*, Maison d'édition Universul Juridic, Bucarest, 2008) se sont distingués comme des chercheurs exceptionnels de stature internationale et des créateurs d'écoles de droit administratif.

CHAPITRE 4.

Les sources du droit administratif

4.1 Concept de source de droit

La notion de source du droit[1] a deux significations :

a) la *source du droit au sens matériel* – il s'agit des conditions matérielles de la société à un moment donné (les facteurs qui façonnent le droit) qui étaient à la base de la volonté du législateur de réglementer un domaine social particulier ; ce sont ces « données » du droit et de la société qui déterminent l'action du législateur ;

b) la *source du droit au sens formel* – c'est la forme d'expression de la volonté du législateur et des autorités publiques qui appliquent la loi.

[1] Sur les sources du droit roumain, voir Nicolae Popa, *op. cit.* (*Théorie générale du droit*), 2014, p. 156-172 ; Dan Claudiu Dănișor, Ion Dogaru, Gheorghe Dănișor, *op. cit.* (*Théorie générale du droit*), 2008, p. 119-196 ; Ion Corbeanu, Maria Corbeanu, *op. cit.* (*Théorie générale du droit*), 2008, p. 169-184 ; Mircea Djuvara, *op. cit.* (*Théorie générale du droit...*), 1999, p. 306-342.

4.2 Les sources formelles du droit administratif

4.2.1 Constitution et lois constitutionnelles

La Constitution est la loi fondamentale de l'État et a une force juridique suprême. Toute autre législation doit être conforme à la Constitution.

La Constitution actuelle de la Roumanie a été adoptée par l'Assemblée constituante le 21 novembre 1991 et approuvée par référendum national le 8 décembre 1991 (date de son entrée en vigueur).

Les lois constitutionnelles sont, selon l'article 73 (2) de la Constitution, celles qui révisent la Constitution. Les limites de la révision sont fixées par l'article 152 de la Constitution. Ainsi, les dispositions de la Constitution concernant le caractère national, indépendant, unitaire et indivisible de l'État roumain, la forme républicaine du gouvernement, l'intégrité territoriale, l'indépendance du pouvoir judiciaire, le pluralisme politique et la langue officielle ne peuvent faire l'objet d'une loi de révision. Aucune révision ne peut également être effectuée si elle a pour conséquence la suppression des droits et libertés fondamentaux des citoyens ou de leurs garanties. La Constitution ne peut être révisée pendant l'état de siège, l'état d'urgence ou en temps de guerre.

Le projet ou la proposition de révision doit être adopté par la Chambre des députés et le Sénat, conformément à l'article 151, paragraphe 1, de la Constitution, à la majorité qualifiée d'au moins deux tiers des membres de chaque Chambre. Si la procédure de médiation n'aboutit pas à un accord, la Chambre des députés et le Sénat, en séance commune, décident par un vote d'au moins trois quarts du nombre des députés et des sénateurs (article 151, paragraphe 2, de la Constitution).

La Constitution et les lois constitutionnelles doivent être approuvées par référendum national pour entrer en vigueur.

La Constitution de 1991 a fait l'objet d'un processus de révision par le biais de la loi n° 429/2003[2], les modifications apportées étant les suivantes :

- renforcement des garanties constitutionnelles des droits et libertés fondamentaux (de nouveaux droits ont été introduits, tels que la liberté économique, l'accès à la culture, le droit à un environnement sain) ;
- la réalisation des conditions constitutionnelles pour l'intégration de la Roumanie dans l'Union européenne et son adhésion au traité de l'Atlantique Nord (un nouveau titre « Intégration euro-atlantique » a été introduit et les principes de l'intégration européenne ont été consacrés, comme le droit des citoyens roumains d'élire et d'être élus au Parlement européen) ;
- résoudre certains dysfonctionnements observés dans le processus décisionnel des pouvoirs publics (différenciation des pouvoirs des deux Chambres du Parlement, extension du mandat présidentiel à 5 ans ; restriction de l'immunité parlementaire, mention expresse du principe de séparation des pouvoirs dans l'État, entrée en vigueur des lois dans les 3 jours de leur publication, etc.)

Les dispositions constitutionnelles concernant certaines prérogatives du Président de la Roumanie (chapitre II du titre III), la structure et les pouvoirs du gouvernement (chapitre III du titre III), les relations entre le Parlement et le gouvernement (chapitre IV du titre III) et l'administration publique (chapitre V du titre III) sont des sources du droit administratif. La Constitution contient également des règles fondamentales sur les conditions dans lesquelles l'expropriation de la propriété privée peut être effectuée (article 44(3)), la réglementation du droit de pétition (article 51), le

[2] La loi de révision de la Constitution a été adoptée par le Parlement le 18 septembre 2003 et approuvée par référendum les 18 et 19 octobre 2003. Suite à la loi de révision, la Constitution roumaine a été republiée au *Journal officiel* n° 767 du 31 octobre 2003, donnant aux textes une nouvelle numérotation.

droit de la personne lésée par une autorité publique (article 52) et le droit à la propriété publique (article 136).

4.2.2 Lois organiques et lois ordinaires

Les lois sont des actes normatifs adoptés par le Parlement, dotés d'une compétence réglementaire primaire et originelle, qui régissent principalement les relations sociales.

Le Parlement est l'organe représentatif suprême du peuple roumain et la *seule autorité législative du pays*, conformément à l'article 61, paragraphe 1, de la Constitution. Une conséquence de cette réglementation est que tous les autres actes juridiques doivent être subordonnés à la loi. Le Parlement peut adopter des lois dans tous les domaines de la réalité sociale.

Des **lois organiques** sont adoptées dans les domaines revêtant une importance particulière pour les droits et libertés des citoyens, visés à l'article 73, paragraphe (3) de la Constitution (le système électoral ; l'organisation du gouvernement et du Conseil suprême de la défense nationale, le statut des fonctionnaires, le contentieux administratif, l'organisation et le fonctionnement du ministère public et de la Cour des comptes, le régime juridique général des biens ; l'organisation de l'administration publique locale, du territoire, ainsi que le régime général de l'autonomie locale, etc.), ainsi que d'autres articles de la Constitution [par exemple, l'art. 40 paragraphe (3) de la Constitution stipule que « les juges de la Cour constitutionnelle, les avocats du peuple, les magistrats, les membres actifs de l'armée, les officiers de police et les autres catégories d'agents publics établies par la loi organique ne peuvent pas appartenir à des partis politiques »].

Les lois organiques sont adoptées, conformément aux dispositions de l'article 76, paragraphe 1, de la Constitution, par un vote à la majorité des membres de chaque chambre du Parlement (*majorité absolue*).

Les lois organiques ne sont une source de droit administratif que dans la mesure où elles contiennent des règles de droit administratif régissant les relations administratives. Ainsi, la loi n° 554/2004 *sur le contentieux administratif*[3] est une source de droit administratif.

Les lois ordinaires sont adoptées dans tous les autres domaines non couverts par les lois organiques.

Les lois ordinaires sont adoptées, conformément aux dispositions de l'article 76, paragraphe 2, de la Constitution, à la majorité des membres présents dans chaque Chambre du Parlement (*majorité simple*), à condition que le quorum légal requis pour la tenue des séances soit constitué par la majorité des membres de chaque Chambre (article 67 de la Constitution).

Les lois ordinaires ne sont une source de droit administratif que dans la mesure où elles contiennent des règles de droit administratif. Ainsi, la loi n° 52/2003 *sur la transparence du processus décisionnel dans l'administration publique*[4] est une source de droit administratif.

4.2.3 Ordonnances simples et ordonnances d'urgence adoptées par le gouvernement

Les ordonnances (simples) du **gouvernement** sont prises sur la base d'une loi d'habilitation spéciale adoptée par le Parlement, dans les limites et sous les conditions qu'elle fixe. Les **ordonnances du gouvernement ont la même force juridique que les lois ordinaires,** d'où il résulte que le gouvernement ne peut pas prendre de simples ordonnances dans les domaines réservés aux lois organiques et constitutionnelles.

Les ordonnances d'urgence sont adoptées par le gouvernement dans des situations extraordinaires qui ne peuvent être reportées. Elles peuvent être émises tant dans le domaine des lois ordinaires que dans celui des lois organiques[5]. Les ordonnances d'urgence ne

[3] Publié au *Journal officiel*, partie I, n° 1154 du 7 décembre 2004, tel que modifié.

[4] Republié au *Journal officiel*, partie I, n° 749 du 3 décembre 2013.

[5] La Cour constitutionnelle a jugé dans plusieurs décisions que le gouvernement peut également réglementer par ordonnance d'urgence dans le domaine de la loi organique – voir la décision n° 83/1998 (publiée au *Journal officiel* n° 211 du 19 mai 1998), la décision n° 134/1998 (publiée au *Journal officiel* n° 88 du 25 février 1998).

peuvent pas être adoptées dans le domaine des lois constitutionnelles, ne peuvent pas affecter le régime des institutions fondamentales de l'État, les droits, les libertés et les devoirs prévus par la Constitution, les droits électoraux et ne peuvent pas concerner les mesures de transfert obligatoire de biens à la propriété publique (article 106, paragraphe 6, de la Constitution).

Les ordonnances simples et les ordonnances d'urgence adoptées par le gouvernement sont des sources de droit administratif dans la mesure où elles contiennent des règles de droit administratif. Ainsi, les sources de droit administratif sont les suivantes : l'ordonnance gouvernementale n° 27/2002 *sur la réglementation de l'activité de résolution des pétitions*[6] ; l'ordonnance gouvernementale d'urgence n° 57/2019 *sur le Code administratif*[7].

4.2.4 Actes administratifs à caractère réglementaire

Les actes administratifs de nature réglementaire (normative) sont émis ou adoptés pour organiser l'exécution des règles primaires contenues dans les lois et les ordonnances.

Ce sont des actes administratifs :

– les décrets émis par le Président de la Roumanie,

– les décisions du gouvernement, instructions et ordres des ministres, actes des autorités administratives spécialisées organisées sous l'autorité du gouvernement (tels que les actes réglementaires de l'Autorité nationale pour la protection des consommateurs) ou des ministères (tels que les actes réglementaires de l'Agence nationale pour l'administration fiscale sous le ministère des Finances publiques),

– les actes administratifs des autorités administratives autonomes au niveau central (tels que les actes réglementaires du Conseil national de l'audiovisuel, de la Banque nationale de Roumanie, etc.) et de leurs structures sur le territoire (par exemple,

---

[6] Publié au *Journal officiel*, partie I, n° 84 du 1er février 2002, approuvé avec des modifications par la loi n° 233/2002.

[7] Publié au *Journal officiel*, partie I, n° 555 du 5 juillet 2019, tel que modifié.

les actes administratifs des bureaux territoriaux de l'institution de l'Avocat du peuple),

– les actes administratifs émanant du préfet (ordres) et des services publics déconcentrés sur le territoire des ministères et autres organismes spécialisés d'administration publique centrale,

– les actes des collectivités locales (décisions du Conseil départemental, dispositions du président du Conseil départemental, décisions du Conseil local, dispositions du maire).

Sous certaines conditions, les actes administratifs peuvent également être émis par des personnes morales de droit privé qui, conformément à la loi, ont obtenu le statut d'utilité publique ou sont autorisées à fournir un service public sous autorité publique.

Les autorités publiques peuvent émettre ou adopter à la fois des actes réglementaires et des actes administratifs individuels. Les *actes administratifs réglementaires* sont des **sources de droit car** ils contiennent des règles juridiques, c'est-à-dire des règles de conduite contraignantes, générales et impersonnelles, qui couvrent une généralité de relations sociales et s'adressent à un nombre indéterminé de personnes. En revanche, les *actes administratifs individuels* **ne sont pas des sources de droit** parce qu'ils contiennent des règles de conduite pour une personne spécifique ou pour un groupe spécifique de personnes physiques ou morales (par exemple, les permis de construire, les procès-verbaux d'amendes, une décision gouvernementale nommant une personne à un poste spécifique) et manquent donc d'impersonnalité et de généralité.

Les actes administratifs de nature réglementaire sont toujours des sources de droit administratif, quelle que soit la matière qu'ils réglementent, car l'acte administratif est toujours un acte de puissance publique qui organise l'exécution des lois, et constitue donc l'essence même du droit administratif. Selon les règles qu'ils contiennent, les actes administratifs de nature réglementaire peuvent également être la source d'autres branches du droit. Ainsi, la décision du gouvernement n° 905/2017 *relative au registre général des employés*[8] est par nature un acte administratif normatif, étant une source de droit administratif. Mais les règlements de cette décision concernent les relations de travail et sont donc également une source de droit du travail.

4.2.5 Coutumes

Selon les dispositions de l'article 1 du Code civil, dans les cas non prévus par la loi, le **droit coutumier** s'applique, et en l'absence de telles dispositions, les dispositions légales concernant des situations similaires, et lorsqu'il n'y a pas de telles dispositions, les principes généraux du droit.

Dans les matières réglementées par la loi, les coutumes ne s'appliquent que dans la mesure où la loi s'y réfère expressément. Seules les coutumes conformes à l'ordre public et aux bonnes mœurs sont reconnues comme sources de droit.

Les coutumes se retrouvent principalement comme source de droit dans les branches du droit privé. Aux fins du Code civil, l'usage comprend la **coutume** et les **usages professionnels** (article 1, paragraphe 6, du Code civil).

La coutume consiste en une pratique générale, relativement ancienne et répétée dans les relations entre sujets de droit, acceptée par ceux-ci comme une règle contraignante. Le rôle de la coutume en tant que source de droit administratif est très limité car le droit administratif réglemente généralement, par le biais de règles obligatoires, des comportements qui doivent être appliqués uniformément dans tout le pays. La doctrine a souligné qu'au fur et à mesure de l'évolution de l'autonomie locale, certaines pratiques administratives peuvent apparaître, imposées par les conditions géographiques, le degré de dispersion des habitants, leur profession, les fêtes religieuses et les coutumes[9], etc. Ainsi, il est d'usage dans de nombreuses communes que le maire et les fonctionnaires locaux

---

[8] Publié au *Journal officiel*, partie I, n° 1005 du 19 décembre 2017, tel que modifié.

[9] Voir Antonie Iorgovan, *op. cit.* (*Traité de droit administratif*), vol. I, 2005, p. 139 ; Rodica, Narcisa Petrescu, *op. cit.* (*Droit administratif*), 2009, p. 33 ; Verginia Vedinaş, *op. cit.* (*Droit administratif*), 2015, p. 50-51.

travaillent le dimanche lorsque les gens se rendent au marché, à l'église, etc.

Les **usages professionnels** sont les règles qui régissent les relations établies entre les membres d'une profession ou, le cas échéant, entre les membres et les clients dans l'exercice de la profession[10]. Rien ne s'oppose, dans les limites autorisées par la loi, à ce que certains usages professionnels soient appliqués dans les relations entre les agents publics des différents services d'une collectivité publique et entre les agents publics et les citoyens.

4.2.6 Jurisprudence

La jurisprudence est l'ensemble des décisions judiciaires. Dans le système de droit romano-germanique (dont le droit roumain fait partie), les jugements ne jouissent que de l'*autorité relative de la chose jugée*, n'étant contraignants que dans l'affaire dans laquelle ils ont été rendus. Dans ce système de droit, les ***décisions de justice ne constituent donc pas une source de droit***, puisque les précédents judiciaires n'ont pas une valeur juridique généralement contraignante, et que le juge n'est pas tenu de prononcer les mêmes solutions dans d'autres cas. **Exception où la jurisprudence constitue une source de droit :**

– *les décisions de la Haute Cour de Cassation et Justice en cas de recours dans l'intérêt de la loi* (articles 514-518 du Code de procédure civile) introduits par le procureur général, le collège de direction de la Haute Cour *de Cassation et Justice*, les collèges de direction des Cours d'appel ou l'Avocat du peuple lorsqu'il est constaté qu'une règle particulière est appliquée différemment dans la pratique judiciaire. Les décisions de la Haute Cour de Cassation et Justice dans cette affaire ont pour but de parvenir à une application uniforme de la loi dans tout le pays et sont contraignantes pour les juridictions inférieures.

---

[10] Voir Gabriel Boroi, Carla Alexandra Anghelescu, *Cours de droit civil. Partie générale – selon le nouveau Code civil*, 2e édition révisée et ajoutée, Maison d'édition Hamangiu, Bucarest, 2012, p. 8.

– *les décisions de la Haute Cour de Cassation et Justice en cas de renvoi préjudiciel pour résoudre certaines questions de droit.* En vertu de l'article 519 du Code de procédure civile, si, au cours de la procédure, une formation plénière de la Haute Cour de Cassation et ~~de~~ Justice, de la Cour d'appel ou du Tribunal, chargée de trancher l'affaire en dernier ressort, constatant qu'une question de droit dont la résolution dépend du fond de l'affaire respective, est nouveau et la Haute Cour de Cassation et Justice n'a pas statué ni ne fait l'objet d'un recours dans l'intérêt de la loi en attendant la résolution, peut demander à la Haute Cour de Cassation et Justice de rendre une décision par laquelle la question de droit qui lui a été soumise est résolue en principe. Conformément à l'article 521, paragraphe 3 du Code de procédure civile, la décision sur les points de droit lie la juridiction qui a demandé la décision à partir de la date de la décision, et les autres juridictions à partir de la date de publication de la décision dans la partie I du *Journal officiel* de la Roumanie.

– les *décisions de la Cour constitutionnelle* sont généralement contraignantes à partir de la date de leur publication au *Journal officiel* et ne sont contraignantes que pour l'avenir (article 147, paragraphe 4, de la Constitution). Les décisions statuant sur les exceptions d'inconstitutionnalité sont obligatoires *erga omnes* (pour tous), et pas seulement pour les parties au litige. Selon l'article 147 (1) de la Constitution, les dispositions des lois et ordonnances en vigueur, ainsi que celles des règlements du Parlement, jugées inconstitutionnelles, cessent d'avoir un effet légal 45 jours après la publication de la décision de la Cour constitutionnelle si, dans ce délai, le Parlement ou le gouvernement, selon le cas, ne met pas les dispositions inconstitutionnelles en conformité avec les dispositions de la Constitution. Pendant cette période, les dispositions jugées inconstitutionnelles sont suspendues de plein droit.

– *Les décisions de justice annulant des actes administratifs normatifs.* Les décisions judiciaires définitives annulant en tout ou en partie un acte administratif de nature réglementaire sont généralement contraignantes et n'ont de valeur que pour l'avenir, conformément à l'article 23 de la loi n° 554/2004 *sur le contentieux administratif.* Elles doivent être publiées, à la demande des tribunaux, dans le *Journal officiel* de la Roumanie, première partie, ou, le cas échéant, dans les journaux officiels des départements ou de la municipalité de Bucarest, et sont exemptes de frais de publication.

4.2.7 Doctrine juridique

La doctrine juridique est la littérature juridique (articles, monographies, conférences, traités). Dans les systèmes de droit romano-germanique et anglo-saxon, les opinions exprimées par les auteurs dans la doctrine ne sont pas juridiquement contraignantes et ***ne constituent*** donc ***pas une source de droit***[11].

Partout, cependant, le législateur et le juge étudient la doctrine juridique afin de fonder un point de vue sur la création ou l'application de règles juridiques.

4.2.8 La position des traités internationaux et de l'ordre juridique de l'Union européenne au sein des sources du droit administratif roumain

4.2.8.1 Traités internationaux

Un traité international est un acte juridique bilatéral ou multilatéral qui crée, modifie ou éteint des droits et obligations entre des sujets de droit international (États, organisations internationales)[12]. Le cadre juridique international régissant les traités internationaux conclus entre États est fourni par la *Convention de Vienne de 1969 sur le droit des traités.* La conclusion de traités entre organisations internationales ou entre celles-ci et des États est régie par la *Convention de Vienne de 1986.*

Selon l'article 11(2) de la Constitution roumaine, les traités ratifiés par le Parlement, conformément à la loi, font partie du droit interne. Si un traité auquel la Roumanie doit devenir partie contient des

---

[11] Henri Lévy-Bruhl, *op. cit.* (*Sociologie du droit*), 1964, p. 77.

[12] Voir Florian Coman, *Droit public international,* vol. II, Maison d'édition Sylvi, Bucarest, 1999, p. 22-39.

dispositions contraires à la Constitution, il ne peut être ratifié qu'après révision de la Constitution (article 11, paragraphe 3, de la Constitution).

En cas d'incompatibilité entre les pactes et *traités relatifs aux droits fondamentaux de l'homme*, auxquels la Roumanie est partie, et les lois nationales, les règlements internationaux priment, à moins que la Constitution ou les lois nationales ne contiennent des dispositions plus favorables (article 20, paragraphe 2, de la Constitution).

Pour qu'un traité international soit une source de droit administratif, il doit remplir les conditions suivantes[13] : a) il doit être d'application directe et immédiate ; b) il doit être ratifié conformément aux dispositions de la Constitution ; c) il doit contenir des règles relatives aux relations sociales qui relèvent du droit administratif.

Souvent, sur la base d'un traité conclu entre deux États, qui contient des réglementations de principe dans tous les domaines qui les intéressent, des accords sont ensuite conclus pour développer la coopération dans un domaine limité[14]. Ainsi, la coopération transfrontalière entre la Roumanie et l'Ukraine est régie par le *Traité sur les relations de bon voisinage et la coopération* entre les deux pays, signé à Constanta le 2 juin 1997, ratifié par la Roumanie par la loi n° 129/1997[15]. Sur la base du traité de bon voisinage, des accords de coopération ont été conclus dans divers domaines ayant un impact sur la coopération transfrontalière, y compris le droit administratif, comme l'Accord entre le gouvernement de la Roumanie et le gouvernement de l'Ukraine sur la coopération dans

---

[13] Voir Antonie Iorgovan, *op. cit.* (*Traité de droit administratif*), vol. I, 2005, p. 135 ; Rodica Narcisa Petrescu, *op. cit.* (*Droit administratif*), 2009, p. 31.

[14] Voir Cătălin-Silviu Săraru, « Considérations sur les accords de coopération transfrontalière entre les unités administratives-territoriales limitrophes des zones frontalières de la Roumanie et les structures similaires dans les pays voisins », in *Curentul Juridic*, n° 2 (45)/2011, p. 89.

[15] Publié au *Journal officiel* n° 157 du 16 juillet 1997.

le domaine de la gestion des eaux frontalières, signé à Galati le 30 septembre 1997, ratifié par la Roumanie par la loi n° 16/1999[16].

4.2.8.2 L'ordre juridique de l'Union européenne

Les règles juridiques de l'Union européenne forment un ensemble organisé et structuré ayant ses propres sources, doté d'organes et de procédures capables d'émettre ces règles, de les intégrer et de constater et sanctionner les infractions le cas échéant. L'ordre juridique de l'Union se reflète dans le concept de l'*acquis de l'Union européenne.*

La notion d'***acquis de l'Union européenne*** (à l'origine l'***acquis communautaire***) introduite par le Traité de Maastricht sur l'Union européenne (articles 2, 3 et 43) est constituée : du contenu, des principes et des objectifs politiques des traités initiaux des Communautés européennes et dans les traités ultérieurs (Acte unique européen, traité de Maastricht, traité d'Amsterdam...) ; la législation adoptée par les institutions de l'UE pour mettre en œuvre les dispositions des traités (règlements, directives, décisions, avis et recommandations) ; la jurisprudence de la Cour de Justice de l'Union européenne ; les déclarations et résolutions adoptées au sein de l'Union européenne ; les actions communes, les positions communes, les conventions signées, les résolutions, les déclarations et autres actes adoptés dans le cadre de la politique étrangère et de sécurité commune (PESC) et de la coopération dans le domaine de la justice et des affaires intérieures (JAI) ; les accords internationaux auxquels l'UE est partie, ainsi que ceux conclus entre les États membres de l'UE en rapport avec ses travaux.

Le droit de l'Union européenne se caractérise par :

– l'applicabilité immédiate du droit de l'Union européenne. Les règles du droit de l'Union acquièrent automatiquement le statut de droit positif dans l'ordre juridique interne des États membres.

[16] Publié au *Journal officiel* n° 13 du 19 janvier 1999.

– l'applicabilité directe du droit de l'Union européenne. Les règles du droit de l'Union sont susceptibles de créer, par elles-mêmes, des droits et des obligations pour les particuliers.

– la priorité du droit de l'Union européenne. Les règles de l'Union priment sur toute règle nationale. En Roumanie, cette disposition est inscrite à l'article 148, paragraphe 2, de la Constitution révisée : « du fait de l'adhésion, les **dispositions des traités constitutifs de l'Union européenne, ainsi que les autres règlements communautaires contraignants, priment sur les dispositions contraires des lois nationales, sous réserve des dispositions de l'acte d'adhésion** ».

4.3 Codification des règles de droit administratif

La Roumanie a adopté le **Code administratif** par l'ordonnance d'urgence du gouvernement n° 57/2019[17], qui est entrée en vigueur le 5 juillet 2019. Le Code administratif régit le cadre général de l'organisation et du fonctionnement des autorités et institutions de l'administration publique, le statut de leur personnel, la responsabilité administrative, les services publics, ainsi que certaines règles spécifiques relatives aux biens publics et privés de l'État et des unités administratives-territoriales.

La codification des règles d'organisation et de fonctionnement de l'administration publique constitue un avantage indéniable pour le citoyen, qui trouvera dans un seul acte normatif réglementé tous les droits et obligations qui font partie du contenu de la relation juridique de droit administratif.

Après 1990, le souci de codification administrative a conduit à l'élaboration en 2000-2003 par des spécialistes du domaine de l'administration publique au sein du Centre régional de formation continue pour l'administration publique locale de Sibiu, en collaboration avec l'Académie allemande des fonctionnaires, de deux

[17] Publié au *Journal officiel*, partie I, n° 555 du 5 juillet 2019, tel que modifié.

projets de Code : le *Code administratif*[18] qui régit les aspects du droit matériel et le *Code de procédure administrative*[19] qui contient les aspects de la procédure contentieuse et non contentieuse. Ces projets ont ensuite été analysés à l'Institut des sciences administratives Paul Negulescu, puis dans des groupes de travail mis en place au fil du temps par le ministère concerné. En 2008, le gouvernement a approuvé les *thèses préliminaires du projet de Code de procédure administrative* par décision gouvernementale n° 1360/2008[20], et en 2016, il a approuvé les *thèses préliminaires du projet de code administratif* par décision gouvernementale n° 196/2016[21].

Malheureusement, nous constatons qu'un **Code de procédure administrative** n'a pas encore été adopté, bien qu'il soit réclamé par les théoriciens et les praticiens du droit administratif. Le Code de procédure administrative doit établir le principal cadre réglementaire pour la conduite de l'activité de l'administration publique, en réglementant la compétence des autorités publiques dans le respect de l'intérêt public et des droits subjectifs et intérêts légitimes des individus, ainsi que des règles de l'État de droit.

[18] Voir Centre régional de formation continue pour l'administration publique locale Sibiu, *Code administratif de la Roumanie – projet*, Maison d'édition Global Media, Sibiu, 2002.

[19] « Code de procédure administrative de la Roumanie », projet publié dans la *Revue de droit public* n° 4/2004.

[20] Publié au *Journal officiel*, partie I, n° 734 du 30 octobre 2008.

[21] Publié au *Journal officiel*, partie I, n° 237 du 31 mars 2016.

CHAPITRE 5.

Normes et relations de droit administratif

5.1 Normes de droit administratif

La norme juridique est une règle générale, impersonnelle, typique et contraignante qui prescrit la conduite des personnes dans leurs relations entre elles ou avec la société, dans le but d'assurer l'ordre social, une règle qui peut être appliquée, si nécessaire, par la force coercitive de l'État[1].

La règle de droit possède une **structure interne (logico-juridique)** qui constitue sa partie statique et stable, étant composée de[2] :

a) *Hypothèse* – indique les conditions ou les circonstances dans lesquelles la règle juridique s'appliquera ;

b) *Disposition* – prescrit le comportement des personnes, c'est-à-dire l'action ou l'inaction qu'elles doivent accomplir ;

---

[1] Voir Nicolae Popa, *op. cit.* (*Théorie générale du droit*), 2014, p. 129 ; Ion Corbeanu, Maria Corbeanu, *op. cit.* (*Théorie générale du droit*), 2008, p. 109 ; Dan Claudiu Dănişor, Ion Dogaru, Gheorghe Dănişor, *op. cit.* (*Théorie générale du droit*), p. 239-240.

[2] Pour une analyse détaillée de la structure logique de la norme juridique, voir : Dan Claudiu Dănişor, Ion Dogaru, Gheorghe Dănişor, *op. cit.* (*Théorie générale du droit*), p. 240-242 ; Nicolae Popa, *op. cit.* (*Théorie générale du droit*), 2014, p. 130-133 ; Ion Corbeanu, Maria Corbeanu, *op. cit.* (*Théorie générale du droit*), 2008, p. 115-122.

c) *Sanction* – est la partie de la norme juridique qui définit les conséquences du non-respect du comportement prescrit par la disposition et les mesures coercitives qui peuvent être prises par les organes spécialisés de l'État.

Les normes du droit administratif régissent les relations sociales relatives à l'organisation, l'activité, le contrôle et la responsabilité de l'administration publique, sur la base et en exécution de la loi[3].

La structure logico-juridique de la norme de droit administratif présente plusieurs particularités.

Hypothèse de la norme de droit administratif. En raison de la nécessité de rendre ces règles aussi claires que possible, l'***hypothèse est souvent plus large***, afin de spécifier aussi précisément que possible les paramètres à l'intérieur desquels la règle fonctionne dans des cas spécifiques. L'hypothèse de la règle de droit administratif concerne[4] : les situations dans lesquelles la règle de droit s'applique, les catégories de sujets auxquels la règle s'applique, les définitions, les principes, l'objet d'une autorité publique ou d'une activité particulière, etc.

Disposition de la norme de droit administratif. La disposition de la norme de droit administratif revêt dans la plupart des cas une forme impérative, car les institutions et autorités de l'administration agissent dans l'exercice de la puissance publique. Les dispositions obligatoires sont celles qui commandent un comportement ou exigent une abstention de comportement.

Les dispositions obligatoires peuvent être :

a) *onéreuses*, exigeant une certaine action. Un exemple de disposition onéreuse se trouve à l'article 225 (1) Code administratif qui stipule que les conseillers locaux sont tenus, dans l'exercice de leurs fonctions, d'organiser des rencontres régulières avec les citoyens et de tenir des auditions ;

b) *prohibitives,* interdisant une certaine action. Un exemple de disposition prohibitive se trouve à l'article 413 (2) Code

[3] Voir Rodica Narcisa Petrescu, *op. cit.* (*Droit administratif*), 2009, p. 27.
[4] Voir Verginia Vedinaş, *op. cit.* (*Droit administratif*), 2015, p. 74-75.

administratif qui prévoit que toute discrimination à l'égard d'un agent public, définie conformément aux dispositions de la législation spécifique sur la prévention et la sanction de toutes les formes de discrimination, est interdite.

Plus rarement, on peut trouver en droit administratif des règles dispositives avec des dispositions *permissives*. Les dispositions permissives prescrivent un certain comportement, laissant à la discrétion du sujet de la loi l'exercice ou non de ce comportement. Ces dispositions sont souvent évoquées par le verbe « pouvoir », introduit dans des expressions telles que « l'autorité administrative peut », « le citoyen peut »[5]. Un exemple de disposition permissive se trouve à l'article 129 (13) Code administratif qui stipule que le Conseil local peut conférer le titre de citoyen d'honneur de la commune, de la ville ou de la municipalité à des personnes roumaines ou étrangères ayant des mérites exceptionnels, sur la base de son propre règlement.

Sanction de la règle de droit administratif. En droit administratif, nous trouvons[6] :

a) des sanctions administratives-disciplinaires (rétrogradation de la fonction publique, révocation de la fonction publique, etc.) ;

b) des sanctions administratives-contraventionnelles (avertissement, amende, etc.) ;

c) des sanctions administratives-patrimoniales (octroi de dommages à la partie lésée, déterminés par le tribunal, en raison de la responsabilité de l'État dans une erreur judiciaire) ;

d) mesures coercitives technico-administratives (retrait du permis de conduire, obligation de suivre un traitement médical, etc.) ;

e) des mesures d'exécution (démolition de bâtiments, saisie de comptes bancaires, etc.) ;

f) les sanctions sur les actes juridiques (annulations, suspensions, etc.).

---

[5] Voir Antonie Iorgovan, *op. cit.* (*Traité de droit administratif*), vol. I, 2005, p. 144.
[6] *Ibid.*, p. 145.

Exemple de la structure logico-juridique d'une norme de droit administratif dans le Code administratif :

Hypothèse	Article 106 (3). Les conseils locaux et les maires sont les autorités de l'administration publique locale et gèrent les affaires publiques dans les communes, les villes et les municipalités, conformément à la loi. Article 129 (1). Le conseil a l'initiative et décide, conformément à la loi, de toutes les questions d'intérêt local, à l'exception de celles qui sont confiées par la loi à d'autres autorités de l'administration publique locale ou centrale.
Provision	Article 133 (1). Le Conseil local se réunit en session ordinaire au moins une fois par mois, sur convocation du maire.
Sanction	Article 143 (1) Le Conseil communal est dissous de plein droit : a) s'il ne se réunit pas pendant au moins quatre mois civils consécutifs en assemblée ordinaire ou extraordinaire, bien qu'il ait été convoqué conformément aux dispositions légales.

5.2 Les relations de droit administratif

5.2.1 Définition

Les relations de droit administratif[7] sont les relations sociales qui naissent, se modifient ou s'éteignent selon les règles du droit

[7] Sur la définition des relations de droit administratif, voir Ion Corbeanu, *op. cit.* (*Droit administratif*), 2010, p. 57 ; Rodica Narcisa Petrescu, *op. cit.* (*Droit administratif*), 2009, p. 43 ; Antonie Iorgovan, *op. cit.* (*Traité de droit*

administratif et dont l'un des sujets au moins est une autorité/institution publique ou un service public, en ce qui concerne l'organisation de l'exécution ou la mise en pratique des dispositions de la loi[8].

5.2.2 Caractéristiques des relations de droit administratif

Les relations de droit administratif présentent les caractéristiques suivantes :

a) L'un des sujets du rapport est une autorité/institution publique ou un service public. Aux fins de la loi n° 554/2004 *sur le contentieux administratif*, les personnes morales de droit privé qui, selon la loi, ont obtenu le statut d'utilité publique ou sont autorisées à fournir un service public en vertu d'une autorité publique sont assimilées à des autorités publiques (article 2, paragraphe 1, point b, de la loi n° 554/2004).

b) Les relations de droit administratif naissent dans le processus d'organisation du contrôle et de l'exécution effective des dispositions de la loi.

c) Il s'agit de relations d'autorité ou de pouvoir. La structure administrative investie de prérogatives de puissance publique a la possibilité d'imposer unilatéralement un certain comportement à l'autre sujet.

d) Il s'agit de relations fondées, en règle générale, sur l'inégalité de la situation juridique des parties.

---

administratif), vol. I, 2005, p. 149-150 ; Verginia Vedinaş, *op. cit.* (*Droit administratif*), 2015, p. 83 ; Alexandru Negoiţă, *op. cit.* (*Droit administratif*), 1996, p. 40-41 ; Ioan Alexandru, *op. cit.* (*Traité d'administration publique*), 2008, p. 125 ; Dumitru Brezoianu, *Romanian Administrative Law*, Maison d'édition Lucretius, Bucarest, 1997, p. 27.

[8] Le terme « loi » est utilisé ici dans un sens général (*lato sensu*) pour couvrir tous les actes de nature réglementaire émis par une autorité publique suite à une décision unilatérale.

5.2.3 Les sujets des relations de droit administratif

Une relation de droit administratif peut être établie entre[9] :

a) deux autorités de l'administration publique ;

b) une autorité administrative publique et une autre autorité publique (par exemple, les relations entre le ministère de la Justice et les tribunaux). Ces relations peuvent être de double nature juridique, comme, par exemple, les relations entre le Parlement et le gouvernement régies par le chapitre IV du titre III de la Constitution, qui sont des relations de droit constitutionnel et administratif ;

c) une autorité de l'administration publique et les organisations non gouvernementales sans but patrimonial (associations, fondations, syndicats, associations patronales). En vertu de la loi, les associations et les fondations qui exercent des activités dans l'intérêt général ou dans l'intérêt des collectivités peuvent être reconnues d'utilité publique par le gouvernement (établissements d'utilité publique) ;

d) une autorité de l'administration publique et des personnes morales à vocation patrimoniale (établissement public autonome, société nationale ou société commerciale) ;

e) une autorité publique et une personne physique.

5.2.4 Classification des relations de droit administratif

Selon les sujets concernés, les relations de droit administratif peuvent être classées en deux catégories[10] :

- les relations de droit administratif où les deux parties sont des autorités de l'administration publique ;

---

[9] Voir également Ioan Alexandru, *op. cit.* (*Traité d'administration publique*), 2008, p. 125.

[10] Voir Rodica Narcisa Petrescu, *op. cit.* (*Droit administratif*), 2009, p. 45 ; Ioan Alexandru, Mihaela Cărăuşan, Ion Popescu, Dragoş Dincă, *Droit administratif*, Maison d'édition économique, Bucarest, 2002, p. 65-66 ; Alexandru Negoiţă, *op. cit.* (*Droit administratif*), 1996, p. 44-45.

- les relations de droit administratif dans lesquelles une partie appartient à l'administration publique et la seconde partie est une personne physique ou morale extérieure à l'administration publique.

5.2.4.1 Relations de droit administratif où les deux parties sont des autorités publiques

Parmi ceux-ci, nous pouvons distinguer :

a) **les relations hiérarchiques.** C'est le cas, par exemple, entre le gouvernement et les ministères, entre les ministères et les autorités centrales spécialisées qui leur sont subordonnées (relations entre le ministère des Finances publiques et l'Agence nationale d'administration fiscale). Il s'agit de relations d'autorité qui s'établissent entre les structures de l'administration publique au sein d'une hiérarchie administrative. Les sujets sont dans une position d'inégalité juridique, le sujet superordonné (détenteur de l'autorité publique) ayant une autorité *unilatérale* sur le comportement de l'autre sujet (subordonné). Le ***sujet supérieur***, également appelé ***sujet actif***, a le droit de diriger, de guider et de contrôler l'activité ***du sujet subordonné***, également appelé ***sujet passif***[1]. Le sujet actif a également un pouvoir disciplinaire sur le sujet passif et peut appliquer des sanctions.

b) **les relations de collaboration.** Les relations de collaboration sont les relations entre le président et le gouvernement, les relations entre les ministères (par exemple, le ministère de la Culture peut collaborer avec d'autres ministères afin de mener des actions communes dans le pays et à l'étranger, etc.). Ces relations sont entre des sujets entre lesquels il n'existe pas de subordination hiérarchique. Les sujets sont sur un pied d'égalité sur le plan juridique. Par conséquent, la création, la modification ou la cessation de ces relations seront en principe déterminées par la volonté des deux sujets.

---

[11] Voir Ioan Alexandru, Mihaela Cărăuşan, Ion Popescu, Dragoş Dincă, *op. cit.* (*Droit administratif*), 2002, p. 65.

c) **les relations de tutelle administrative.** Ils ont pour base juridique l'assurance de la légalité de l'activité de certaines autorités de l'administrations publiques. Le préfet et l'Agence nationale des fonctionnaires sont, selon les dispositions de l'article 3 de la loi n° 554/2004 *sur le contentieux administratif*, des autorités de tutelle administrative qui exercent un contrôle de légalité sur les actes des autorités de l'administration publique. Ainsi, le préfet peut saisir directement la section du contentieux administratif du tribunal avec recours contre des actes émanant d'**autorités administratives locales** (conseil départemental, Conseil local, maire) s'il estime qu'ils sont illégaux. L'Agence nationale de la fonction publique peut également introduire un recours devant la section du contentieux administratif du tribunal contre les actes des autorités publiques centrales et locales qui violent la législation sur la fonction publique.

d) **les relations de coordination.** En vertu de dispositions légales, une autorité administrative publique peut acquérir le pouvoir de coordonner le travail d'une autre autorité administrative publique. Contrairement à la relation de subordination hiérarchique, dans ce cas, le sujet sous la coordination de l'autre jouit d'un large degré d'autonomie fonctionnelle et décisionnelle. Ainsi, selon les dispositions de l'article 107(1) Code administratif, le Conseil départemental a pour rôle de coordonner le travail des conseils municipaux, des villes et des communes, afin de fournir des services publics d'intérêt départemental.

5.2.4.2 Les relations de droit administratif dans lesquelles une partie est un membre de l'administration publique et l'autre partie est une personne physique ou morale extérieure à l'administration publique

Parmi ceux-ci, nous pouvons distinguer :

a) **les relations de subordination.** Il s'agit de relations juridiques dans lesquelles les autorités de l'administration publique, sur la base de leur compétence juridique, peuvent établir unilatéralement des droits et des obligations pour les personnes physiques et morales en dehors du système de l'administration publique (par exemple, les relations de droit administratif entre le contrevenant et les organes chargés de l'établissement et de l'application de la sanction).

b) **les relations juridiques de collaboration et de participation** des personnes physiques et morales à l'exécution des tâches de l'administration publique (par exemple, les relations entre le ministère de la Culture et diverses associations et fondations en vue de la réalisation d'activités culturelles communes).

c) **les relations juridiques pour l'utilisation des services publics** (par exemple, l'utilisation des transports publics). Les autorités publiques ont le droit et l'obligation légale de fournir des services publics pour répondre aux besoins dans l'intérêt général. Les citoyens ont le droit d'utiliser les services publics dans les conditions prévues par les règlements régissant leur organisation et leur fonctionnement et d'exiger leur bon fonctionnement.

CHAPITRE 6.

Acte administratif

6.1 Définition

Un acte administratif est un acte juridique unilatéral émanant d'une autorité publique ou de personnes privées mandatées par elle, pour l'exercice d'une prérogative de puissance publique, sur la base et en vue de l'exécution de la loi[1].

Les actes administratifs constituent la principale forme juridique de l'activité des autorités de l'administration publique.

6.2 Caractéristiques de l'acte administratif

L'acte administratif présente les caractéristiques suivantes :

a) **L'acte administratif est un acte juridique**. Un acte juridique est une manifestation de volonté faite dans l'intention de produire des effets juridiques, c'est-à-dire de faire naître, modifier ou éteindre

---

[1] Pour différentes définitions de l'acte administratif, voir Ion Corbeanu, *op. cit.* (*Droit administratif*), 2010, p. 76 ; Rodica Narcisa Petrescu, *op. cit.* (*Droit administratif*), 2009, p. 307 ; Antonie Iorgovan, *op. cit.* (*Traité de droit administratif*), vol. II, 2005, p. 25 ; Verginia Vedinaş, *op. cit.* (*Droit administratif*), 2015, p. 95-96 ; Alexandru Negoiţă, *op. cit.* (*Droit administratif*), 1996, p. 137 ; Ioan Alexandru, *op. cit.* (*Traité d'administration publique*), 2008, p. 548 ; Anton Trăilescu, *op. cit.* (*Droit administratif*), 2010, p. 191 ; Dumitru Brezoianu, *op. cit.* (*Droit administratif roumain*), 1997, p. 137 ; Ilie Iovănaş, *Droit administratif et éléments de science administrative*, Maison d'édition didactique et pédagogique, 1977, Bucarest, p. 219.

des droits et des obligations. Par conséquent, l'acte administratif est, comme tout acte juridique, une manifestation de volonté destinée à produire un changement dans la réalité juridique existante[2]. L'acte administratif est donc distinct des **opérations administratives** (avis, accords, procès-verbaux de constatation, etc. nécessaires à l'émission de l'acte administratif). Notons que si les actes administratifs produisent directement des effets juridiques à l'égard de leurs destinataires, effets qui intéressent l'autorité publique qui émet l'acte, les opérations administratives ne produisent pas d'effets juridiques en vertu de la volonté de celui qui les exécute, mais ces effets sont produits parce que la loi le prévoit (en vertu de la loi – *ope legis*)[3]. Par exemple, un permis de construire est un acte administratif individuel qui produit les effets juridiques voulus par l'autorité publique qui l'a délivré en termes de conditions que la construction en question doit remplir. Pour la délivrance d'un permis de construire, un certain nombre d'avis sont requis, comme le prévoit la loi n° 50/1991 *sur l'autorisation des travaux de construction*[4]. Ces avis sont des opérations administratives. Pour obtenir un permis de construire, les avis prévus par la loi doivent être favorables. L'effet produit par ces avis est qu'ils dépendent de l'octroi d'une autorisation, effet prévu par la loi et qui ne dépend pas de la volonté de la structure administrative qui accorde l'avis[5].

b) L'acte administratif est une manifestation unilatérale de la volonté juridique car il émane d'une seule volonté juridique, qui est émise par une autorité publique.

---

[2] Jean Rivero, Jean Waline, *op. cit.* (*Droit administratif*), 1992, p. 79.

[3] Dumitru Brezoianu, *op. cit.* (*Droit administratif roumain*), 1997, p. 125 ; Alexandru Negoiță, *op. cit.* (*Droit administratif*), 1996, p. 133 ; Ioan Alexandru, Mihaela Cărăușan, Ion Popescu, Dragoș Dincă, *op. cit.* (*Droit administratif*), 2002, p. 255-256.

[4] Republié au *Journal officiel*, partie I, n° 933 du 13 octobre 2004, tel que modifié ultérieurement.

[5] Voir Dumitru Brezoianu, *op. cit.* (*Droit administratif roumain*), 1997, p. 125-126 ; Ioan Alexandru, Mihaela Cărăușan, Ion Popescu, Dragoș Dincă, *op. cit.* (*Droit administratif*), 2002, p. 256.

Le consentement du destinataire n'est pas requis pour la validité d'un acte administratif. Par conséquent, le fait que l'acte administratif soit une manifestation unilatérale de la volonté juridique le distingue des contrats (actes juridiques bilatéraux) de droit public (contrats administratifs) ou de droit privé (contrats de droit civil, contrats de droit du travail, etc.). Par exemple, l'émission d'un acte administratif imposant une amende au contrevenant ne nécessite pas le consentement du contrevenant à l'imposition de l'amende[6].

Aussi, la manifestation unilatérale de volonté que représente l'acte administratif est réalisée sous l'empire du droit public, ce qui la distingue d'un acte unilatéral de droit privé (testament, donation, etc.).

Parfois, en plus de l'autorité de délivrance, d'autres autorités administratives sont également impliquées dans la délivrance d'un acte administratif et émettent divers avis (par exemple, les avis requis pour l'octroi d'un permis de construire). Le caractère unilatéral est maintenu dans ce cas également car la personne qui donne l'avis et l'émetteur de l'acte administratif apparaissent comme un seul sujet de droit, exprimant une seule volonté dans la relation juridique avec la personne à qui l'acte administratif est adressé[7].

Pour les mêmes raisons, le caractère unilatéral est également maintenu lorsque deux ou plusieurs institutions de l'administration publique émettent un acte administratif conjoint[8] (par exemple, l'arrêté du ministre de la Santé et du président de la Maison nationale de l'assurance maladie n° 397/836/2018 *approuvant les*

---

[6] Voir Ioan Alexandru, Mihaela Cărăuşan, Ion Popescu, Dragoş Dincă, *op. cit.* (*Droit administratif*), 2002, p. 258.

[7] Voir Ioan Alexandru, Mihaela Cărăuşan, Ion Popescu, Dragoş Dincă, *op. cit.* (*Droit administratif*), 2002, p. 258 ; Dumitru Brezoianu, *op. cit.* (*Droit administratif roumain*), 1997, p. 130-131.

[8] Voir Antonie Iorgovan, *op. cit.* (*Traité de droit administratif*, vol. II, 2005, p. 32 ; Rodica Narcisa Petrescu, *op. cit.* (*Droit administratif*), 2009, p. 308 ; Verginia Vedinaş, *op. cit.* (*Droit administratif*), 2015, p. 98.

normes méthodologiques pour l'application en 2018 de la décision du gouvernement n° 140/2018 approuvant les paquets de services et le contrat-cadre régissant les conditions de fourniture des soins de santé, des médicaments et des dispositifs médicaux dans le cadre du système d'assurance maladie sociale pour 2018-2019[9]).

Lorsque l'acte administratif est délivré à la demande d'une personne (délivrance d'un permis de conduire, d'un permis de construire, etc.) il conserve la qualité de manifestation unilatérale de la volonté juridique, puisque la demande du requérant ne fait que déclencher la procédure de délivrance de l'acte et n'a pas la signification d'un accord de volonté[10].

c) **L'acte administratif est émis/adopté par une autorité publique.** La loi sur le contentieux administratif n° 554/2004 définit à l'article 2(1) lit. b) l'autorité publique émettrice comme tout organe de l'État ou unité administrative-territoriale agissant sous l'autorité publique pour la satisfaction d'un intérêt public.

Les actes administratifs sont principalement adoptés/émis par les autorités de l'administration publique. Mais les actes administratifs peuvent également être émis/adoptés par des structures au sein du Parlement, ainsi que par des organes du pouvoir judiciaire dans leur activité d'organisation ou dans l'exécution effective de la loi. Ainsi, l'arrêté par lequel le secrétaire général du Sénat sanctionne un fonctionnaire parlementaire ou l'arrêté par lequel le président de la Haute Cour de Cassation et Justice nomme ou révoque le responsable économique sont des actes administratifs émanant d'autorités publiques relevant du pouvoir législatif ou judiciaire[11].

L'article 2, paragraphe 1, point b), deuxième phrase, de la loi n° 554/2004 sur le contentieux administratif dispose que les

---

[9] Publié au *Journal officiel*, partie I, n° 273 du 28 mars 2018, tel que modifié.

[10] Voir Antonie Iorgovan, *op. cit.* (*Traité de droit administratif*), vol. II, 2005, p. 33-34 ; Rodica Narcisa Petrescu, *op. cit.* (*Droit administratif*), 2009, p. 308 ; Alexandru Negoiță, *op. cit.* (*Droit administratif*), 1996, p. 135-136 ; Ioan Alexandru, Mihaela Cărăușan, Ion Popescu, Dragoș Dincă, *op. cit.* (*Droit administratif*), 2002, p. 259.

[11] Voir Emanuel Albu, *Droit du contentieux administratif*, Maison d'édition Universul Juridic, Bucarest, 2008, p. 39.

personnes morales de droit privé qui, aux termes de la loi, ont obtenu le statut d'utilité publique ou sont autorisées à fournir un service public en régime de pouvoir public publique sont assimilées aux autorités publiques aux fins de cette loi. Ainsi, l'Association générale des chasseurs et des pêcheurs sportifs (AGCPS) est une association non gouvernementale d'utilité publique dotée d'une compétence exclusive, déléguée par l'État au moyen d'actes normatifs, dans le domaine de la chasse et de la pêche sportives. À ce titre, l'AGCPS peut émettre des actes administratifs. De même, un diplôme de fin d'études délivré par une université privée est un acte administratif car toute université assure le service public de l'éducation en vertu des compétences déléguées par l'État et sous le contrôle du ministère de l'Éducation.

d) La manifestation de la volonté a lieu sous et pour la réalisation de la puissance publique. De ce fait, l'acte administratif est contraignant et exécutoire d'office. L'autorité qui émet l'acte peut imposer unilatéralement sa volonté à la personne à qui l'acte est adressé, en déterminant la conduite à suivre. Le caractère obligatoire des actes administratifs signifie que l'acte administratif est contraignant à la fois pour tous les sujets de droit auxquels il s'adresse (personnes morales publiques ou privées et personnes physiques) et pour l'organisme émetteur tant qu'il n'a pas été abrogé, révoqué ou annulé[12].

Le caractère contraignant de l'acte administratif est une conséquence de la présomption de légalité dont jouissent tous les actes administratifs, qui sont émis sur la base et en vue de l'application de la loi[13].

Si la personne tenue d'exécuter n'exécute pas volontairement l'acte administratif, l'autorité compétente peut procéder directement, d'office, à l'exécution de l'acte, sans qu'il soit nécessaire d'obtenir une décision judiciaire accordant l'exécution

---

[12] Voir Rodica Narcisa Petrescu, *op. cit.* (*Droit administratif*), 2009, p. 309.

[13] Voir Emanuel Albu, *op. cit.* (*Droit du contentieux administratif*), 2008, p. 39 ; Rodica Narcisa Petrescu, *op. cit.* (*Droit administratif*), 2009, p. 309.

comme dans le cas des actes civils[14]. Toute exception à cette règle doit être expressément prévue par la loi.

e) **L'acte administratif est émis dans le but d'organiser l'exécution de la loi ou son exécution effective.** La raison d'être de l'administration publique est d'organiser et d'exécuter la loi dans la pratique, comprise dans son sens large, et pas seulement comme un acte du Parlement. Les actes législatifs et administratifs sont classés en fonction de leur force juridique.

6.3 Classification des actes administratifs

Les actes administratifs se répartissent en plusieurs catégories, comme suit :

1) **Selon le critère de l'ampleur des effets juridiques produits :**

a) *les actes administratifs normatifs* – comprennent les règlements de nature générale et impersonnelle, c'est-à-dire les règles juridiques ;

b) *les actes administratifs individuels* – créent, modifient ou éteignent des droits et obligations au profit ou à la charge d'une ou plusieurs personnes déterminées.

Les actes administratifs individuels sont classés en deux catégories :

– *Actes établissant des droits et obligations* ***spécifiques*** *pour les sujets auxquels ils s'adressent.* Exemple : un permis de construire qui confère à son titulaire un ensemble de droits et d'obligations relatifs à la construction d'un bâtiment spécifique.

– *Actes conférant un statut personnel aux bénéficiaires.* Exemple : un diplôme universitaire qui attribue au bénéficiaire un ensemble

[14] Voir Ioan Alexandru, Mihaela Cărăuşan, Ion Popescu, Dragoş Dincă, *op. cit.* (*Droit administratif*), 2002, p. 260-261 ; Diana Iuliana Pasăre, « *Exécution d'office des actes administratifs. Les repères doctrinaux et jurisprudentiels français et communautaires en la matière. Brèves considérations sur le système juridique roumain* », Revista de Drept Public no. 1/2006, p. 36.

de droits et d'obligations plutôt qu'un droit ou une obligation spécifique.

– *Actes administratifs mettant en œuvre la coercition administrative.* Exemple : le procès-verbal constatant la commission d'une contravention[15] et appliquant la sanction prévue par la loi.

– *Actes administratifs juridictionnels* – actes émis par une autorité administrative, investie par une loi organique de pouvoirs de juridiction administrative spéciale[16]. Un exemple d'autorité administrative investie de pouvoirs de juridiction administrative est le Conseil national pour la résolution des plaintes actuellement réglementé par la loi n° 101/2016 *sur les recours et les appels dans l'attribution des marchés publics, des contrats sectoriels et des contrats de concession de travaux et de concession de services, ainsi que pour l'organisation et le fonctionnement du Conseil national pour la résolution des plaintes*[17] ayant pour rôle de régler les litiges relatifs aux procédures d'attribution de ces contrats.

2) **Selon le critère de l'organe dont il émane :**

a) les actes émanant des autorités de l'administration publique ;

b) les actes émanant d'autorités publiques autres que les autorités administratives ;

c) les actes administratifs **par délégation** qui sont établis sur la base d'une autorisation *expresse de la loi* par certaines personnes privées (associations d'utilité publique, universités privées accréditées, etc.)

---

[15] Voir l'ordonnance du gouvernement n° 2/2001 *sur le régime juridique des contraventions* (publiée au *Journal officiel*, partie I, n° 410 du 25 juillet 2001), approuvée avec des modifications par la loi n° 180/2002, telle que modifiée.

[16] La juridiction administrative spéciale est, selon l'article 2, paragraphe 1, lettre e) de la loi n° 554/2004 *sur le contentieux administratif*, l'activité exercée par une autorité administrative qui a, selon la loi organique spéciale en la matière, la compétence de régler un litige concernant un acte administratif, suivant une procédure fondée sur les principes du contradictoire, garantissant les droits de la défense et l'indépendance de l'activité administrative-juridictionnelle.

[17] Publié au *Journal officiel*, partie I, n° 393 du 23 mai 2016.

3) **Selon la compétence matérielle de l'organisme émetteur :**

a) *les actes d'administration générale* organisant l'exécution et la mise en œuvre pratique des dispositions de la loi dans tout domaine des relations sociales (par exemple, les décisions gouvernementales) ;

b) *les actes d'administration spéciale* organisant l'exécution et la mise en œuvre concrète des dispositions de la loi uniquement dans un domaine spécifique des relations sociales (par exemple, l'arrêté d'un ministre mettant en œuvre les dispositions de la loi dans le domaine de compétence de ce ministère).

6.4 Statut juridique des actes administratifs

6.4.1 Légalité des actes administratifs

La **légalité des actes administratifs** signifie l'obligation de se conformer aux dispositions contenues dans la Constitution et dans les lois adoptées par le Parlement, ainsi qu'aux autres actes normatifs et administratifs ayant une force juridique supérieure à l'acte adopté[18].

La doctrine a identifié les conditions générales suivantes pour la légalité d'un acte administratif[19] :

a) l'acte administratif est émis conformément à la lettre et à l'esprit de la Constitution ;

b) l'acte administratif est émis dans la lettre et l'esprit des lois et ordonnances ;

c) l'acte administratif est émis sur la base de tous les actes des organes de l'administration publique qui sont supérieurs à l'organe administratif émetteur ;

[18] Sur les sources de légalité de l'acte administratif, voir Rozalia-Ana Lazăr, *Légalité de l'acte administratif. Droit roumain et droit comparé*, Maison d'édition All Beck, Bucarest, 2004, p. 53-59.

[19] Voir Antonie Iorgovan, *op. cit.* (*Traité de droit administratif*), vol. II, 2005, p. 51 ; Pour une analyse de droit comparé des conditions de légalité des actes administratifs, voir Rozalia-Ana Lazăr, *op. cit.* (*Légalité des actes administratifs...*), 2004, p. 90-104.

d) l'acte administratif est émis par l'organe administratif uniquement dans les limites de sa compétence ;

e) l'acte administratif est émis dans la forme et la procédure prescrites par la loi.

6.4.2 Compétence des autorités de l'administration publique

Les actes administratifs sont adoptés sur la base et dans les limites des compétences fixées par les actes réglementaires et administratifs pour les autorités publiques émettrices.

La compétence des pouvoirs publics exprime juridiquement le contenu de l'activité exercée, par l'intermédiaire de dignitaires, de fonctionnaires et du personnel contractuel (employés), par des structures publiques, dotées ou non de la personnalité juridique, en termes matériels, territoriaux et temporels.

La compétence des autorités de l'administration publique présente les caractéristiques suivantes :

- La compétence est déterminée par la loi ;
- La compétence vise à satisfaire l'intérêt public ;
- La compétence est obligatoire. Les fonctionnaires ont le devoir d'exercer les pouvoirs qui leur sont conférés par la loi dans les limites fixées par celle-ci, de manière permanente et continue, en agissant chaque fois que les conditions fixées par la loi se présentent.

Les types de compétence suivants sont distingués en droit et en doctrine :

1. **La compétence matérielle** (*ratione materiae)* de l'autorité publique émettrice est l'étendue de ses pouvoirs fixés par la loi.

La compétence matérielle peut être :

– **générale** lorsque l'autorité qui l'exerce a le droit de décider dans tous les domaines de la réalité sociale, dans les conditions de la loi (pouvoir du gouvernement d'adopter des décisions dans tous les domaines de la réalité sociale) ;

– **spéciale** lorsque l'autorité qui l'exerce n'a le droit de décider que dans un domaine spécifique de la réalité sociale (le pouvoir d'un ministre d'adopter des arrêtés et des instructions uniquement dans un domaine spécifique de la réalité sociale : travail, éducation, finances publiques, etc.)

2. **La compétence territoriale** (*ratione loci*) est le cadre territorial (limites géographiques) dans lequel une autorité publique exerce ses pouvoirs.

La compétence territoriale peut être :

– **nationale** si l'autorité publique exerce ses pouvoirs dans tout le pays (les décisions du gouvernement s'appliquent dans tout le pays) ;

– **locale** lorsque l'autorité publique exerce ses pouvoirs sur un territoire spécifique de l'État, tel que le territoire d'une unité administrative-territoriale (les décisions du Conseil local d'une ville ne s'appliquent qu'à la zone territoriale de cette ville).

La compétence des organes administratifs ne doit pas être confondue avec la capacité de droit administratif (administrative)[20]. Ainsi, la capacité administrative désigne l'aptitude à participer en tant que sujet indépendant, doté de la personnalité juridique, aux relations de droit administratif[21]. Contrairement à la capacité, la compétence désigne l'ensemble des pouvoirs prévus par la loi pour les organes de l'administration publique, qu'ils aient ou non la personnalité juridique.

6.4.3 Compétence liée et pouvoir discrétionnaire (opportunité) de l'administration publique

La compétence liée de l'administration publique se manifeste lorsque, en présence d'une situation donnée, l'autorité administrative ne dispose d'aucune marge de liberté, étant obligée d'agir d'une manière strictement déterminée par la loi[22].

---

[20] Voir à cet égard Cătălin-Silviu Săraru, *La capacité des autorités/institutions publiques à conclure des contrats administratifs*, Dreptul n° 1/2010, p. 104-109.

[21] Voir Ilie Iovănaş, *op. cit.* (*Droit administratif et éléments de la science administrative*), 1977, p. 120.

[22] Voir Dana Apostol Tofan, *Pouvoir discrétionnaire et excès de pouvoir des autorités publiques*,, Maison d'édition All Beck, Bucharest, 1999, p. 65.

Parfois, la loi peut laisser aux autorités publiques une marge d'appréciation plus ou moins grande dans une situation particulière. Ainsi, la loi peut laisser aux autorités publiques la possibilité de choisir la décision qu'elles prendront (par exemple, à la suite d'un examen de l'aptitude à conduire un véhicule à moteur sur la voie publique, l'organe de police a la possibilité de juger de l'octroi ou non d'un permis de conduire), de choisir les moyens à mettre en œuvre pour atteindre le résultat prévu par la loi (par exemple, dans le domaine de l'intervention de la police en cas de manifestations troublant la paix publique) ou de choisir le moment où un acte administratif sera émis. Dans ce cas, nous sommes en présence d'un pouvoir discrétionnaire ou d'**un pouvoir d'appréciation** exercé dans les limites autorisées par la loi par les autorités publiques. Le **pouvoir discrétionnaire** n'est donc rien d'autre que la marge de liberté dont dispose la puissance publique, dans les limites de la loi[23], qui lui permet de juger de la manière dont elle va servir les intérêts généraux de la société.

Par exemple, la loi prévoit un certain nombre de conditions pour la délivrance d'un permis de conduire. Selon les dispositions légales, certaines de ces conditions, telles que la limite d'âge et le paiement de la redevance, seront établies directement par l'autorité de l'administration publique compétente pour délivrer le document, en l'occurrence l'**exercice de la compétence liée**. D'autres conditions, telles que la capacité de conduire un véhicule à moteur sur la voie publique, seront laissées à l'appréciation de l'autorité de police, ce qui constitue un **exercice de pouvoir discrétionnaire**.

Parallèlement à la notion de ***pouvoir discrétionnaire***, la notion d'***opportunité*** est également utilisée pour désigner le pouvoir discrétionnaire des autorités publiques dans les limites légales[24].

---

[23] Voir Prosper Weil, *Le droit administratif*, 15e édition, Presses universitaires de France, Paris, 1992, p. 89.

[24] Dans le sens où les deux notions sont synonymes, voir Dacian Cosmin Dragoş, « Discussions sur la possibilité d'annuler un acte administratif pour cause d'inopportunité », *Revista Transilvană de Ştiinţe Administrative*, n° 1(10), 2004,

Dans la doctrine, la question a été posée de savoir si l'opportunité doit être considérée comme une condition distincte de la validité de l'acte administratif ou si l'opportunité est un élément de la condition de légalité. Cette question a été abordée différemment en droit administratif au sein de deux écoles de pensée représentées par l'**école de Cluj** et l'**école de Bucarest**.

L'école de Cluj considère que l'opportunité est une condition distincte de la validité des actes administratifs[25]. Il a été considéré que le non-respect des conditions de légalité entraîne l'annulation ou la révocation des actes, tandis que le non-respect des conditions d'opportunité entraîne leur révocation ou leur abrogation[26].

L'école de Bucarest a conçu l'opportunité comme un élément de la légalité et non comme une condition de validité de l'acte lui-même, considérant que l'approche de l'opportunité selon l'école de Cluj ne peut être acceptée pour la raison qu'elle implique qu'il y a une limite à la validité des actes administratifs « au-delà » des limites de la légalité[27]. Ainsi, selon l'école de Bucarest, les conditions d'opportunité apparaissent comme un sous-système des conditions de légalité, au sens large du terme[28].

Nous notons que l'idée que l'opportunité est une dimension de la légalité crée un cadre objectif pour l'analyse du pouvoir discrétionnaire, y compris par les tribunaux, empêchant l'arbitraire dans son exercice[29]. Lorsque les autorités publiques exercent leur pouvoir discrétionnaire en violation des limites de leurs compétences fixées par la loi ou en violation des droits et libertés

p. 31, note de bas de page n° 2 où il est précisé que l'inopportunité est également appelée « pouvoir discrétionnaire ».

25 Ilie Iovănaş, *op. cit.* (*Droit administratif et éléments de la science administrative*), 1977, p. 240-242.

26 *Ibid.*, p. 231.

27 Voir Antonie Iorgovan, *op. cit.* (*Traité de droit administratif*), 2005, vol. II, p. 42.

28 *Idem*, p. 49.

29 Voir Cătălin-Silviu Săraru dans Ioan Alexandru, Cătălin-Silviu Săraru et autres, *Droit administratif européen*, Maison d'édition Lumina Lex, Bucarest, 2005, p. 157.

des citoyens, nous sommes confrontés à un **excès de pouvoir**. Les actes administratifs accomplis avec excès de pouvoir peuvent être contestés devant le tribunal administratif dans les conditions prévues par la loi n° 554/2004 *sur le contentieux administratif.*

6.4.4 Forme de l'acte administratif

La forme de l'acte juridique désigne la manière dont la manifestation de volonté est faite dans l'intention de créer, modifier ou éteindre un rapport juridique[30].

Les actes administratifs sont généralement émis/adoptés **sous forme écrite**, ce qui est une condition nécessaire à la validité même de l'acte (exigence *ad validitatem*). La forme écrite est une garantie de respect de la légalité.

Les actes administratifs normatifs seront toujours sous forme écrite, car la loi exige leur publication.

Exceptionnellement, certains actes administratifs ***individuels*** peuvent également revêtir une forme orale. Par exemple, selon les dispositions de l'article 5, paragraphe 2, de l'ordonnance gouvernementale n° 2/2001 *sur le régime juridique des contraventions*, un avertissement est prévu comme principale sanction en cas de contravention, ainsi qu'une amende et l'exercice d'une activité au profit de la communauté. Selon l'article 7, paragraphe 1, de l'ordonnance gouvernementale n° 2/2001, l'avertissement consiste en un rappel **verbal** ou écrit du contrevenant sur le danger social de l'acte commis, accompagné d'une recommandation de se conformer aux dispositions légales.

L'avertissement est appliqué si la contravention n'est pas grave. L'avertissement est donné oralement lorsque le contrevenant est présent au moment de la constatation de la contravention et la sanction est infligée par l'agent enquêteur (article 38, paragraphe 1, de l'ordonnance gouvernementale n° 2/2001).

---

[30] Voir Mircea N. Costin, Călin M. Costin, *Dictionnaire de droit civil de A à Z*, 2e édition, Maison d'édition Hamangiu, Bucarest, 2007, p. 470.

6.4.5 Procédure d'émission/adoption des actes administratifs

Du point de vue terminologique, les autorités administratives unipersonnelles **émettent** des actes administratifs (par exemple, le maire émet des dispositions) et les autorités administratives collégiales **adoptent** des actes administratifs (par exemple, le Conseil local adopte des résolutions)[31].

Trois catégories de formes de procédure requis pour l'émission/adoption d'un acte administratif peuvent être identifiées : les formes de procédure préalables, concomitants et postérieurs à l'émission /adoption de l'acte administratif.

6.4.5.1 Formes procédurales préalables à l'émission ou l'adoption de l'acte administratif

Les formes procédurales préalables à l'émission /adoption de l'acte administratif les plus courantes dans la pratique sont les avis et les accords.

Les **avis** sont les points de vue qu'un organe de l'administration publique demande à un autre organe de l'administration publique sur une ou plusieurs questions afin d'informer et de prendre une décision en connaissance de cause[32].

Les avis peuvent être classés en trois catégories :

(a) Avis facultatifs. Dans le cas d'avis facultatifs, il n'y a aucune obligation pour l'émetteur de l'acte administratif de les demander ou de s'y conformer s'ils sont demandés. Lorsqu'un organe de l'administration publique est confronté à un problème particulier, il peut choisir de demander l'avis d'un autre organe de l'administration publique spécialisé dans ce domaine en vue d'adopter la meilleure solution conformément à la loi. Cependant, il appartient à l'autorité publique de demander ou non un avis, et si elle a demandé un avis, elle peut ou non prendre en compte le contenu de l'avis lors de l'émission de l'acte administratif.

---

[31] Voir Verginia Vedinaș, *op. cit.* (*Droit administratif*), 2015, p. 109.

[32] Voir Tudor Drăganu, *Actes de droit administratif*, Maison d'Edition Scientifique, Bucarest, 1959, p. 121.

(b) **Avis consultatifs.** Dans le cas des avis consultatifs, il existe une obligation légale de les demander, mais pas une obligation de s'y conformer. Ainsi, selon les dispositions de l'article 254 lit. b) Code administratif, l'avis du préfet sur le projet du budget des services publics déconcentrés des ministères et autres organismes de l'administration publique centrale subordonnés au gouvernement est un avis consultatif.

(c) **Avis conformes.** Dans le cas d'avis conformes, il y a une obligation pour l'émetteur de l'acte administratif de les demander et de s'y conformer. Ainsi, selon l'article 269 (2) du Code administratif ; l'arrêté du préfet portant sur la création et l'organisation, respectivement la dissolution des bureaux préfectoraux, n'est pris que sur avis conforme du ministère coordonnant l'institution préfectorale.

Les avis sont des opérations administratives préalables à l'émission/adoption de l'acte administratif. Ainsi, les avis sont des expressions unilatérales de la volonté qui ne produisent pas d'effets juridiques par eux-mêmes, mais par le biais de l'acte administratif dans lequel ils sont incorporés[33].

L'**accord** est l'acceptation, le consentement donné par un organisme public à un autre organisme public pour que ce dernier émette un acte administratif. Ainsi, selon l'article 35, paragraphe 2, de l'ordonnance d'urgence du gouvernement n° 111/2011 *sur les communications électroniques*[34], la licence d'utilisation des radiofréquences ne peut être cédée dans sa totalité qu'avec le **consentement préalable** de l'ANCOM [Autorité nationale pour l'administration et la réglementation des communications], avec la prise en charge de toutes les obligations qui en découlent, et dans le respect des conditions prévues dans la licence concernant sa cession. Tout accord de cession de la licence conclu sans consentement préalable est nul et non avenu.

---

[33] Ioan Santai, « Le rôle des avis dans les litiges concernant le contrôle judiciaire de la légalité des actes administratifs », *Revue roumaine de droit* no. 7/1983, p. 9.

[34] Publié au *Journal officiel*, partie I, n° 925 du 27 décembre 2011, approuvé avec des modifications par la loi n° 140/2012, telle que modifiée.

Lorsque, pour émettre un acte administratif, la loi impose à l'émetteur de demander le consentement d'un autre organisme public, nous sommes en présence d'un **acte administratif complexe.** Les **actes administratifs complexes** se caractérisent par le fait qu'ils ont pour origine deux ou plusieurs manifestations de volonté, qui émanent d'organes différents, mais, comme ils convergent vers le même effet juridique, ils forment **une seule unité juridique**[35]. Le caractère unilatéral de l'acte administratif est également maintenu dans le cas d'actes administratifs complexes car, dans le rapport juridique avec la personne à laquelle l'acte est adressé, les autorités publiques qui collaborent afin d'émettre l'acte administratif apparaissent comme un seul sujet de droit exprimant la volonté publique, sur la base et dans l'exercice de la puissance publique.

L'accord préalable ne constitue pas un acte administratif distinct de l'acte approuvé[36]. L'accord ne produit pas en soi des effets juridiques, mais conditionne seulement les effets juridiques de l'acte administratif sur lequel il se fonde[37]. Par conséquent, lorsque l'annulation de l'acte administratif est demandée, au motif que l'accord n'était pas conforme aux dispositions de la loi, l'action en contentieux administratif doit être intentée contre l'autorité publique qui a émis l'acte administratif et non contre l'autorité publique qui a donné son consentement à l'émission de cet acte.

L'accord est une condition de la légalité de l'acte administratif, l'absence d'accord déterminant l'invalidité de l'acte administratif.

La catégorie des formes procédurales préalables comprendra également la **préparation du projet d'acte administratif** lui-même

---

[35] Voir Tudor Drăganu, Les *actes administratifs et leurs actes assimilés soumis au contrôle judiciaire selon la loi n° 1/1967*, Maison d'édition Dacia, Cluj-Napoca, 1970, p. 96.

[36] Voir Rozalia-Ana Lazăr, *op. cit.* (*Légalité des actes administratifs…*), 2004, p. 136 ; Verginia Vedinaş, *op. cit.* (*Droit administratif*), 2015, p. 112.

[37] Voir Verginia Vedinaş, *op. cit.* (*Droit administratif*), 2015, p. 99.

par les services spécialisés d'une autorité/institution publique compétente pour émettre ou adopter un acte administratif[38].

Les citoyens et les représentants des associations légalement constituées peuvent également participer au processus d'élaboration des actes administratifs normatifs, dans les conditions prévues par la loi n° 52/2003 *sur la transparence du processus décisionnel dans l'administration publique*[39]. Dans les procédures d'élaboration des projets d'actes normatifs, l'autorité de l'administration publique est obligée, conformément aux dispositions de l'article 7(1) de la loi n° 52/2003, de publier un avis de cette action sur son site web, de l'afficher dans ses locaux dans un endroit accessible au public et de le transmettre aux médias centraux ou locaux, selon le cas. L'autorité administrative publique transmettra le projet de législation à toutes les personnes qui ont demandé à recevoir cette information.

Autres formulaires de procédure préalables à l'émission/adoption d'actes administratifs. Dans la pratique administrative, on peut également trouver diverses formes de procédures préalables à l'émission/adoption d'actes administratifs prévus par la loi, telles que : des **propositions** (par exemple, selon l'article 275(10) du Code administratif, le préfet peut proposer aux ministères et aux autres organes de l'administration publique centrale des mesures visant à améliorer l'activité des services publics déconcentrés organisés au niveau des unités administratives-territoriales), des **certificats** (par exemple, le certificat d'urbanisme délivré dans les conditions prévues par la loi n° 50/1991 *sur l'autorisation des travaux de construction*. Selon l'article 6 de la loi n° 50/1991, le certificat d'urbanisme n'est qu'un acte d'information préalable à la délivrance de l'acte administratif appelé permis de construire), des **rapports, des enquêtes sociales**, etc.

---

[38] *Ibidem*, p. 113 ; Iordan Nicola, *Droit administratif*, Maison d'édition de l'Université Lucian Blaga, Sibiu, 2007, p. 411.

[39] Republié au Journal officiel, partie I, n° 749 du 3 décembre 2013.

6.4.5.2 Formes procédurales concomitants à l'émission ou à l'adoption de l'acte administratif

Pour qu'un acte administratif soit adopté par un organe collégial, les conditions prévues par la loi en matière de quorum et de majorité doivent être remplies. De même, les actes administratifs, qu'ils soient adoptés par un organe collégial ou émis par un organe unipersonnel, doivent être motivés et signés (parfois contresignés) conformément à la loi.

Le quorum est le nombre de membres, par rapport au nombre total de membres d'un organe collégial, qui doivent être présents pour que ses délibérations soient valables. Ainsi, l'article 137(1) Code administratif prévoit que les réunions du Conseil local sont légalement tenues en présence de la majorité des conseillers locaux en exercice.

La majorité requise pour l'adoption de l'acte est le nombre de votes exprimés en faveur du projet d'acte administratif requis par la loi pour qu'il soit adopté.

La plupart peuvent être :

a) **simple** – composé de la moitié plus une des personnes présentes. Par exemple, le président de la réunion du Conseil local est élu par un vote ouvert à la majorité simple, conformément à l'article 123, paragraphe 1, du Code administratif.

b) **absolu** – composé de la moitié plus un du nombre total des membres du corps collégial. Par exemple, les décisions du Conseil local sur le budget local, ainsi que celles établissant les impôts et taxes locaux sont adoptées à la majorité absolue des conseillers locaux en fonction, selon l'article 139(3) du Code administratif.

c) **qualifié** – est spécifié par la loi, généralement par un vote des deux tiers ou des trois quarts du nombre de membres composant l'organe collégial. Par exemple, les décisions relatives à l'acquisition ou à la cession de la propriété de biens immobiliers sont adoptées par le Conseil local à la majorité qualifiée des deux tiers du nombre de conseillers locaux en fonction, conformément à l'article 139, paragraphe 2, du Code administratif.

Signer et contresigner les actes administratifs. Dans les conditions prévues par la loi, les actes administratifs sont signés par le chef de l'autorité publique qui les a émis. La loi exige parfois aussi le contreseing de personnes qui sont responsables de l'exécution de l'acte administratif ou qui ont des responsabilités dans le domaine de la réglementation de l'acte administratif en question. Ainsi, dans les conditions prévues par la Constitution, le Président de la Roumanie émet :

a) Décrets signés uniquement par le Président. Par exemple, selon l'article 94 lit. c) de la Constitution, le Président prend des décrets portant nomination à des fonctions publiques dans les conditions prévues par la loi.

b) Décrets signés par le Président et contresignés par le Premier ministre. Ainsi, le décret du Président accordant des grâces individuelles doit être contresigné par le Premier ministre, conformément à l'article 100(2) de la Constitution.

De plus, selon l'article 108, paragraphe (4) de la Constitution, les décisions et ordonnances adoptées par le gouvernement sont signées par le Premier ministre et contresignées par les ministres chargés de leur exécution.

Au niveau local, les décisions du Conseil local sont signées par le président de la réunion et contresignées pour leur légalité par le secrétaire, conformément à l'article 140(1) du Code administratif.

L'absence de signature constitue une violation d'une condition essentielle de la validité de l'acte administratif, étant sanctionnée par l'inexistence de l'acte.

La motivation des actes administratifs est une garantie du respect de la loi et de la protection des droits des citoyens. La généralisation du principe de la motivation des actes administratifs a pour effet de garantir la réalisation effective du droit à une bonne administration[40].

---

[40] Emanuel Albu, « *Motivation des actes administratifs – garantie du droit à une bonne administration* », „Revista de Drept Public" no. 4/2010, p. 66.

En Roumanie, la loi n° 24/2000 *sur les règles de technique législative pour la rédaction des actes normatifs* prévoit l'obligation de motiver tous les actes administratifs normatifs.

En ce qui concerne les actes administratifs individuels, la motivation n'est requise que dans les cas prévus par la loi. Ainsi, l'article 13 de l'ordonnance du gouvernement n° 27/2002 *sur le règlement de l'activité de traitement des pétitions* établit l'obligation d'indiquer dans la réponse envoyée au pétitionnaire la ***base juridique*** de la solution adoptée. En outre, conformément à l'article 7, paragraphe 2, de la loi n° 544/2001 sur *le libre accès aux informations d'intérêt public*[41], le refus de fournir les informations demandées ***doit être motivé*** et communiqué dans les 5 jours suivant la réception des pétitions.

Dans le cas des actes administratifs-juridictionnels, la motivation est obligatoire. L'obligation de motivation des actes administrativo-juridictionnels découle de leur nature même, puisqu'il s'agit de décisions prises dans le cadre du règlement des litiges[42] dans lesquelles le choix d'une solution par le juge administratif exige que le choix opéré soit motivé à la lettre.

Le défaut de motivation de l'acte administratif lorsque la loi l'exige entraîne la nullité de l'acte administratif injustifié. La nullité de l'acte administratif sera également entraînée si l'acte est motivé mais que les motifs sont en contradiction avec les dispositions de la loi.

Compte tenu des avantages du raisonnement, nous pensons, avec d'autres auteurs[43], qu'il est nécessaire de *lege ferenda* que le

---

[41] Publié au *Journal officiel*, partie I, n° 663 du 23 octobre 2001, tel que modifié ultérieurement.

[42] Voir Ilie Iovănaş, *op. cit.* (*Droit administratif et éléments de la science administrative*), 1977, p. 237.

[43] Voir Rozalia-Ana Lazăr, *op. cit.* (*Légalité des actes administratifs...*), 2004, p. 152 ; Anton Trăilescu, *op. cit.* (*Droit administratif*), 2010, p. 201 ; Rodica Narcisa Petrescu, *op. cit.* (*Droit administratif*), 2009, p. 324 ; Antonie Iorgoovan, *op. cit.* (*Traité de droit administratif*), 2005, vol. II, p. 62 ; Verginia Vedinaş, *op. cit.* (*Droit administratif*), 2015, p. 108.

futur Code de procédure administrative de Roumanie prévoie l'obligation de motiver tous les actes administratifs individuels.

Participation des citoyens et des associations légalement constituées au processus décisionnel. Les citoyens et les représentants d'associations légalement constituées pourront participer aux travaux des réunions publiques des autorités de l'administration publique dans les conditions prévues par la loi n° 52/2003 *sur la transparence du processus décisionnel dans l'administration publique.*

6.4.5.3 Formes procédurales postérieurs à l'émission ou à l'adoption de l'acte administratif

Les formes procédurales qui suivent l'émission ou l'adoption de l'acte administratif sont : la communication, la publication, l'approbation, la confirmation.

La communication est l'opération par laquelle l'autorité publique émettrice porte un **acte administratif individuel** à la connaissance de la personne concernée, soit en le lui remettant directement, soit en le postant à son domicile ou par d'autres moyens.

La **publication** est la notification publique des **actes administratifs normatifs** par impression dans le *Journal officiel*, dans le cas des actes administratifs normatifs adoptés au niveau central, dans les moniteurs officiels du comté, dans les médias ou par affichage dans les locaux de l'émetteur et sur son propre site web pour les actes adoptés au niveau local.

Selon les dispositions de l'article 108(4) de la Constitution, les décisions du gouvernement, qu'elles soient de nature normative ou individuelle, doivent être publiées au *Journal officiel*, sous peine de non-existence. Font exception à cette règle les décisions de nature militaire, qui ne sont communiquées qu'aux institutions concernées.

Conformément aux dispositions de l'article 100 de la Constitution, les décrets du Président de la Roumanie sont publiés au *Journal officiel*, sous peine de non-existence.

Exceptionnellement, des actes administratifs individuels peuvent également être publiés lorsqu'il est impossible de communiquer ces actes à tous les intéressés, par exemple, les listes des personnes admises à un examen ou les listes électorales[44].

L'**approbation** est la manifestation de volonté d'un organe administratif supérieur par laquelle il déclare son accord avec un acte émis par un organe inférieur, acte qui, sans cette manifestation de volonté ultérieure, n'aurait aucun effet juridique en vertu de la loi[45]. Par exemple, l'approbation d'un acte émis par un organe administratif public sur la base d'une délégation de pouvoirs. De même, dans un autre exemple, selon les dispositions de l'article 53, paragraphe 4 de la loi sur le logement n° 114/1996[46]. Les logements de service construits aux termes de cette loi, financés par les budgets de l'État et des collectivités locales, peuvent être vendus avec l'approbation du gouvernement si l'activité qui a conduit à la construction du logement a été restreinte ou a cessé.

Approbation tacite. Le siège de la question se trouve dans l'ordonnance d'urgence gouvernementale n° 27/2003 *relative à la procédure d'approbation tacite*[47].

Le silence de l'administration face aux demandes de délivrance ou de renouvellement d'un permis nécessaire à l'exercice d'une activité déterminée, à la prestation d'un service ou à l'exercice d'une profession signifie l'approbation de la demande, dans les conditions prévues par l'O.U.G. n° 27/2003. Le principe *qui tacit consentire videtur* (celui qui se tait consent) s'applique dans ce cas. Par silence de l'administration publique, on entend l'absence de réponse de l'administration publique, dans le délai prévu par la loi, à la demande présentée par la personne physique ou morale. Le délai

---

44 Voir Ioan Santai, *Droit administratif et science de l'administration*, vol. I, Sibiu, 1992, p. 86 ; Rodica Narcisa Petrescu, *op. cit.* (*Droit administratif*), 2009, p. 327.

45 Voir Tudor Drăganu, *op. cit.* (*Actes de droit administratif*), 1959, p. 137.

46 Republié au *Journal officiel*, partie I, n° 393 du 31 décembre 1997, tel que modifié ultérieurement.

47 Publié au *Journal officiel*, partie I, n° 291 du 25 avril 2003, approuvé avec des modifications par la loi n° 486/2003, telle que modifiée.

général dans lequel l'administration publique doit répondre à la demande du citoyen (pétition) est de 30 jours à partir de la date d'enregistrement de la pétition, que la solution soit favorable ou défavorable, selon l'article 8(1) de l'O.U.G. n° 27/2002 *sur la réglementation de l'activité de traitement des pétitions*[48]. Si les questions soulevées dans la pétition nécessitent une enquête plus approfondie, le chef de l'autorité ou de l'institution publique peut prolonger le délai de 30 jours d'un maximum de 15 jours (article 9 de l'O.U.G. n° 27/2002). Des exceptions à la règle générale du délai de 30 jours peuvent être prévues par des lois spéciales.

Ainsi, les certificats d'urbanisme, les avis, les accords, les permis et les autorisations concernant l'expropriation pour cause d'utilité publique, nécessaires à la réalisation des objectifs d'intérêt national, départemental et local réglementés par la loi n° 255/2010[49] sont réputés avoir été accordés, à l'exception de l'accord environnemental, s'ils n'ont pas été transmis à l'expropriant dans les délais prévus par la loi (article 24(5) de la loi n° 255/2010).

La procédure d'approbation tacite **ne s'applique pas :**

– les autorisations délivrées dans le domaine des activités nucléaires, celles concernant le régime des armes à feu, des munitions et des explosifs, le régime des drogues et des précurseurs, le domaine de la sécurité nationale (article 2, paragraphe 1, du GEO n° 27/2003) ;

– les permis de construire, les autorisations d'urbanisme et les documents d'urbanisme visés à l'article 6, paragraphe 6. (1) et l'article 7, paragraphe 1 de la loi n° 50/1991 *relative à l'autorisation de l'exécution de travaux de construction* et les articles 29 et 44 de la loi n° 350/2001 *relative à l'aménagement du territoire* (décision

[48] Publié au *Journal officiel*, partie I, n° 84 du 1er février 2002, approuvé avec des modifications par la loi n° 233/2002.

[49] Voir la loi n° 255/2010 *sur l'expropriation pour cause d'utilité publique, nécessaire à la réalisation d'objectifs d'intérêt national, départemental et local*, publiée au *Journal officiel*, partie I n° 853 du 20 décembre 2010, telle que modifiée.

n° 13/2013 de la Haute Cour de cassation et de justice relative à l'examen d'un recours dans l'intérêt de la loi[50]) ;

– dans d'autres domaines établis par des lois et des ordonnances (par exemple, selon les dispositions de l'article 24, paragraphe 5, de la loi n° 255/2010, l'accord environnemental sur l'expropriation pour des raisons d'utilité publique, nécessaire à la réalisation d'objectifs d'intérêt national, départemental et local, est exempté de l'application de la procédure d'approbation tacite réglementée par l'O.U.G. n° 27/2003) ou par décision du gouvernement (selon l'article 2(2) de l'O.U.G. n° 27/2003, le gouvernement peut établir, par décision, sur proposition motivée de chaque autorité de l'administration publique concernée, d'autres exceptions à l'application de la procédure d'approbation tacite).

Confirmation. Cette forme procédurale a plusieurs significations en droit administratif :

– dans un premier sens, la confirmation est l'acte par lequel l'organe administratif notifie à un sujet de droit intéressé qu'il a l'intention de maintenir un acte administratif précédemment émis. L'acte de confirmation ne produit aucun effet juridique supplémentaire à l'acte confirmé et n'acquiert pas le caractère d'un acte complexe[51]. C'est le cas, par exemple, si une demande de retrait d'un acte administratif est rejetée par l'émission d'un acte confirmant l'acte contesté ;

– dans le second sens, en confirmant un acte, un organe de l'administration publique cherche à couvrir un défaut dans son propre acte émis antérieurement ou à couvrir un défaut dans un acte de l'organe inférieur. Dans ce cas, la confirmation est un acte administratif distinct de celui qui est confirmé et qui contribue à la validité de ce dernier[52]. Ainsi, si une décision du Conseil local est

---

[50] Publié au *Journal officiel*, partie I, n° 674 du 1er novembre 2013.

[51] Voir Rodica Narcisa Petrescu, *op. cit.* (*Droit administratif*), 2009, p. 334 ; Anton Trăilescu, *op. cit.* (*Droit administratif*), 2010, p. 203.

[52] Voir Rodica Narcisa Petrescu, *op. cit.* (*Droit administratif*), 2009, p. 334 ; Anton Trăilescu, *op. cit.* (*Droit administratif*), 2010, p. 203.

adoptée sans respecter le quorum, cette décision peut être confirmée lors d'une future réunion légalement constituée.

6.4.6 Force juridique des actes administratifs

À la base des effets juridiques produits par les actes administratifs se trouve la présomption qu'ils ont été émis dans le respect de toutes les conditions imposées par la loi, une présomption qui a trois dimensions :

a) **Présomption de légalité** – en ce sens que l'acte administratif a été émis conformément aux dispositions de la Constitution, des lois et des actes administratifs adoptés par les organes hiérarchiques supérieurs.

b) **Présomption d'authenticité** – en ce sens que le document a été délivré par l'autorité publique indiquée dans le document par des formes spécifiques : en-tête, cachet, signatures, etc.

c) **Présomption de véracité** – en ce sens que l'acte administratif est présumé correspondre, en substance, à la vérité.

Il s'agit de présomptions relatives, *iuris tantum*, qui peuvent être renversées si l'acte administratif est contesté devant les juridictions administratives et que celles-ci l'annulent en le jugeant illégal.

Ces présomptions fondent l'**obligation de respect des** règles contenues dans l'acte administratif par tout sujet de droit et l'**obligation d'exécution** de ses dispositions par ceux qui doivent l'exécuter, conformément à la loi.

Une caractéristique particulière de la force juridique dont jouissent les actes administratifs est la **règle selon laquelle ils sont exécutés d'office.** L'acte administratif lui-même constitue un **titre exécutoire.** Par conséquent, lorsque l'acte administratif n'est pas exécuté volontairement par ceux à qui il est adressé, l'autorité publique émettrice peut procéder directement à l'exécution de l'acte administratif, sans avoir besoin d'obtenir un jugement qui est ensuite exécuté par un huissier, comme dans le cas des actes civils.

6.4.7 Effets juridiques des actes administratifs

L'acte administratif, étant un acte juridique, est une manifestation de volonté faite dans l'intention de produire des effets juridiques, c'est-à-dire de **faire naître, modifier ou éteindre des droits et des obligations**. La manifestation de la volonté a lieu en vertu de et pour la réalisation de la puissance publique.

6.4.7.1 Le moment à partir duquel l'acte administratif prend juridiquement effet

Le moment à partir duquel l'acte administratif produit des effets juridiques diffère selon que l'on considère l'organe émetteur de l'acte ou d'autres sujets de droit.

Ainsi, pour l'organisme émetteur, l'acte administratif prend effet au moment même où il est émis. Ces effets sont[53] :

a) l'obligation de le faire connaître, par publication ou communication ;

b) l'obligation de ne pas le modifier ou l'abroger, sauf en suivant la procédure prévue par la loi.

Pour les autres sujets de droit, les actes administratifs normatifs produisent des effets juridiques à partir de la date de leur publication, et les actes administratifs individuels, en règle générale, à partir de la date de leur communication. Toutefois, comme nous l'avons vu, il existe également des actes administratifs individuels dont la Constitution rend la publication obligatoire, sous peine de non-existence. Ainsi, les décisions du gouvernement et les décrets du Président de la Roumanie sont publiés au *Journal officiel*, qu'ils soient de nature réglementaire ou individuelle (article 100, paragraphe 1, et article 108, paragraphe 4, de la Constitution).

Les actes administratifs prévoient souvent dans leur contenu qu'ils entrent en vigueur (dans le cas des actes administratifs normatifs) ou commencent à produire des effets juridiques (dans le cas des actes administratifs individuels) à une date postérieure à leur notification par publication ou communication, justifiée par la

---

[53] Verginia Vedinaş, *op. cit.* (*Droit administratif*), 2015, p. 119.

nécessité d'effectuer des opérations préparatoires préalables à la mise en œuvre. Ainsi, selon les dispositions de l'article 4(1) de l'ordonnance du gouvernement (O.G.) n° 2/2001 *sur le régime juridique des contraventions,* les dispositions des actes normatifs établissant et sanctionnant les contraventions entrent en vigueur dans un délai de 30 jours à compter de la date de publication.

6.4.7.2 Suspension de l'exécution des actes administratifs

La suspension est l'interruption, la cessation temporaire de la production d'effets juridiques par un acte administratif[54].

Les motifs de suspension des actes administratifs sont liés à l'existence de doutes sur la légalité ou l'opportunité d'un acte administratif. Ainsi, pour des raisons d'opportunité dans les limites autorisées par la loi, le permis de démolir un bâtiment est suspendu jusqu'à ce que le locataire emménage dans un autre logement[55].

Les organismes qui peuvent commander la suspension sont :

a) l'organisme émetteur de l'acte ;

b) l'organe hiérarchique supérieur à celui qui a émis l'acte ;

c) la cour de contentieux administratif dans les conditions prévues par la loi n° 554/2004 *sur le contentieux administratif.* À la demande de la partie lésée formulée soit avec la plainte administrative préliminaire (article 14 de la loi n° 554/2004), soit avec l'action principale ou dans une action séparée, jusqu'à la résolution de l'action au fond (article 15 de la loi n° 554/2004), la cour peut ordonner la suspension de l'exécution de l'acte administratif dans des cas bien justifiés et pour la prévention de dommages imminents.

La suspension peut également intervenir de plein droit lorsque les conditions prévues par la loi sont réunies.

La suspension peut donc être de deux **types (catégories) :**

---

54 Voir Antonie Iorgovan, *op. cit.* (*Traité de droit administratif*), 2005, vol. II, p. 94 ; Verginia Vedinaş, *op. cit.* (*Droit administratif*), 2015, p. 122 ; Rodica Narcisa Petrescu, *op. cit.* (*Droit administratif*), 2009, p. 354 ; Ilie Iovănaş, *op. cit.* (*Droit administratif et éléments de la science administrative*), 1977, p. 251.

55 Voir Rodica Narcisa Petrescu, *op. cit.* (*Droit administratif*), 2009, p. 355.

a) *suspension de plein droit* qui intervient sur la base d'un texte juridique (*ope legis*). Ainsi, selon l'article 123, paragraphe 5 de la Constitution, « le préfet peut contester, devant la juridiction administrative, un acte du conseil départemental, du conseil local ou du maire, s'il estime cet acte illégal ». L'acte attaqué est **suspendu de plein droit**.

b) *suspension ordonnée par certaines autorités publiques :* la cour de contentieux administratif, l'autorité qui a émis l'acte ou l'autorité hiérarchiquement supérieure à l'autorité qui a émis l'acte.

Les effets juridiques de la suspension de l'acte administratif consistent en la **cessation temporaire et provisoire des effets de l'acte envisagé par l'émetteur**, à la suite de quoi, après la cessation des causes qui ont conduit à la suspension, l'acte est soit *rétabli en vigueur*, soit *supprimé de la* manière prévue par la loi[56].

6.4.7.3 Révocation et retrait des actes administratifs

La révocation est l'opération juridique par laquelle l'organisme émetteur ou l'organe hiérarchique supérieur abolit (retire) l'acte administratif en question, d'office ou à la demande des sujets de droit concernés[57]. La révocation effectuée par l'organisme émetteur s'appelle **rétractation.**

Motifs de révocation des actes administratifs. Un acte administratif peut être révoqué pour cause d'*illégalité* ou d'*inopportunité.*

Le motif de révocation peut être *antérieur*, *concomitant* ou *postérieur à la* délivrance de l'acte administratif[58].

Les organes qui peuvent révoquer l'acte administratif. L'organe qui a émis unilatéralement l'acte administratif illégal ou inopportun est naturellement en droit de le révoquer (rétracter) unilatéralement.

L'organe hiérarchique supérieur à celui qui a émis l'acte pourra le révoquer en vertu de son droit de veiller à ce que l'émission et

---

[56] Voir Verginia Vedinaş, *op. cit.* (*Droit administratif*), 2015, p. 122-123.

[57] Sur l'institution de la révocation en droit administratif, voir Ion Brad, *Révocation des actes administratifs*, Maison d'édition Universul Juridic, Bucharest, 2009.

[58] Voir Ilie Iovănaş, *op. cit.* (*Droit administratif et éléments de la science administrative*), 1977, p. 252.

l'application des actes des organes hiérarchiques inférieurs soient conformes aux dispositions légales et appropriées à la réalisation optimale des besoins de la société. L'organe hiérarchique supérieur peut révoquer l'acte, mais ne peut le modifier s'il relève de la compétence exclusive de l'organe inférieur, car une telle modification équivaudrait à une substitution dans les pouvoirs de l'autorité inférieure[59]. De même, la modification par l'organe hiérarchique supérieur de l'acte administratif qui relève de la compétence exclusive de l'organe inférieur équivaudrait à une ingérence dans le droit d'appréciation dont jouit l'organe émetteur dans les limites de la loi. Toutefois, l'organe hiérarchique supérieur pourra obliger l'organe inférieur à examiner une situation donnée afin de prendre les mesures requises par la loi[60].

Effets de la révocation de l'acte administratif. La révocation a pour effet d'éteindre les rapports juridiques qui sont nés sur la base de l'acte révoqué.

La révocation est toujours définitive. Ainsi, l'acte administratif révoqué ne peut plus être rétabli.

Différences entre la révocation et la suspension d'un acte administratif[61]. Contrairement à la suspension, qui entraîne la cessation temporaire des effets des actes administratifs, la révocation entraîne leur cessation définitive. Alors que la suspension est généralement décidée lorsqu'il existe un doute sur la légalité ou l'opportunité de l'acte administratif, la révocation est ordonnée lorsqu'il est certain que l'acte est illégal ou inopportun.

Exceptions au principe de révocabilité des actes administratifs :

a) Les *actes administratifs de nature juridictionnelle*. Comme les décisions de justice, ils ont l'autorité de la chose jugée et ne peuvent être écartés que par les voies de recours prévues par la loi.

---

[59] Voir Ioan Santai, *op. cit.* (*Droit administratif et science de l'administration*), vol. I, 1992, p. 116 ; Rodica Narcisa Petrescu, *op. cit.* (*Droit administratif*), 2009, p. 348.

[60] Voir Anton Trăilescu, *op. cit.* (*Droit administratif*), 2010, p. 212.

[61] Voir Ilie Iovănaş, *op. cit.* (*Droit administratif et éléments de la science administrative*), 1977, p. 253.

b) Les *actes administratifs matériellement exécutés*. La justification pour rendre ces actes irrévocables est que leur révocation ne peut pas rétablir la situation matérielle antérieure[62]. Seuls les actes administratifs qui se concrétisent par une ou plusieurs actions spécifiques sont irrévocables, car dans ces cas, la volonté de l'organisme émetteur ne peut modifier la situation de fait telle qu'elle était[63]. Ainsi, un permis de démolition ne peut plus être révoqué une fois que le bâtiment en question a été démoli. La personne concernée par le permis de démolition pourra bien sûr demander un contrôle de la légalité du permis de démolition et éventuellement demander une indemnisation au tribunal administratif.

c) Les *actes administratifs de sanction des contraventions* ne peuvent plus être révoqués ni par l'organisme émetteur ni par l'organisme supérieur, mais ils ne peuvent être annulés que par un tribunal[64].

d) Les *actes administratifs qui ont donné lieu à des droits subjectifs garantis par la loi en termes de stabilité*[65]. Par exemple, les actes de propriété délivrés par les commissions de comté pour l'application de la loi sur le fonds foncier 18/1991, qui a établi ou reconstitué le droit à la propriété privée comme un droit fondamental garanti par l'article 44 de la Constitution. Il serait injuste et contraire à la règle de droit que les titres de propriété ainsi délivrés soient révoqués. De même, les documents conférant un statut personnel (par exemple, un diplôme universitaire) ne peuvent être révoqués. Ainsi, la révocation d'un diplôme de fin d'études serait inutile car ce diplôme atteste que son titulaire a fréquenté et obtenu un diplôme universitaire et peut à tout moment prouver le travail effectué et le

---

[62] Voir Ioan Santai, « *Voies procédurales d'abolition des actes juridiques administratifs stables* », *„Revue Roumaine de Droit"* no. 3/1985, p. 14-15.

[63] Voir Ilie Iovănaş, *op. cit.* (*Droit administratif et éléments de la science administrative*), 1977, p. 256.

[64] Voir Anton Trăilescu, *op. cit.* (*Droit administratif*), 2010, p. 213.

[65] Voir Ioan Santai, *op. cit.* (*Moyens procéduraux d'abolition des actes...*), 1985, p. 15.

respect des conditions requises par la loi et pourrait donc à tout moment demander la délivrance d'un document conférant le statut personnel avec le même contenu[66].

e) Les *actes administratifs qui sont entrés dans le circuit civil et ont produit des effets juridiques.* Sur la base de l'émission d'un acte administratif, divers actes de droit privé (contrats civils, commerciaux, de travail, etc.) peuvent être conclus, faisant naître, modifiant ou éteignant des droits et obligations. Ainsi, sur la base d'un permis de construire, le demandeur construit un bâtiment et décide ensuite d'en transférer la propriété par le biais d'un contrat de vente. Le permis de construire devient irrévocable dès la naissance de la relation contractuelle. La raison en est que le contrat naît toujours de l'accord des parties et qu'il est résilié par l'accord des parties ou, en cas de désaccord, par une décision de justice. Si l'acte administratif qui est entré dans le circuit civil et a produit des effets juridiques pouvait être révoqué, cela porterait atteinte au *principe de la sécurité du circuit civil et à la stabilité des relations juridiques* en créant une incertitude quant à l'existence et à l'étendue des droits et obligations des parties contractantes.

Selon l'article 1(6) de la loi n° 554/2004 *sur le contentieux administratif*, si l'acte administratif illégal *ne peut plus être **révoqué** parce qu'il est entré dans le circuit civil et a produit des effets juridiques,* l'autorité publique émettrice peut demander son ***annulation*** au tribunal par un recours qui peut être introduit *dans un délai d'un an à compter de la date d'émission de l'acte.* Si le recours est recevable, le tribunal, si elle a été saisie par la demande, se prononce également sur la validité des actes juridiques conclus sur la base de l'acte administratif illégal et sur les effets juridiques produits par ceux-ci.

---

[66] Ilie Iovănaş, *op. cit.* (*Droit administratif et éléments de la science administrative*), 1977, p. 255-256.

6.4.7.4 Annulation d'actes administratifs

L'annulation d'un acte administratif est l'opération juridique par laquelle on ordonne son abolition lorsque l'acte est affecté de vices de légalité.

Motifs d'annulation des actes administratifs. Un acte administratif peut être annulé pour des raisons d'*illégalité*.

Le motif d'annulation peut être *antérieur* ou *simultané* à l'émission de l'acte administratif. La doctrine souligne qu'il est inconcevable qu'un acte administratif puisse être légal au moment où il est émis et devenir illégal par la suite[67].

Les vices de légalité affectant un acte administratif peuvent concerner l'émission ou l'adoption de l'acte en violation des conditions de fond, de forme ou de procédure prévues par la loi pour sa validité.

Organes qui peuvent ordonner l'annulation de l'acte administratif. L'annulation de l'acte peut être prononcée par le tribunal par une décision de justice, dans les conditions prévues par l'article 52 de la Constitution et la loi n° 554/2004 sur *le contentieux administratif*. Ainsi, selon l'article 52(1) de la Constitution, « *la personne lésée dans un droit ou un intérêt légitime par une autorité publique, par un acte administratif ou par l'absence de résolution d'une demande dans le délai légal, a le droit d'obtenir la reconnaissance du droit ou de l'intérêt légitime allégué, l'**annulation de l'acte** et la réparation du préjudice* ».

Tant les actes administratifs individuels que les actes administratifs normatifs peuvent être annulés par une décision de justice.

La présomption de légalité dont bénéficie un acte administratif continue de s'appliquer jusqu'à ce que son illégalité soit constatée par une décision judiciaire l'annulant.

Effets de l'annulation de l'acte administratif. L'annulation de l'acte administratif individuel a des effets rétroactifs jusqu'au moment de son émission (*ex tunc*).

---

[67] *Ibid.*, p. 257.

L'annulation de l'acte administratif réglementaire ne produit des effets que pour l'avenir (*ex nunc*). Ainsi, selon les dispositions de l'article 23 de la loi n° 554/2004 *sur le contentieux administratif*, « *les décisions judiciaires définitives annulant en tout ou en partie un acte administratif de nature réglementaire sont généralement contraignantes et* ***n'ont de valeur que pour l'avenir****. Elles sont publiées, après motivation, à la demande des tribunaux, au Journal officiel de la Roumanie, première partie, ou, le cas échéant, dans les journaux officiels des départements ou de la municipalité de Bucarest, étant dispensées du paiement des droits de publication* ».

L'annulation de l'acte administratif a pour effet d'annuler tous les actes juridiques qui sont conditionnés, du point de vue de la légalité, par l'existence de l'acte administratif annulé.

Différences entre l'annulation et la révocation des actes administratifs. Contrairement à la révocation, l'annulation d'un acte administratif ne peut généralement être prononcée que pour cause d'illégalité, et non pour cause d'inopportunité.

La révocation de l'acte administratif est ordonnée par l'autorité publique émettrice ou par l'autorité publique hiérarchiquement supérieure à l'autorité émettrice, tandis que l'annulation de l'acte est ordonnée par le tribunal.

6.4.7.5 Non-existence de l'acte administratif

L'inexistence de l'acte administratif intervient comme une sanction dans les cas où la violation des conditions de validité est si grave et évidente que personne ne peut lui attribuer la valeur d'un acte juridique. L'acte administratif inexistant est dépourvu d'un des éléments constitutifs nécessaires et essentiels à sa formation[68].

Il existe des cas d'inexistence : l'acte administratif a été établi sur la base d'une loi abrogée ; l'acte porte la signature d'une personne manifestement incompétente, lorsque l'acte administratif résout un litige qui relève de la compétence des tribunaux, etc.

---

[68] Constantin G. Rarincescu, *op. cit.* (*Contentieux administratif roumain*), 1936, p. 340 ;

L'inexistence d'actes administratifs est inscrite dans les dispositions constitutionnelles. Ainsi, selon les dispositions de l'article 100, paragraphe 1, de la Constitution, la non-publication des décrets du Président de la Roumanie au *Journal officiel* entraîne leur inexistence. De même, en vertu de l'article 108, paragraphe 4, de la Constitution, la non-publication des décisions et ordonnances du gouvernement dans le *Journal officiel* entraîne leur inexistence. Dans le cas des décisions à caractère militaire, la Constitution prévoit une exception à la règle de la publication, en précisant qu'elles ne sont communiquées qu'aux institutions concernées.

Effets de l'inexistence de l'acte administratif[69]. Les actes administratifs inexistants ne bénéficient pas de la *présomption de légalité*. L'acte inexistant n'est pas exécutoire et, par conséquent, il n'y a aucune obligation pour les sujets de droit auxquels l'acte administratif est adressé de le respecter et de l'exécuter. De même, les autorités publiques ne pourront pas faire exécuter un acte administratif inexistant car, l'acte n'étant plus présumé légal, il ne peut plus constituer un titre exécutoire. L'application par les autorités publiques d'un acte administratif inexistant les rendra responsables des dommages[70].

L'inexistence peut être établie par toute partie intéressée : tribunaux, autorités publiques, bénéficiaires de l'acte inexistant, autres personnes physiques et morales.

Différences entre l'annulation et l'inexistence d'actes administratifs. Dans le cas d'actes administratifs inexistants, il n'y a pas de présomption de légalité. D'autre part, si un acte administratif est annulé, cet acte bénéficiera de la présomption de

---

[69] Sur les effets de l'inexistence de l'acte administratif, voir Ana Rozalia Lazăr, « Encore sur l'inexistence de l'acte administratif », *Revista de Drept Public* n° 4/2007, p. 62-72.

[70] Voir Antonie Iorgovan, *op. cit.* (*Traité de droit administratif*), vol. II, 2005, p. 78.

légalité et continuera à produire des effets juridiques jusqu'à ce qu'il soit jugé illégal par le jugement d'annulation[71].

6.4.7.6 Rectification et reconstitution des actes administratifs

La rectification de l'acte administratif consiste en l'opération de correction des erreurs matérielles dans le contenu de l'acte. Ainsi, un permis de construire dans lequel le nom du titulaire ou l'adresse à laquelle le bâtiment doit être construit est mal orthographié peut être rectifié pour corriger les erreurs.

La rectification est généralement effectuée par l'organe qui a émis l'acte administratif, selon la procédure légale prévue pour l'émission de l'acte administratif.

La reconstitution d'un acte administratif est l'opération consistant à rétablir un acte administratif en cas de destruction ou de disparition de celui-ci.

La reconstitution intervient exceptionnellement dans les situations et les conditions prévues par la loi.

---

[71] Voir également Sandrine Biagini-Girard, *L'inexistence en droit administratif*, L'Harmattan, Paris, 2010, p. 36-37.

CHAPITRE 7.

Contrats administratifs

7.1 Concept de contrat administratif

Un contrat administratif est l'accord de volonté entre une autorité publique ou son représentant autorisé et une ou plusieurs personnes physiques ou morales, de droit privé ou de droit public, qui a pour objet la réalisation d'un intérêt public et à laquelle s'applique un régime spécial de droit administratif[1].

Le contrat administratif est un **acte de gestion publique**[2]. Les autorités publiques peuvent également conclure, dans les cas et les conditions prévus par la loi, des **actes de gestion privée** tels que des contrats de travail, des contrats civils (par exemple, un contrat de donation dans lequel l'autorité publique est le donataire), des contrats commerciaux, etc.

[1] Sur les contrats administratifs, voir Cătălin-Silviu Săraru, *Contrats administratifs. Règlement. Doctrine. Jurisprudence*, Maison d'édition C. H. Beck, Bucarest, 2009 ; Cătălin-Silviu Săraru, *Le livre des contrats administratifs. Modèles. Commentaires. Explications*, Maison d'édition C. H. Beck, Bucarest, 2013.

[2] Sur les actes de gestion des autorités publiques, voir Rodica-Narcisa Petrescu, « Critères de distinction entre les actes administratifs d'autorité et les actes de gestion de l'État – implications pour le contentieux administratif », *Dreptul* n° 10/1992, p. 39-45 ; Cătălin-Silviu Săraru, *op. cit.* (*Contrats administratifs...*), 2009, p. 22-47.

7.2 Caractéristiques des contrats administratifs

Les contrats administratifs présentent les caractéristiques suivantes :

a) Les *parties au contrat*. Dans les contrats administratifs, l'une des parties doit être une institution publique agissant dans l'exercice de la puissance publique ou un autre sujet de droit autorisé par une institution publique. Les parties se trouvent dans une situation d'inégalité juridique, l'institution publique contractante étant dans une position supérieure aux sujets de droit privé avec lesquels elle contracte.

b) *Objet du contrat*. La conclusion d'un contrat administratif a pour but de réaliser un intérêt public. Ainsi, un contrat de concession d'un service public cherchera à améliorer les conditions dans lesquelles le service public est fourni afin qu'il réponde aux besoins de la communauté dans laquelle il est fourni.

c) *Objet du contrat*. Un contrat est un contrat administratif dont l'objet concerne la fourniture de services publics, l'exécution de travaux publics, les marchés publics, le développement de biens/activités/services publics, les emprunts publics, etc.

d) *Clauses contractuelles*. Le contrat administratif comporte deux parties :

– une partie réglementaire composée de clauses prévues par la loi ou les actes administratifs (appelées dans la doctrine clauses dérogatoires au droit commun ou clauses exorbitantes). La partie réglementaire comprend les clauses imposées unilatéralement par l'autorité publique contractante et qui confèrent à ce dernier des pouvoirs accrus dans l'intérêt public (par exemple, les clauses relatives au droit de contrôle de l'autorité publique, les clauses relatives à l'organisation et au fonctionnement continu des services publics, les clauses conférant à l'autorité publique contractante le droit de dénoncer le contrat lorsque l'intérêt public l'exige, etc.) Cela donne lieu à une inégalité juridique des parties, consistant en une position de supériorité juridique de l'autorité publique contractante.

– une partie conventionnelle, qui est librement négociée par les parties. Ainsi, l'article 324 (4) du Code administratif prévoit : « *le contrat de concession doit également contenir des clauses contractuelles sur la répartition des responsabilités environnementales entre le concédant et le concessionnaire* ».

e) *Litiges.* Les litiges relatifs aux contrats administratifs relèvent de la compétence des juridictions contentieuses administratives, à l'exception de celles qui concernent l'exécution du contrat et qui sont confiées au juge de droit commun.

7.3 Principaux droits et obligations des parties contractantes

7.3.1 Droits et obligations du pouvoir adjudicateur public

L'administration, représentant l'intérêt social, dispose vis-à-vis des contractants de prérogatives sans équivalent dans les contrats de droit privé, ce qui lui confère une position de supériorité contractuelle. Elles se manifestent soit par l'exécution du contrat, soit par la sanction de l'inexécution ou de la mauvaise exécution[3].

Dans ce qui suit, nous analyserons les droits et obligations de l'autorité publique dans les contrats administratifs. Il convient tout d'abord de noter que les droits conférés par la loi à l'autorité publique contractante sont également des obligations, puisqu'ils relèvent de la compétence attribuée par la loi qui doit être exercée par les institutions et autorités publiques.

Nous soulignons certains des **droits du pouvoir adjudicateur public :**

1. Droit de contrôle de l'autorité publique. L'administration a le droit d'inspecter les biens, services ou travaux qui font l'objet du contrat administratif, en vérifiant le respect des obligations souscrites par le contractant[4].

Les clauses du contrat administratif relatives au contrôle sont réglementaires. Par conséquent, les clauses de contrôle contenues

---

[3] Eugen Popa, *Droit administratif*, Maison d'édition Servo-Sat, Arad, 2000, p. 141.

[4] Voir également Dalloz, *Guide juridique*, 2001, II, *op. cit.*, p. 157-8.

dans le contrat administratif peuvent être modifiées à tout moment par l'autorité administrative si l'intérêt général l'exige[5]. Lorsque les intérêts légitimes du contractant sont lésés par la modification du contrat administratif, la procédure de contentieux administratif prévue par la loi n° 554/2004 ou des lois spéciales peut être suivie. Le contrôle effectué ne doit pas imposer des coûts qui affectent l'équilibre financier du contrat.

Le contrôle par le pouvoir adjudicateur a pour but de vérifier comment l'intérêt général est satisfait par le service fourni par le contractant privé[6].

2. Droit de l'autorité publique contractante sur les biens de retour. Les contrats administratifs doivent préciser le statut juridique des différents biens utilisés par les parties. Ainsi, le Code administratif fait la distinction entre les biens de retour et les biens propres en précisant les droits des parties à leur égard.

Les biens de retour sont les biens appartenant au concédant qui sont confiés au concessionnaire pour l'exécution du service public, ainsi que les biens résultant des investissements du concessionnaire. Les biens retournés sont des biens qui ont fait l'objet de la concession. Ils reviennent automatiquement, gratuitement et libres de toute charge au concédant à la fin du contrat de concession (article 324, paragraphe 5, point a), du Code administratif).

La catégorie des biens de retour comprend :

a) Les biens de retour proprement dits – sont des biens meubles ou immeubles qui sont la propriété publique ou privée du concédant à la date de la concession et qui sont affectés au service public, qui sont transférés au concessionnaire avec la concession du service public ;

b) Les biens de retour résultant des investissements – sont des biens résultant de l'investissement requis par le cahier des charges.

---

[5] Gaston Jèze, *Cours de droit public (Licence) – Théorie générale des contrats de l'administration formation et exécution*, Paris, Marcel Giard Libraire-Éditeur, 1931, p. 444.

[6] Paul Negulescu, *Traité de droit administratif*, vol. I, 4e édition, Maison d'édition Marvan, Bucarest, 1934, p. 165.

Contrairement aux biens de retour proprement dits, qui sont la propriété du concédant à la date de la concession, les biens de retour des investissements sont le résultat des investissements du concessionnaire et sont affectés à l'exécution du service public pendant le contrat de concession.

Les biens retournées résultant des investissements doivent être des biens neuves, distinctes des biens de retour proprement dits. Les réparations ou améliorations apportées, grâce à l'investissement du concessionnaire, au bien de retour proprement dits ne constitueront pas un bien de retour d'investissement, quelle que soit la valeur de l'investissement réalisé[7].

3. Le droit de modifier unilatéralement la partie réglementaire du contrat, avec notification préalable au contractant, pour des raisons exceptionnelles d'intérêt national ou local, selon le cas.

L'autorité publique contractante a également des **obligations**, que nous soulignons :

– l'obligation d'assurer les conditions nécessaires à l'exécution du contrat et de payer le prix convenu dans le délai légal de paiement ;

– l'obligation de ne pas déranger le contractant dans l'exercice de ses droits en vertu du contrat administratif. Il s'agit d'une double obligation pour le pouvoir adjudicateur : l'obligation de garantir contre les troubles découlant du comportement personnel et l'obligation de garantir contre les troubles provenant de tiers (l'autorité publique doit empêcher les tiers de porter atteinte aux droits découlant du contrat administratif en invoquant un droit sur le bien, le service ou l'ouvrage) ;

– l'obligation de notifier au contractant la survenance de toute circonstance susceptible de porter atteinte à ses droits.

En principe, l'administration publique est tenue de remplir ses obligations en vertu d'un contrat administratif. **L'administration publique n'est pas tenue de remplir ses obligations dans les circonstances suivantes :**

---

7 Simona Gherghina, Aladar Sebeni, « Effets et résiliation du contrat de concession », *Dreptul*. n° 11/1999, p. 9.

1. Lorsque l'intérêt public exige la non-exécution. Souvent, le pouvoir public contractant, qui répond aux besoins de la collectivité, se trouve dans la situation de ne pas exécuter ses obligations en raison de l'intérêt public, dont la satisfaction exige l'inexécution. Ainsi, une autorité publique partie à un contrat de travaux publics ou à un contrat d'utilisation privée d'une partie du domaine public se trouve dans l'impossibilité d'exécuter ses obligations contractuelles parce que les besoins de la collectivité exigent que le bâtiment ne soit plus érigé ou que le domaine public soit rendu accessible à la circulation.

Si l'autorité publique n'exécute pas le contrat parce que l'intérêt public l'exige, elle n'est tenue d'indemniser le contractant privé que dans la mesure des frais qu'il a encourus. L'autorité publique n'est pas tenue de verser une indemnité pour le manque à gagner du contractant privé, car l'autorité publique ne peut être tenue responsable d'une quelconque faute dans la non-exécution du contrat. La satisfaction de l'intérêt général est la vocation et non la faute de la personne administrative[8].

2. En cas de force majeure. Le principe selon lequel, en cas de force majeure, la partie contractante n'est pas responsable, sauf en cas de faute propre, s'applique également, en tant que règle générale de droit, aux contrats administratifs.

7.3.2 Droits et obligations du cocontractant

L'objet des contrats administratifs diffère d'un type de contrat à l'autre. Par conséquent, les obligations du cocontractant seront également différentes. Ainsi, les obligations du concessionnaire d'un service public ou d'un bien public sont différentes des obligations du preneur découlant de la location d'un bien public. De même, les obligations du fournisseur dans un marché public seront différentes de celles du prestataire de services. Dans ces contrats, la plupart des obligations incombent au cocontractant de l'administration. En

---

[8] George Costi, *La notion de contrat administratif*, Imprimerie Centrale, Bucarest, 1945, p. 52.

revanche, dans le contrat de prêt public administratif (d'État ou local), les obligations les plus importantes incombent à l'État, au comté ou à la municipalité qui a conclu un tel contrat et qui doit rembourser le prêt, avec les intérêts appropriés, à la date stipulée dans le contrat[9].

Par conséquent, l'**obligation principale** de la partie privée contractante dépend du type de contrat administratif conclu[10], qui peut être :

– assurer la continuité du fonctionnement du service public ;
– l'exécution des travaux publics ;
– la fourniture de biens à l'autorité publique ;
– l'exploitation du domaine public, etc.

En plus de l'obligation principale, dans tout contrat administratif, nous trouverons également des **obligations accessoires**, telles que :

1. l'obligation de restituer la marchandise libre de toute charge à la fin du contrat ;
2. l'obligation de payer des redevances, que l'on retrouve dans le cas des contrats de concession ;
3. l'exécution des travaux d'investissement prévus dans le contrat.

L'exécution des obligations imposées au cocontractant par le pouvoir public contractant présente les caractéristiques suivantes :

1. Exécution personnelle du contrat (*intuitu personae*). L'obligation pour le contractant privé d'exécuter personnellement le contrat est la conséquence du principe selon lequel, dans ce domaine, le choix du contractant n'est pas libre mais est lié à la procédure d'appel d'offres et aux strictes conditions de capacité juridique, technique et financière qui confèrent au contrat un caractère *intuitu personae.* Une conséquence de ce principe est que la *cession du contrat*, acte par lequel le cocontractant de

---

[9] Valentin Prisăcaru, *Traité de droit administratif roumain.* Partie générale, 2e édition, revue et augmentée, Maison d'édition All, Bucarest, 1996, p. 261.
[10] Voir également Anton Trăilescu, *Actes de l'administration publique locale*, Maison d'édition All Beck, Bucarest, 2002, p. 113-114.

l'administration confie à une autre personne l'intégralité du contrat, ne peut avoir lieu sans l'approbation de l'autorité publique, ce qui est affirmé tant par la doctrine française contemporaine[11] que par la doctrine roumaine[12]. La sous-traitance, c'est-à-dire le fait de confier à une autre personne une partie du service que le cocontractant initial de l'administration était censé exécuter, n'est pas non plus possible sans l'accord de l'administration.

La législation roumaine actuelle interdit souvent la sous-traitance (*delegatus non potest delegare*). Ainsi, à l'article 305(1) du code administratif il est stipulé que la sous-traitance est interdite. La question se pose de savoir à partir de quelle limite on peut considérer que la sous-concession opère. Nous considérons qu'il faut entendre par sous-concession tout contrat, quelle que soit sa dénomination ou sa nature juridique, par lequel un tiers se voit confier la possibilité d'exercer certaines activités qui relèvent du contenu du service public en question. Le concessionnaire pourra donc conclure des contrats pour la construction ou les travaux nécessaires à l'exploitation du service public, ainsi que des contrats de vente-achat ou de location pour les machines ou la technologie nécessaires ou des contrats de conseil spécialisé et des contrats pour le financement des investissements liés à la concession.

2. Exécution en temps voulu des obligations[13]. La personne privée doit exécuter ses obligations dans les délais prévus par le contrat.

3. L'obligation doit être exécutée par la partie privée **jusqu'à ce qu'il soit matériellement impossible de l'exécuter.**

---

[11] Pierre Delvolve précise : « Nul ne peut céder son contrat sans avoir obtenu l'autorisation nécessaire de l'administration », Pierre Delvolve, *Les contrats de l'Administration*, Fondation Nationale des Sciences Politiques, Service de Polycope, 1981-1982, p. 105.

[12] Voir Gabriela Bogasiu, Le droit du contentieux administratif commenté et annoté de la législation, de la jurisprudence et de la doctrine, Maison d'édition Universul Juridic, Bucharest, 2008, p. 90, où il est indiqué que la partie privée ne peut pas céder à une autre personne les droits ou obligations découlant du contrat sans l'approbation de l'autorité contractante.

[13] Pierre Delvolve, *op. cit.* (*Les contrats de l'Administration*), 1981-1982, p. 107.

7.4 Modification des contrats administratifs

7.4.1 Modification du contrat nécessaire pour respecter le principe de l'équilibre financier

Le contrat administratif implique une conciliation de l'intérêt public et privé dans laquelle un rôle important est joué par la préservation de l'équilibre financier.

Afin de comprendre le principe de l'équilibre financier, une analyse des droits conférés aux contractants est nécessaire. Ainsi, l'administration peut conférer certains avantages aux contractants, qui consistent à :

– faciliter l'exécution des obligations, en conférant des prérogatives de puissance publique – perception de redevances pour des services, mise à disposition de terrains pour l'organisation de chantiers, etc. ;

– le contrat contient également la fixation de la base de la rémunération des contractants. Nous pouvons avoir un prix fixe, un prix ajustable ou un prix révisable. Si l'administration a la prérogative de modifier unilatéralement les clauses contractuelles, y compris celles relatives au prix, les particuliers sont protégés par le principe de l'équilibre financier du contrat.

Le principe de l'équilibre financier se justifie pour certaines raisons[14] :

– ce principe est l'expression de la volonté des parties et constitue un élément fondamental du contrat qui permet la réalisation d'avantages par le cocontractant ;

– l'équilibre financier fonctionne dans l'intérêt du service public. Si l'administration utilisait son pouvoir pour modifier les obligations du cocontractant sans indemnités compensatoires ou si l'administration se désintéressait du fonctionnement financier du mécanisme contractuel, des déficits persistants pourraient contraindre le cocontractant à cesser de fournir le service ;

---

[14] Mihai T. Oroveanu, *Concession de service public*, « Studii de drept românesc », avril-juin 1995, p. 161.

– l'équilibre financier réunit les deux éléments du contrat administratif – l'intérêt public et l'intérêt privé – assurant une synthèse entre le fait qu'il s'agit d'un service public et, en même temps, d'une entreprise privée.

Le principe de l'équilibre financier est un moyen par lequel « les choses sont maintenues en l'état » (*rebus sic stantibus*), empêchant la rupture des relations contractuelles[15].

Le principe de l'équilibre financier du contrat administratif repose sur deux théories jurisprudentielles : celle du « **fait du prince** » et celle de **l'imprévision.**

La théorie du « fait du prince » part des conditions d'exécution des clauses contractuelles. Ainsi, la puissance publique (le prince) peut, par son propre fait, aggraver les conditions du contrat, auquel cas elle est tenue d'accorder au contractant une indemnité égale au préjudice subi[16]. Pour appliquer cette théorie, il est nécessaire que la modification unilatérale des conditions contractuelles émane de l'autorité publique contractante – *alea administrative*, car lorsque les conditions modifiant l'équilibre initial du contrat sont imposées par un événement économique exceptionnel, la théorie de l'imprévisibilité – *alea économique* s'applique.

La théorie de l'imprévision prend en compte les changements économiques susceptibles d'affecter l'exécution du contrat et que les parties ne pouvaient pas prévoir au moment de la conclusion du contrat (par exemple, augmentation du prix des matières premières, dégradation des conditions de vie répercutée sur les revenus en raison d'une crise politique, sociale ou internationale majeure, état de guerre[17]). La jurisprudence a établi qu'il est d'intérêt public que l'exécution d'un contrat administratif se poursuive et soit réalisée dans les conditions économiques données, obligeant l'organisme public à accorder au contractant une indemnité pour garantir que l'exécution soit possible.

---

[15] Voir notamment Frédéric Lombard, *La cause dans le contrat administratif*, Dalloz, Paris, 2008, p. 298-313.

[16] Jean Fougerouse, *op. cit.* (*Le droit administratif en schémas*), 2008, p. 184.

[17] Gaston Jèze, *op. cit.* (*Théorie générale des contrats…*), 1931, p. 361.

Pour l'application de la théorie de l'imprévisibilité, trois conditions cumulatives doivent être réunies[18] :

a) les parties, par un raisonnement raisonnable, ne pouvaient pas prévoir la situation exceptionnelle qui s'est produite (par exemple, des crises économiques graves) ;

b) que ce fait est indépendant de la volonté des parties ;

c) de bouleverser les conditions d'exécution du contrat.

La théorie de l'imprévisibilité est une conséquence du principe selon lequel les services publics doivent exercer leurs activités de manière continue et permanente et une conséquence de la règle selon laquelle les entrepreneurs privés qui ont investi des capitaux pour exploiter ces entreprises publiques ne doivent pas être exposés à la faillite en raison d'événements imprévisibles. Ainsi, dans le cas des contrats administratifs, notamment les contrats de concession de services publics, les imprévus ne peuvent constituer une cause d'inexécution de l'obligation, entraînant l'interruption du service public, mais ne peuvent justifier une « indemnité pour imprévus » que si le déséquilibre contractuel peut être limité dans le temps[19].

7.4.2 Modification unilatérale du contrat administratif

Les contrats administratifs contiennent généralement des clauses négociées et des clauses réglementaires. En ce qui concerne les clauses négociées, le contrat peut être modifié d'un commun accord entre les parties. Les clauses réglementaires peuvent être modifiées unilatéralement par l'administration.

Il est généralement considéré que l'autorité publique ou un sujet de droit autorisé par une autorité publique peut modifier unilatéralement le contrat lorsque l'intérêt public l'exige. Dans le contrat de concession, le concédant peut modifier unilatéralement

---

[18] Jean Marie Auby, *Droit administratif*, Université de Bordeaux, Librairie Montaigne, 1975-1976, p. 195-196.

[19] Voir Ion Deleanu, Sergiu Deleanu, *Petite encyclopédie de droit. Adages et locutions latines en droit roumain*, Maison d'édition Dacia, 2000, Cluj-Napoca, p. 341 ; Charles-Édouard Bucher, *L'inexécution du contrat de droit privé et du contrat administratif*, Dalloz, Paris, 2011, p. 195-198.

la partie réglementaire du contrat de concession, avec notification préalable au concessionnaire, pour des raisons exceptionnelles d'intérêt national ou local, selon le cas. Si la modification unilatérale du contrat lui cause un préjudice, le concessionnaire a le droit de recevoir une indemnisation rapide, adéquate et effective. En cas de désaccord entre le concédant et le concessionnaire sur le montant de l'indemnité, celui-ci est fixé par la juridiction compétente. Ce désaccord ne peut en aucun cas permettre au concessionnaire de se soustraire à ses obligations contractuelles.

La majorité de la doctrine considère que la partie réglementaire du contrat administratif comprend exclusivement les dispositions relatives à l'organisation, au fonctionnement et aux conditions d'exploitation du service public[20]. Ce n'est que dans ce cas que la modification unilatérale du contrat par le pouvoir adjudicateur, fondée sur un changement d'intérêt général, peut être justifiée.

Les clauses financières, celles relatives à la durée du contrat ou au rachat ne sont pas une partie réglementaire du contrat administratif. Elles ne peuvent être modifiées qu'indirectement, si la modification du mode de fonctionnement du service public implique des investissements supplémentaires.

Le droit du pouvoir adjudicateur public de modifier unilatéralement la partie réglementaire du contrat est fondé sur son droit exclusif de déterminer si l'intérêt général a changé et d'adapter le service public en conséquence. La doctrine précise que ce droit de l'administration ne peut être exercé de manière discrétionnaire, mais seulement si la modification est nécessaire pour mieux adapter l'objet du contrat aux besoins de la satisfaction de l'intérêt général. En outre, la nouvelle configuration des obligations contractuelles ne

---

[20] À cet égard, voir Constantin Rarincescu, *Théorie du service public*, Maison d'édition de cours lithographiés, 1941, p. 185-186 ; Paul Negulescu, *op. cit.* (*Traité de droit administratif*), vol. I, 1934, p. 158 ; Sorin David, « Contrat de concession », *Dreptul* no. 9/1991, p. 45 ; Mihai T. Oroveanu, *op. cit.* (*Concession de service public*), 1995, p. 159.

doit pas entraîner une modification essentielle du profil du contrat[21].

7.5 La fin des contrats administratifs

Les contrats administratifs peuvent prendre fin pour un certain nombre de raisons, qui sont présentées ci-dessous :

1. **l'expiration de la durée du contrat.** Les contrats administratifs prévoient généralement une période d'exécution. La fin normale du contrat résulte de l'expiration de la période prévue pour l'exécution de la prestation commandée[22] ;

2. **l'accord des parties.** Par leur accord, les parties peuvent convenir de mettre fin au contrat avant la date qu'elles avaient initialement convenue ;

3. **la force majeure et le cas fortuit.** La force majeure ne doit pas être confondue avec la théorie de l'imprévision. L'article 327(1)(f) du Code civil stipule que le contrat de concession prend fin « en cas de disparition, par force majeure, des biens du concessionnaire ou en cas d'impossibilité objective pour le concessionnaire de les exploiter, par abandon, sans paiement d'une indemnité ». La législation fait référence à « l'impossibilité objective » du concessionnaire d'exploiter le bien public d'intérêt national ou local. Le terme « impossibilité objective » désigne l'impossibilité d'exécuter les obligations en raison d'une cause extérieure non imputable à la partie en question, ce qui inclut aussi bien les cas de force majeure que les cas fortuits. Le Code civil définit la **force majeure** à l'article 1351, paragraphe 2, comme tout événement extérieur, imprévisible, absolument invincible et inévitable, et à l'article 1351, paragraphe 3, le **cas fortuit** comme un événement qui ne pouvait être prévu ou empêché par la personne qui aurait été responsable si l'événement ne s'était pas produit ;

4. **la dénonciation unilatérale.** L'intérêt public peut exiger la **dénonciation unilatérale du contrat** administratif par l'autorité

---

[21] Voir, à cet égard, Sorin David, *op. cit.* (*Le contrat de concession*), 1991, p. 47.

[22] Pierre Delvolve, *op. cit.* (*Les contrats de l'Administration*), 1981-1982, p. 149.

publique contractante. Ainsi, le contrat de concession peut prendre fin si l'intérêt national ou local l'exige, par **dénonciation** unilatérale par le concédant, avec paiement d'une juste et préalable indemnité au concédant. Ainsi, dès lors que l'autorité concédante estime que le mode d'exécution du service public n'est plus conforme à l'intérêt général, elle a le droit de dénoncer unilatéralement le contrat de concession.

Le droit de l'autorité publique de dénoncer unilatéralement le contrat a le même fondement que le droit de modifier unilatéralement la partie réglementaire du contrat administratif.

5. la résiliation. La faute de l'une des parties peut justifier la résiliation du contrat par l'autre contractant si cette faute est d'une particulière gravité (non-respect des termes du contrat ; suspension des travaux ; refus d'obtempérer aux ordres donnés par l'administration publique).

La résiliation est une sanction de l'inexécution coupable du contrat, qui consiste à faire cesser les effets du contrat uniquement pour l'avenir, en laissant intactes les prestations successives qui ont été effectuées avant la résiliation[23].

Selon cette doctrine, en vertu des prérogatives du *ius imperii,* justifiées par la protection de l'intérêt public, l'autorité publique a le droit de résilier le contrat sans recours aux tribunaux et d'obliger son cocontractant à payer des pénalités et des dommages et intérêts, selon les termes du contrat[24]. En revanche, lorsque l'administration ne respecte pas ses obligations, le cocontractant ne peut pas résilier unilatéralement le contrat, mais peut seulement demander aux tribunaux de condamner l'administration à exécuter le contrat et à payer des dommages et intérêts[25].

Aujourd'hui, un cas particulier de résiliation est celui du contrat de concession du domaine public régi par le Code administratif. Par

---

[23] Constantin Stătescu, Corneliu Bîrsan, *Droit civil. Théorie générale des*, Maison d'édition All Beck, Bucarest, 2000, p. 86-91.

[24] Voir Anton Trăilescu, *op. cit.* (*Lois sur l'administration publique locale*), 2002, p. 114.

[25] *Ibid.*, p. 115.

exception au régime de résiliation des contrats administratifs, le Code administratif précise le caractère judiciaire de la résiliation : en cas d'inexécution coupable par une partie des obligations assumées dans le contrat de concession ou d'incapacité à les respecter, l'autre partie a le droit de demander au tribunal dans la circonscription territoriale de laquelle se trouve le siège du concédant de statuer sur la résiliation du contrat, avec paiement d'une indemnité, sauf accord contraire des parties (article 327, paragraphe 4, du Code administratif). Nous considérons que la résiliation judiciaire dans le cas des contrats administratifs doit être considérée comme une mesure de protection prévue en faveur de l'entrepreneur, expliquée par le souci d'apporter une garantie supplémentaire aux investissements réalisés par l'entrepreneur.

7.6 Principaux types de contrats administratifs

7.6.1 Le contrat de concession

Un contrat de concession est un contrat par lequel une autorité publique, appelée le concédant, transfère pour une période déterminée à une personne appelée le concessionnaire, qui agit à ses propres risques et responsabilités, le droit et l'obligation d'exploiter un bien public, d'exécuter un ouvrage public, de fournir et de gérer un service ou une activité publique en contrepartie d'un paiement, généralement une redevance.

La doctrine fait une distinction entre[26] :

a) **la concession de service public** – un contrat par lequel une personne administrative confie à une personne privée (ou dans certains cas exceptionnels à une autre personne administrative) l'exploitation d'un service public, en partie à ses risques et périls et avec les avantages convenus ;

b) **la concession de travaux publics** – un contrat par lequel une personne privée s'engage à réaliser, à ses frais et à ses risques, un

[26] Voir, à cet égard, Jean-Marie Auby, *Droit administratif*, Université Bordeaux, Librairie Montaigne, 1975-1976, p. 173-174 et Aladar Sebeni, *op. cit.* 1999, p. 8-13.

ouvrage public et à en assurer l'exploitation pendant une certaine durée ; en contrepartie, l'administration lui donne le droit de faire payer les usagers ;

c) **la concession de biens** – un contrat par lequel une autorité publique permet à une personne physique ou morale privée de posséder et d'utiliser, aux termes de la loi et du contrat de concession, un bien appartenant au domaine public de l'État ou des unités administratives-territoriales ;

d) **la concession d'activités** – un contrat par lequel une autorité publique accorde à une personne privée le droit d'exercer une activité spécifique d'intérêt national ou local dans les conditions prévues par la loi et le contrat de concession.

En droit positif roumain, le contrat de concession de travaux publics et le contrat de concession de services sont réglementés par la loi n° 100/2016[27] et le Code administratif réglemente le contrat de concession de biens immobiliers publics. La concession d'activités n'est pas régie par une loi-cadre.

Les caractéristiques qui déterminent la classification en tant que contrats administratifs :

– l'une des parties est un organisme de droit public ;

– il existe une inégalité juridique entre les parties dans la détermination du contenu du contrat, le rôle décisif étant joué par la personne morale publique ;

– l'objectif principal du contrat est de servir au mieux les intérêts généraux de la communauté ;

– contient des clauses dérogatoires (exorbitantes) du droit commun dans la partie réglementaire qui reprend les dispositions du cahier des charges. Le concessionnaire peut modifier unilatéralement la partie réglementaire du contrat de concession, avec notification préalable au concessionnaire, pour des raisons exceptionnelles d'intérêt national ou local, selon le cas. Une autre clause exorbitante stipule également que le contrat de concession

---

[27] Loi n° 100/2016 *sur les concessions de travaux et les concessions de services* (publiée au *Journal officiel*, partie I, n° 392 du 23 mai 2016).

peut prendre fin si l'intérêt national ou local l'exige, par dénonciation unilatérale par le concédant, avec paiement d'une juste et préalable indemnité au concédant. Ensuite, les dispositions légales stipulant le droit de contrôle du concédant sur le concessionnaire quant à l'exécution du contrat[28] constituent également des clauses réglementaires.

– le contrat est conclu à la suite de l'utilisation de procédures spéciales, telles qu'un appel d'offres public ;

– le non-respect des obligations assumées par le contractant peut entraîner, outre la responsabilité contractuelle, l'application d'une forme de responsabilité propre au droit administratif – la responsabilité contraventionnelle – assortie de sanctions spécifiques, à savoir les amendes contraventionnelle, qui sont applicables en cas de non-respect d'une législation spécifique[29] ;

– les litiges relatifs à la conclusion des contrats de concession relèvent de la compétence du juge de contentieux administratif.

7.6.2 Le contrat de marché public

Le marché public est régi par la loi n° 98/2016 *sur les marchés publics*[30] et la loi n° 99/2016 *sur les marchés sectoriels*[31].

Un marché public est un contrat à titre onéreux, assimilé par la loi à un acte administratif, conclu par écrit entre un ou plusieurs opérateurs économiques et un ou plusieurs pouvoirs adjudicateurs et ayant pour objet l'exécution de travaux, la fourniture de produits ou la prestation de services.

Un marché public de travaux est un marché public qui a pour objet soit exclusivement la réalisation, soit à la fois la conception et la réalisation de travaux dans les conditions prévues par la loi n° 98/2016.

---

28 Voir également Eugen Chelaru, *Administration du domaine public et du domaine privé*, ed. 2, Maison d'édition C. H. Beck, Bucarest, 2008, p. 91.

29 Voir Ion Dogaru (coord.), *Droit Civil. Contrats spéciaux*, Maison d'édition All Beck, Bucarest, 2004, p. 1030.

30 Publié au *Journal officiel*, partie I, n° 390 du 23 mai 2016.

31 Publié au *Journal officiel*, partie I, n° 391 du 23 mai 2016.

Un marché public de produits est un marché public visant l'acquisition de produits par achat, y compris par le paiement échelonné, location, crédit-bail avec ou sans option d'achat, ou par tout autre arrangement contractuel en vertu duquel le pouvoir adjudicateur bénéficie de ces produits, qu'il en acquière ou non la propriété. Le marché d'acquisition de produits peut comprendre, à titre accessoire, des travaux ou des opérations de pose et d'installation.

Un marché public de service est un contrat de marché public pour la fourniture de services autres que ceux couverts par un contrat de marché public de travaux.

La loi n° 99/2016 relative aux marchés publics sectoriels, transposant les dispositions de la directive 2014/25/UE du Parlement européen et du Conseil du 26 février 2014 *relative aux marchés passés par des entités opérant dans les secteurs de l'eau, de l'énergie, des transports et des services postaux et abrogeant la directive 2004/17/CE*[32], réglemente une espèce de contrats de marchés publics, à savoir les contrats sectoriels. **Un contrat sectoriel** est un contrat de marché public à titre onéreux, assimilé par la loi à un acte administratif, conclu par écrit entre un ou plusieurs opérateurs économiques et une ou plusieurs entités adjudicatrices et ayant pour objet l'exécution de travaux, la fourniture de produits ou la prestation de services en vue de l'exercice de leur activité principale dans l'un des domaines définis par la loi n° 99/2016 comme pertinents : gaz et énergie thermique, électricité, eau, services de transport, ports et aéroports, services postaux, extraction de pétrole et de gaz, exploration et extraction de charbon ou d'autres combustibles solides.

Dans un marché public, contrairement à un contrat de concession publique, le **risque d'exploitation** est supporté par le pouvoir adjudicateur. Dans le contrat de concession, le risque d'exploitation est supporté par l'opérateur économique[33]. Ainsi,

[32] Publié au *Journal officiel de l'Union européenne*, série L, n° 94 du 28 mars 2014.

[33] La Cour de Justice des Communautés européennes a déclaré qu'en l'absence de transfert de responsabilités à l'opérateur économique, le contrat sera un marché

dans un marché public, l'opérateur économique fournit des biens, des services ou réalise des travaux qui seront exploités ultérieurement par le pouvoir adjudicateur, ce dernier supportant également le risque d'exploitation. Contrairement aux marchés publics, dans le cas d'un contrat de concession, l'opérateur économique ne se contente pas de fournir des biens, de fournir des services ou de réaliser des travaux, mais il exploite également ces biens, services ou travaux à ses propres risques[34]. C'est également ce que souligne l'article 8, paragraphe 2, de la loi n° 100/2016 relative aux concessions de travaux et aux concessions de services, qui dispose que si l'entité adjudicatrice constate qu'une partie significative du risque d'exploitation sera transférée à l'opérateur économique, le contrat sera considéré comme un contrat de concession.

Caractéristiques déterminant la classification dans la catégorie des contrats administratifs[35] :

1. est un accord de volonté entre un organisme créé pour répondre à des besoins d'intérêt général et un autre sujet de droit, public ou privé ;

---

public et non une concession, affaire C-458/03, *Parking Brixen* et la Communication interprétative 2006 de la Commission européenne sur le droit communautaire applicable à la passation des marchés non soumis ou partiellement soumis aux dispositions des directives relatives aux marchés publics, publiée au *JO* C 179 du 1er août 2006.

[34] Voir Mădălin Irinel Niculeasa, *Législation sur les marchés publics. Commentaires et explications*, Maison d'édition C. H. Beck, Bucarest, 2007, p. 7-8.

[35] La décision n° 3044/2000 de la Section de contentieux administratif de la Cour suprême de justice énonce certaines des caractéristiques qui déterminent la nature juridique administrative d'un contrat de marché public : le statut de la partie contractante, c'est-à-dire l'autorité publique ou un autre sujet de droit autorisé par elle ; l'objet du marché ; l'existence de clauses de nature réglementaire ; l'existence de clauses spéciales concernant la cession, la modification ou la résiliation du contrat de marché ; la procédure spéciale de recours. Les caractéristiques du contrat de marché public qui déterminent sa nature juridique de contrat administratif ont également été analysées en doctrine – voir Dacian Cosmin Dragoș, « Le contrat de marché public », *Curierul Judiciar* n° 2/2002, p. 37-38.

2. l'objectif général du système des marchés publics est de satisfaire l'intérêt public, c'est-à-dire de développer et d'améliorer le cadre de vie de la collectivité ;

3. il contient des clauses dérogeant au droit commun fixé par le pouvoir adjudicateur dans le cahier des charges. Ces clauses sont celles qui se rapportent aux spécifications techniques fixées dans les documents contractuels. Les spécifications techniques sont des exigences, des prescriptions, des caractéristiques de nature technique qui permettent de décrire, de manière objective, chaque produit, service ou travail de façon appropriée pour répondre aux besoins du pouvoir adjudicateur (article 3, paragraphe 1, point rr, de la loi n° 98/2016). Les spécifications techniques sont énoncées dans le dossier d'appel d'offres et définissent les caractéristiques requises des travaux, services ou produits à acquérir. Ces caractéristiques peuvent également porter sur le processus ou la méthode spécifique d'exécution des travaux, de fabrication des produits ou de prestation des services requis ou sur un processus spécifique pour une autre étape de leur cycle de vie, même si ces éléments ne font pas partie du contenu matériel des produits, travaux ou services à acquérir, mais à condition que ces caractéristiques soient liées à l'objet du marché public/de l'accord-cadre et proportionnées par rapport à sa valeur et à ses objectifs. Les spécifications techniques doivent permettre à tous les opérateurs économiques un accès égal à la procédure de passation et ne doivent pas avoir pour effet d'introduire des obstacles injustifiés pour assurer une concurrence effective entre les opérateurs économiques (article 155 de la loi n° 98/2016) ;

4. le contrat est conclu suite à l'utilisation de formalités spéciales, ayant en son centre la procédure d'appel d'offres public dans les conditions prévues par la loi n° 98/2016 ;

5. les litiges relatifs à la conclusion et à l'exécution du contrat relèvent de la compétence du juge de contentieux administratif.

7.6.3 Location de biens publics[36]

La location de biens publics est régie par l'article 136, paragraphe 4, de la Constitution révisée, l'article 861 du Code civil, les articles 332 à 348 du Code administratif.

Au fil du temps, des réglementations spéciales ont été adoptées concernant la location de divers biens publics, comme, par exemple, l'ordonnance gouvernementale n° 19/2002 *relative à certaines mesures pour la création et l'utilisation du fonds de location du protocole et des biens meubles du domaine public de l'État, sous l'administration de l'Administration autonome des biens du protocole de l'État.* La réglementation relative à la location du domaine public est complétée par les dispositions relatives au contrat de location figurant aux articles 1777-1835 du Code civil.

Le contrat de location d'un bien public est un contrat conclu par lequel le titulaire du droit de propriété ou d'administration publique d'un bien appartenant au domaine public de l'État ou des unités administratives-territoriales, appelé le bailleur, s'engage à assurer l'usage de ce bien à une personne physique ou morale appelée le preneur, pour une durée déterminée, en échange d'un prix, appelé loyer.

Conformément à l'article 333, paragraphe 1, du Code civil, la location de biens publics de l'État ou d'unités administratives-territoriales est approuvée, selon le cas, par décision du gouvernement, du Conseil départemental, du conseil général de Bucarest ou du Conseil local. Sur la base de la décision approuvant la location, le contrat de bail du bien public est conclu.

Selon l'article 332 du Code administratif, le contrat de location peut être conclu, selon le cas, avec toute personne physique ou morale, roumaine ou étrangère, par le titulaire du droit de propriété ou de gestion.

Le contrat a pour objet de transférer, pour une durée limitée, le droit d'usage à titre onéreux d'un ou plusieurs biens meubles ou

---

[36] Voir Cătălin-Silviu Săraru, *op. cit.* (*Livre des contrats administratifs...*), 2013, p. 225-235.

immeubles appartenant au bailleur ou gérés par lui, présentant les caractéristiques précisées dans le contrat et dans le cahier des charges.

Le locataire a le droit d'utiliser le bien conformément au but fixé dans le contrat, en fonction de la nature du bien et des dispositions légales. Le contrat de location doit contenir des clauses visant à garantir que le bien loué est utilisé conformément à sa nature spécifique.

Le détenteur ne pourra pas aliéner le bien ou le grever, car le bien public est inaliénable, incessible et imprescriptible.

Le règlement des litiges relatifs à l'attribution, la conclusion, l'exécution, la modification et la résiliation du bail du domaine public, ainsi que ceux relatifs à l'attribution d'une indemnité, s'effectue conformément aux dispositions de la loi sur le contentieux administratif.

CHAPITRE 8.

Opérations administratives

8.1 Concept d'opérations administratives

Les opérations administratives sont les activités technico-matérielles exercées par l'administration publique pour la préparation, l'adoption ou l'exécution d'actes administratifs ou pour la passation, la conclusion et l'exécution de contrats administratifs.

Les opérations administratives peuvent intervenir dans la phase de préparation de l'émission des actes administratifs (rapports sur place, comptes-rendus, avis, conventions, expertises, transmission de données, rédaction d'actes administratifs, etc.), dans la phase d'émission des actes administratifs (convocation des organes administratifs, établissement des ordres du jour, rédaction des procès-verbaux de réunion, estampillage, datation, enregistrement de l'acte, etc.), dans la phase d'exécution des actes administratifs (communication, publication des actes administratifs, etc.)

Des opérations administratives ont également lieu lors de la passation, de la conclusion et de l'exécution de contrats administratifs. Ces opérations administratives comprennent : la réalisation des études d'opportunité sur lesquelles se fonde la décision d'octroi d'une concession sur le domaine public, la rédaction des documents d'appel d'offres, la rédaction et la publication des avis de marché, l'organisation des marchés publics, les procès-verbaux de réception des travaux réalisés dans le cadre d'un marché public, etc.

Les autres opérations administratives peuvent être des *mesures internes* (adresses, circulaires, etc.) prises au sein d'une autorité publique pour son bon fonctionnement. Les mesures internes sont exclusivement établies en faveur de l'administration, elles indiquent aux agents exécutifs administratifs (fonctionnaires) la conduite à adopter et les mesures concrètes pour l'exécution des actes juridiques émis/signés par les autorités publiques[1]. On peut également les trouver, par exemple, dans des instructions ministérielles pour l'exécution d'un contrat conclu au niveau de l'administration centrale spécialisée. Les mesures internes ne sont pas juridiquement contraignantes et leur non-respect n'a aucune influence sur la validité juridique des actes réalisés. Il s'agit, par exemple, des exigences relatives au choix des différentes procédures de passation des contrats administratifs (simples, restreintes, avec mise en concurrence d'échantillons et de prix, avec appel d'offres, avec concours de projets, etc.). Un autre exemple impliquant des mesures d'ordre interne est fourni par les règles de fixation de la limite de prix dans les contrats administratifs. Sauf impossibilité absolue, tous les prix doivent laisser place à une limite de prix.

Les certificats et les *attestations* délivrés conformément aux dispositions de l'Ordonnance du Gouvernement (O.G.) n° 33/2002 *sur la réglementation de la délivrance des certificats et des attestations par les autorités publiques centrales et locales*[2] sont également, en règle générale, des opérations administratives, étant des manifestations de volonté sans effets juridiques. Selon l'article 2, paragraphe 1, du O.G. n° 33/2002, le certificat est le document qui confirme l'exactitude ou la réalité d'un fait ou qui atteste une certaine qualité afin de faire valoir certains droits par la personne qui en demande la délivrance, et l'*attestation* est le document qui atteste un droit ou un fait, selon l'article 2, paragraphe 2, du O.G. n° 33/2002. Les certificats et attestations ne sont délivrés que sur demande écrite du ou des ayants

[1] Voir Jean Fougerouse, *op. cit.* (*Le droit administratif en schémas*), 2008, p. 108-113. Pour les mesures internes prises par les pouvoirs adjudicateurs dans le cas de contrats administratifs, voir Gaston Jeze, *op. cit.* (*Théorie générale des contrats…*), 1931, p. 164 et suivantes.

[2] Publié au *Journal officiel*, partie I, n° 88 du 2 février 2002, approuvé tel que modifié par la loi n° 223/2002.

droit ou de leur représentant et uniquement si la confirmation ou l'attestation du droit ou du fait les concerne directement (article 3, paragraphe 1, du O.G. n° 33/2002).

8.2 Caractéristiques des opérations administratives

Les opérations administratives présentent les caractéristiques suivantes :

a) intervenir dans toutes les étapes procédurales nécessaires à la délivrance/adoption et à l'exécution des actes administratifs (dans les étapes préalables, concomitantes et postérieures à la délivrance/adoption des actes administratifs), ainsi que dans toutes les étapes nécessaires à la passation, la conclusion et l'exécution des contrats administratifs.

b) les opérations administratives constituent souvent des conditions de validité des actes administratifs et des contrats administratifs[3]. Dans ces cas, l'exécution des opérations administratives requises par la loi assure également la légalité de l'acte administratif. Ainsi, un diplôme n'est délivré qu'après que la personne ait subi des opérations d'examen certifiant son niveau de formation.

c) les opérations administratives sont des faits matériels et non des manifestations expresses de volonté faites dans l'intention de produire des effets juridiques (c'est-à-dire de faire naître, modifier ou éteindre des droits et des obligations). Ils ne produisent pas d'effets juridiques en eux-mêmes, mais sont seulement intégrés dans l'acte administratif auquel ils ont contribué.

Notons que si les actes administratifs produisent directement des effets juridiques à l'égard de leurs destinataires, effets que l'autorité publique émettrice de l'acte a en vue, les **opérations administratives ne produisent pas d'effets juridiques en vertu de la volonté de celui qui les exécute, mais ces effets sont produits parce que la loi le**

[3] Voir Alexandru Negoiță, *op. cit.* (*Droit administratif*), 1996, p. 180.

prévoit (en vertu de la loi – *ope legis*)[4]. Par exemple, un permis de construire est un acte administratif individuel qui produit les effets juridiques voulus par l'autorité publique qui l'a délivré en termes de conditions que la construction en question doit remplir. Un certain nombre d'avis sont requis pour la délivrance d'un permis de construire, comme le prévoit la loi n° 50/1991 *sur l'autorisation des travaux de construction*[5]. Ces avis sont des opérations administratives. Pour obtenir un permis de construire, les avis prévus par la loi doivent être favorables. L'effet produit par ces avis est qu'ils dépendent de l'octroi d'une autorisation, effet prévu par la loi et qui ne dépend pas de la volonté de la structure administrative qui accorde l'avis[6].

De même, la constitution d'un dossier de références en vue de la délivrance d'un acte administratif est une opération administrative. Pour que cette opération ait des effets juridiques, la loi doit prévoir qu'après la constitution du dossier de références, une structure spécifique de l'administration publique se prononce sur ces références[7] en vue de prendre la décision d'émettre un acte administratif.

Pour qualifier une manifestation de volonté d'une autorité publique d'acte administratif ou d'opération administrative, il importe peu de savoir comment le législateur l'appelle, mais seulement si elle produit ou non des effets juridiques. Ainsi, l'*accord* est, en règle générale, un acte administratif par lequel un organisme public donne son consentement à un autre organisme public pour émettre un acte administratif. Cependant, l'*accord environnemental*

---

[4] Dumitru Brezoianu, *op. cit.* (*Droit administratif roumain*), 1997, p. 125 ; Alexandru Negoiţă, *op. cit.* (*Droit administratif*), 1996, p. 133 ; Ioan Alexandru, Mihaela Cărăuşan, Ion Popescu, Dragoş Dincă, *op. cit.* (*Droit administratif*), 2002, p. 255-256.

[5] Republié au *Journal officiel*, partie I, n° 933 du 13 octobre 2004, tel que modifié ultérieurement.

[6] Voir Dumitru Brezoianu, *op. cit.* (*Droit administratif roumain*), 1997, p. 125-126 ; Ioan Alexandru, Mihaela Cărăuşan, Ion Popescu, Dragoş Dincă, *op. cit.* (*Droit administratif*), 2002, p. 256.

[7] Voir Alexandru Negoiţă, *op. cit.* (*Droit administratif*), 1996, p. 133.

est, selon les dispositions de l'article 2, point 3 de l'ordonnance d'urgence du gouvernement n° 195/2005 *sur la protection de l'environnement*[8], l'*acte administratif* émis par l'autorité compétente en matière de protection de l'environnement, qui fixe les conditions et, le cas échéant, les mesures de protection de l'environnement, qui doivent être respectées dans le cas de la mise en œuvre d'un projet. Le *certificat* est aussi généralement un document matériel, une opération administrative confirmant l'exactitude ou la réalité d'un fait ou attestant d'une certaine qualité en vue de l'exercice de certains droits par la personne qui en demande la délivrance (par exemple, le *certificat d'urbanisme* délivré dans les conditions prévues par la loi n° 50/1991 *relative à l'autorisation pour l'exécution de travaux de construction.* Selon l'article 6 de la loi n° 50/1991, le certificat d'urbanisme est un simple acte d'information préalable à la délivrance de l'acte administratif appelé permis de construire). Toutefois, dans la jurisprudence[9], il a été admis que les *certificats attestant du droit de propriété foncière*, délivrés sur la base de la loi n° 15/1990 sont considérés comme des actes administratifs unilatéraux, répondant aux caractéristiques énoncées à l'article 2, paragraphe 2. (1) lit. c) de la loi n° 554/2004.

d) les opérations administratives ne peuvent faire l'objet d'un recours direct devant le juge du contentieux administratif[10]. Le contrôle des opérations administratives ne peut être effectué que de manière subsidiaire, dans le cadre du contrôle que le juge exerce sur l'acte administratif unilatéral ou bilatéral attaqué et seulement par rapport à celui-ci[11]. Ainsi, si une demande de permis de construire est

---

[8] Publié au *Journal officiel*, partie I, n° 1196 du 30 décembre 2005, tel que modifié ultérieurement.

[9] Voir la décision n° 1517/2012 émis par la Section du Contentieux Administratif et Fiscal de la Haute Cour de Cassation et de Justice, www.iccj.ro/.

[10] Ioan Santai, *Le rôle des avis dans le contentieux ayant pour objet le contrôle juridictionnel de la légalité des actes et des faits administratifs*, « Revista română de drept » nr. 7/1983, p. 11 ; Dumitru Brezoianu, *Contentieux administratif*, Maison d'édition Metropol, Bucarest, 1995, p. 38.

[11] Selon l'article 18 (2) de la loi 554/2004 *sur le contentieux administratif*, la juridiction est également compétente pour se prononcer sur la légalité des

rejetée sur la base d'un avis négatif, la personne mécontente ne peut pas introduire un recours direct en justice contre l'avis qui est une opération administrative, mais le recours direct sera introduit contre l'acte administratif rejetant la demande[12].

8.3 Forme et légalité des opérations administratives

Les opérations administratives sont généralement consignées par écrit, ce qui permet de vérifier l'opportunité et la légalité des procédures d'exécution.

Les opérations administratives doivent toujours être conformes aux dispositions des actes réglementaires et administratifs qui régissent les conditions de leur mise en œuvre. Les opérations administratives illégales peuvent entraîner la révocation, l'annulation ou la non-existence de l'acte administratif dans lequel elles sont incluses.

---

opérations administratives qui ont servi de base à l'émission de l'acte administratif jugé.

[12] Voir Dumitru Brezoianu, *op. cit.* (*Droit administratif roumain*), 1997, p. 126 ; Ioan Alexandru, Mihaela Cărăuşan, Ion Popescu, Dragoş Dincă, *op. cit.* (*Droit administratif*), 2002, p. 256.

CHAPITRE 9.

Contrôle de l'activité de l'administration publique

9.1 Concept de contrôle de l'activité de l'administration publique

Par le biais du contrôle de l'activité de l'administration[1], on vérifie sa conformité aux dispositions légales et aux exigences sociales.

L'objectif du contrôle est de vérifier comment les institutions contrôlées et chaque agent public s'acquittent de leurs tâches telles que définies par la loi, conformément aux objectifs généraux de l'administration publique. À la suite au contrôle, des propositions peuvent être faites pour améliorer le travail et des mesures peuvent être prises pour sanctionner les fonctionnaires qui n'ont pas exercé leurs fonctions ou qui les ont exercées de manière défectueuse.

[1] Le terme « contrôle » dérive du mot français *contre-rolle* – étant un outil de vérification du rôle fiscal longtemps utilisé pour effectuer la « vérification comptable ». Par la suite, le sens du terme a été étendu à la vérification des résultats ou des activités dans n'importe quel domaine – voir Ioan Alexandru, *Administration publique. Theories. Réalités. Perspectives*, 2e édition, Maison d'édition Lumina Lex, Bucarest, 2001, p. 508.

9.2 Composants du contrôle

L'exercice de toute forme de contrôle implique trois éléments constitutifs : la ligne de base du contrôle, l'objet du contrôle et les opérations de contrôle proprement dites[2].

La ligne de base de contrôle comprend les éléments à suivre dans l'objet de contrôle[3]. Ainsi, le référentiel est constitué des objectifs à atteindre par les autorités de l'administration publique en fonction de certains critères, des moyens mis en œuvre pour atteindre ces objectifs (on contrôle la manière dont sont utilisées les ressources en personnel, matérielles et financières dont disposent les autorités publiques) en fonction de certains indicateurs de performance, de la détermination de la méthode de contrôle en fonction de la compétence de l'organe de contrôle (le contrôle peut porter sur la légalité, l'opportunité, le rapport coût-efficacité et l'efficience des procédures utilisées pour atteindre les objectifs ou il peut s'agir d'un contrôle de matérialité).

L'objet du contrôle peut couvrir l'inventaire et l'utilisation des moyens matériels et financiers à la disposition des autorités de l'administration publique, la manière dont le personnel s'acquitte de ses tâches et de ses responsabilités conformément à la description du poste et à la législation connexe, l'adéquation et la légalité des activités de l'administration publique.

Les **opérations de contrôle proprement dites** vérifient si la cible contrôlée répond aux exigences de la ligne de base. Les opérations de contrôle peuvent être *simples* ou *complexes*, selon que les éléments de

---

[2] Voir Denis Levy, « Aspects généraux du contrôle » in *Traité de science administrative*, Mouton & Cie, Paris, 1966, p. 693 et s. ; Alexandru Negoiță, *op. cit.* (*Droit administratif*), 1996, p. 203 et suivantes ; Ioan Alexandru, Mihaela Cărăușan, Ion Popescu, Dragoș Dincă, *op. cit.* (*Droit administratif*), 2002, p. 361 et suivantes.

[3] Alexandru Negoiță, *op. cit.* (*Droit administratif*), 1996, p. 203 ; Ioan Alexandru, Mihaela Cărăușan, Ion Popescu, Dragoș Dincă, *op. cit.* (*Droit administratif*), 2002, p. 361.

la ligne de base impliquent un degré plus ou moins élevé de jugement et de technicité de la part de l'auteur du contrôle[4].

Les opérations de contrôle sont simples, par exemple, dans le cas des contrôles de matérialité où seule l'existence de biens et d'éléments d'inventaire dans la propriété des autorités publiques est vérifiée. Toutefois, dans le cas de la vérification de la légalité et de l'opportunité des actes administratifs, les opérations de contrôle auront un certain degré de complexité, nécessitant que les personnes effectuant le contrôle aient des connaissances juridiques et/ou économiques avancées et soient familières avec l'activité spécifique de l'organisme contrôlé.

9.3 Modalités de contrôle

Le contrôle de l'activité de l'administration publique peut prendre les formes suivantes :

a) **le contrôle de légalité** – consiste à rapporter et à comparer les éléments soumis au contrôle avec les dispositions des règles juridiques ;

b) **le contrôle du rapport coût-efficacité et de l'efficience** – utilise principalement des méthodes comptables, visant à évaluer les coûts par rapport aux ressources humaines et matérielles utilisées ;

c) **le contrôle d'opportunité** – vérifie si les autorités administratives ont agi au bon moment et dans les bonnes conditions pour émettre et exécuter l'acte administratif, en relation avec la réalisation responsable et opérationnelle des besoins sociaux ;

d) **le contrôle de matérialité** – vise à vérifier l'existence de biens et d'éléments d'inventaire détenus par les autorités publiques.

[4] Alexandru Negoiţă, *op. cit.* (*Droit administratif*), 1996, p. 205 ; Ioan Alexandru, Mihaela Cărăuşan, Ion Popescu, Dragoş Dincă, *op. cit.* (*Droit administratif*), 2002, p. 363.

9.4 Formes de contrôle

Les formes de contrôle de l'activité de l'administration publique peuvent être classées selon les critères suivants :

1. par rapport au moment du contrôle :

– *le contrôle préalable ou préventif* – est effectué avant la délivrance de l'acte administratif et vise à vérifier que les conditions légales de sa délivrance sont remplies ;

– *contrôle simultané* – capture les processus administratifs en cours, permettant une intervention opérationnelle. Elle est généralement exercée par les chefs de départements, de sections, etc. et est synonyme d'activité de gestion ;

– *le contrôle a posteriori* – est exercé après l'émission de l'acte administratif, permettant de vérifier les effets de l'acte. Il s'agit du contrôle juridictionnel des actes administratifs effectué par le tribunal administratif.

2. en fonction de la nature de l'autorité de contrôle :

– *le contrôle administratif exercé par les autorités de l'administration publique ;*

– *le contrôle exercé par des autorités et des personnes extérieures à l'administration publique* (contrôle parlementaire, contrôle de l'opinion publique, contrôle judiciaire).

9.4.1 Contrôle administratif

9.4.1.1 Concept

Le contrôle administratif est le contrôle exercé par l'administration publique, conformément à la loi, sur ses propres activités. L'objectif de ce contrôle est, en règle générale, de vérifier tant la *légalité* que l'*opportunité* des actes administratifs émis.

Le contrôle administratif prend deux formes : le *contrôle administratif interne* et le *contrôle administratif externe.*

9.4.1.2 Contrôle administratif interne

Le contrôle administratif interne est le contrôle exercé de l'intérieur de l'institution administrative par les fonctionnaires supérieurs sur le travail des fonctionnaires subordonnés. Le sujet du contrôle et le sujet contrôlé font partie de la même autorité administrative publique.

Le contrôle administratif interne peut couvrir à la fois la légalité du travail des fonctionnaires subordonnés et la question de savoir s'ils ont agi en temps voulu, de manière efficace et rentable. Le contrôle administratif interne peut également constituer un contrôle de matérialité.

Une forme de contrôle administratif interne est le ***contrôle financier interne public*** exercé par des départements spéciaux au sein des institutions publiques.

Le contrôle interne peut être exercé *à la demande d'une personne* lorsqu'il est appelé *contrôle ex gratia* ou *ex officio*. Le **recours gracieux** est une plainte déposée par un particulier auprès de l'autorité publique responsable d'un acte administratif individuel, demandant son retrait ou sa modification au motif que cet acte porte atteinte à un droit ou un intérêt légitime.

9.4.1.3 Contrôle administratif externe

Le contrôle administratif externe est le contrôle exercé par certaines autorités de l'administration publique ou certains agents décisionnaires extérieurs à l'institution administrative contrôlée.

Le contrôle administratif externe prend les formes suivantes :

a) un contrôle administratif hiérarchique ;
b) un contrôle de la tutelle administrative ;
c) un contrôle administratif externe spécialisé ;
d) le contrôle par des juridictions administratives spéciales.

9.4.1.3.1 Contrôle administratif hiérarchique

Le contrôle administratif hiérarchique est exercé par les autorités administratives hiérarchiquement supérieures sur les autorités administratives inférieures, sur la base du lien de subordination qui les unit. Ainsi, le contrôle administratif hiérarchique est le contrôle du gouvernement sur le travail des ministères.

Le contrôle administratif hiérarchique, en ce qu'il est exercé par une institution hiérarchiquement supérieure sur une institution subordonnée, se distingue du contrôle administratif interne dans lequel le contrôleur et le sujet contrôlé appartiennent à la même institution publique.

Le contrôle administratif hiérarchique, comme le contrôle administratif interne, peut porter sur la légalité, l'opportunité, l'efficacité et la rentabilité des activités menées par l'institution subordonnée. Le contrôle administratif hiérarchique peut également être un contrôle de matérialité.

En vertu de son pouvoir hiérarchique, l'institution publique supérieure pourra révoquer un acte administratif émis/adopté par l'institution publique subordonnée s'il est illégal ou inopportun. L'institution publique hiérarchiquement supérieure peut révoquer l'acte, mais ne peut le modifier s'il relève de la compétence exclusive de l'institution publique subordonnée, car une telle modification équivaudrait à une substitution dans les pouvoirs de l'autorité inférieure[5].

Le contrôle administratif hiérarchique peut être exercé *à la demande d'une personne* lorsqu'il est appelé *recours hiérarchique* ou *d'office*. Le **recours hiérarchique** est une plainte déposée par un particulier auprès d'une autorité administrative supérieure pour demander la révocation ou la modification d'un acte administratif individuel émis par une autorité subordonnée inférieure, au motif qu'il viole ses droits ou intérêts légitimes.

9.4.1.3.2 Contrôle de la tutelle administrative

Le **contrôle de la tutelle administrative** est exercé par certaines autorités de l'administration publique centrale sur les actes des

[5] Voir Ioan Santai, *op. cit.* (*Droit administratif et science de l'administration*) vol. I, 1992, p. 116 ; Rodica Narcisa Petrescu, *op. cit.* (*Droit administratif*), 2009, p. 348 ; Constantin G. Rarincescu, *op. cit.* (*Contentieux administratif roumain*), 1936, p. 316.

autorités administratives décentralisées, dans les cas expressément prévus par la loi[6].

Le contrôle de **la tutelle administrative** porte exclusivement sur la *légalité* des actes administratifs, et non sur l'*opportunité* de les émettre.

Contrairement au contrôle administratif hiérarchique, le contrôle administratif de **tutelle administrative** n'est exercé que dans les cas expressément prévus par la loi et uniquement par les autorités spécifiées par la loi[7]. En France, la doctrine a souligné qu'il ne peut y avoir de tutelle en l'absence de texte légal (*pas de tutelle sans texte*)[8].

Conformément aux dispositions de l'article 3 de la loi n° 554/2004, le préfet exerce un contrôle de tutelle administrative sur les actes des autorités de l'administration publique locale et l'Agence nationale des fonctionnaires sur les actes des autorités publiques centrales et locales relatifs à la fonction publique.

Selon l'article 123(5) de la Constitution, le préfet peut contester un acte du Conseil départemental, du Conseil local ou du maire devant le juge du contentieux administratif s'il estime que cet acte est illégal. L'acte attaqué est suspendu de plein droit.

L'exercice du contrôle de tutelle administrative par le préfet est justifié par le fait que, selon les dispositions de l'article 123 de la Constitution, le préfet est le représentant du gouvernement au niveau local, étant le garant du respect de la loi et de l'ordre public au niveau local ; en cette qualité, il a le rôle d'assurer que tous les actes administratifs adoptés par les autorités publiques locales soient conformes aux règlements nationaux, maintenant ainsi le caractère unitaire de l'État. Compte tenu de l'existence d'une autonomie locale, le préfet ne pourra pas annuler directement les actes

---

6 Voir Rodica Narcisa Petrescu, *op. cit.* (*Droit administratif*), 2009, p. 397 ; Constantin G. Rarincescu, *op. cit.* (*Contentieux administratif roumain*), 1936, p. 316-317.

7 Voir Rodica Narcisa Petrescu, *op. cit.* (*Droit administratif*), 2009, p. 57.

8 Voir Bernard Pacteau, *Manuel de contentieux administratif*, Presses universitaires de France, 2e édition, 2010, p. 112.

administratifs des collectivités locales qu'il estime légaux, mais devra saisir la cour du contentieux administratif compétente.

L'Agence nationale de la fonction publique a, selon les dispositions de l'article 401(1), lit. e) Code administratif, l'attribution de surveiller et de contrôler l'application de la législation sur la fonction publique et les fonctionnaires dans les autorités et institutions publiques. En vertu de cette mission, l'Agence nationale de la fonction publique a, selon l'article 403 du Code administratif, légitimation procédurale active et peut saisir la cour du contentieux administratif compétente des actes par lesquels les autorités ou les institutions publiques enfreignent la législation sur la fonction publique et les fonctionnaires, constatés à la suite de sa propre activité de contrôle.

L'article 3, paragraphe 2, de la loi n° 554/2004 dispose que l'Agence nationale des fonctionnaires peut saisir la cour du contentieux administratif d'un recours contre les actes des *autorités publiques locales et centrales, mais* uniquement *en cas de non-respect de la législation sur la fonction publique.*

9.4.1.3.3 Contrôle administratif externe spécialisé

Le contrôle administratif externe spécialisé est exercé par certaines autorités de l'administration publique dans les cas expressément prévus par la loi.

Ce contrôle peut être effectué par :

– des organismes spécialement créés à des fins de contrôle (Cour des comptes, Médiateur, Direction générale de la fraude fiscale organisée dans le cadre de l'Agence nationale de l'administration fiscale, Garde de l'environnement, etc.) ;

– par divers services d'inspection (Inspection du travail, Inspection sanitaire de l'État, Inspection des bâtiments de l'État, etc.) ou services de police (Police des frontières roumaine, Police locale, etc.) subordonnées à des ministères, à d'autres organes de l'administration publique centrale ou à des autorités administratives locales.

9.4.1.3.4 Contrôle par des juridictions administratives spéciales

Les juridictions administratives sont des autorités de l'administration publique créées par une loi organique qui ont la compétence légale de régler, selon une procédure fondée sur les principes du contradictoire des droits de la défense et de l'indépendance de l'activité administrative-juridictionnelle, certains litiges juridiques par l'adoption d'actes administratifs juridictionnels.

Ce contrôle est exercé uniquement sur demande et vise à vérifier la *légalité* des actes administratifs expressément prévus par la loi.

Selon l'article 21 de la Constitution, les juridictions administratives spéciales sont facultatives et gratuites. Ainsi, lorsque la loi organique prévoit que la personne lésée par un acte administratif déterminé peut s'adresser à une autorité administrative, investie de pouvoirs de juridiction administrative spéciale, la personne peut choisir entre contester l'acte administratif soit devant cette autorité administrative, soit directement devant la cour du contentieux administratif. C'est également ce que soulignent les dispositions de l'article 6, paragraphe 2 de la loi n° 554/2004 *sur le contentieux administratif*, qui dispose que les actes administratifs qui, selon la loi organique, peuvent être soumis à une juridiction administrative spéciale, peuvent être contestés devant la cour du contentieux administratif, conformément aux dispositions de cette loi, si la partie entend ne pas exercer la procédure administrative-juridictionnelle.

Les juridictions administratives sont créées au sein de l'administration publique[9], contrairement aux tribunaux judiciaires qui appartiennent au pouvoir judiciaire.

Les autorités administratives, investies par la loi organique d'attributions spéciales de juridiction administrative, présentent l'avantage de la gratuité, leur saisine étant exempte de droit de timbre.

[9] Voir Prosper Weil, *op. cit.* (*Le droit administratif*), 1992, p. 96.

Un exemple d'autorité administrative investie de pouvoirs de juridiction administrative est le Conseil national pour *la résolution des plaintes,* actuellement réglementé par la loi n° 101/2016 *relative aux recours et à l'appel en matière d'attribution des marchés publics, des contrats sectoriels et des contrats de concession de travaux et de services, et pour l'organisation et le fonctionnement du Conseil national pour la résolution des plaintes*[10], dont le rôle est de régler les différends relatifs aux procédures d'attribution de ces contrats.

9.4.2 Contrôle par les autorités et les personnes en dehors de l'administration publique

9.4.2.1 Contrôle parlementaire

Le Parlement, en tant qu'organe suprême de représentation du peuple roumain et unique autorité législative du pays, conformément à l'article 61, paragraphe 1, de la Constitution, a pour fonction de contrôler la manière dont les autorités de l'administration publique appliquent les dispositions des lois et respectent les valeurs politiques de réalisation du bien commun.

Le contrôle parlementaire des autorités de l'administration publique s'exerce principalement par le biais des :

a) ***enquêtes*** menées par les commissions permanentes des deux Chambres ou par des commissions d'enquête temporaires. La procédure d'enquête parlementaire est fixée par le règlement intérieur de chaque Chambre[11]. Les enquêtes peuvent avoir pour but d'examiner la légalité de l'activité menée par une institution de l'administration publique lorsqu'il est jugé nécessaire de clarifier les causes et les circonstances dans lesquelles des événements se sont produits ou des actions ayant des effets négatifs ont eu lieu, et d'établir les conclusions, les responsabilités et les mesures à prendre ;

---

[10] Publié au *Journal officiel*, partie I, n° 393 du 23 mai 2016.

[11] Voir la décision du Sénat n° 28/2005 *sur le règlement intérieur du Sénat* (publiée au *Journal officiel*, partie I, n° 948 du 25 octobre 2005, telle que modifiée), la décision de la Chambre des députés n° 8/1994 *approuvant le règlement intérieur de la Chambre des députés* (publiée au *Journal officiel*, partie I, n° 50 du 25 février 1994, telle que modifiée).

b) ***questions*** et ***interpellations.*** Tout parlementaire peut poser des questions et des interpellations au gouvernement, aux ministres ou aux autres chefs d'organes de l'administration publique, qui sont tenus de répondre. **La question** consiste en une simple demande de réponse à savoir si un fait est vrai, si une information est exacte, si le gouvernement ou d'autres organes de l'administration publique ont l'intention de communiquer les informations ou documents demandés au Sénat/à la Chambre des députés ou si le gouvernement a l'intention de prendre une décision sur un sujet donné[12]. **L'interpellation** est une requête adressée au gouvernement ou à un membre du gouvernement demandant une explication de la politique du gouvernement sur des questions importantes de son activité interne ou externe[13] ;

c) ***rapports*** et des ***informations.*** Les chefs des autorités administratives autonomes qui fonctionnent, en vertu de leurs lois organiques d'établissement et d'organisation, « à côté », « sous le contrôle » ou « sous l'autorité » du Parlement (Cour des comptes, Avocat du peuple, Banque nationale de Roumanie, Service de renseignements roumain, etc.) En matière d'***information***, les députés peuvent demander aux organes de l'administration publique centrale et locale, par une requête adressée au président de la Chambre ou au président de la commission permanente à laquelle ils appartiennent, toute information ou tout document, en copie certifiée conforme, utile à l'accomplissement de leur travail[14] ;

d) de la ***motion simple et la motion de censure.*** Selon l'article 112, paragraphe 2, de la Constitution, la Chambre des députés ou le Sénat peut adopter une ***motion simple*** exprimant sa position sur un sujet de politique intérieure ou extérieure ou, le cas échéant, sur un sujet ayant fait l'objet d'une question. La motion

[12] Voir l'article 158, paragraphe 2, du règlement intérieur du Sénat et l'article 167, paragraphe 2, du règlement intérieur de la Chambre des députés.

[13] Voir l'article 162, paragraphe 1, du règlement intérieur du Sénat et l'article 175, paragraphe 2, du règlement de la Chambre des députés.

[14] Voir les articles 166 et 167 du règlement intérieur du Sénat et les articles 183 et 184 du règlement intérieur de la Chambre des députés.

doit être motivée. Si une motion simple est approuvée, la décision de la Chambre des Députés/Sénat sera envoyée au gouvernement, qui tiendra compte de la position exprimée dans la motion[15]. Dans les conditions prévues à l'article 113 de la Constitution, la Chambre des députés et le Sénat, en séance commune, peuvent retirer la confiance accordée au gouvernement en adoptant une ***motion de censure***, à la majorité des voix des députés et des sénateurs. Si la motion de censure est adoptée, le gouvernement est considéré comme démissionnaire.

9.4.2.2 Contrôle exercé par l'opinion publique

Le contrôle exercé par l'opinion publique peut prendre la forme d'enquêtes de presse, de pétitions de citoyens sur les actions de l'administration publique, de demandes d'accès à des informations d'intérêt public ou de la participation de citoyens et d'associations légalement constituées au processus d'élaboration et de prise de décision.

La participation des citoyens et des associations légalement constituées au processus d'élaboration des actes normatifs et au processus décisionnel s'effectue dans les conditions prévues par la loi n° 52/2003 *sur la transparence du processus décisionnel dans l'administration publique.* En vertu de cette loi, les autorités publiques sont tenues :

a) de mettre les projets de législation à la disposition du public au moins 30 jours avant leur adoption, afin que toutes les parties intéressées puissent soumettre par écrit leurs propositions, suggestions ou avis ;

b) d'organiser des débats publics sur le projet de législation à la demande des associations non gouvernementales ;

c) d'assurer la participation des personnes intéressées aux réunions des autorités publiques, en leur donnant la possibilité d'exprimer leur point de vue sur les questions à l'ordre du jour.

---

[15] Voir l'article 157, paragraphe 2, du règlement intérieur du Sénat et l'article 166 du règlement intérieur de la Chambre des députés.

9.4.2.3 Contrôle judiciaire

Le contrôle juridictionnel est un contrôle *a posteriori*[16], exercé après l'adoption/la publication de l'acte administratif, à la demande de la personne qui estime que ses droits et intérêts légitimes ont été violés par cet acte.

Le contrôle juridictionnel des actes administratifs est généralement effectué par les tribunaux administratifs, dans les conditions prévues par la loi n° 554/2004 *sur le contentieux administratif*.

[16] Voir Prosper Weil, *op. cit.* (*Le droit administratif*), 1992, p. 91.

CHAPITRE 10.

La responsabilité en droit administratif

10.1 Le concept de responsabilité en droit administratif

La responsabilité juridique est un ensemble de droits et d'obligations connexes prévus par les règles juridiques, droits et obligations qui résultent de la commission d'un acte illégal et qui constituent le cadre de la mise en œuvre de la contrainte étatique, c'est-à-dire de l'application de la sanction[1].

La responsabilité juridique est la forme la plus grave de la responsabilité sociale.

La responsabilité en droit administratif est une forme de responsabilité légale qui survient lorsque les règles du droit administratif sont violées par un *acte administratif illégal*, également appelé *faute administrative.*

L'auteur de la faute administrative est le *sujet passif* de la responsabilité tandis que l'autorité publique qui a le pouvoir d'imposer la sanction est le *sujet actif* de la responsabilité.

---

[1] Voir Mircea N. Costin, *La responsabilité juridique dans le droit de la République socialiste de Roumanie*, Maison d'édition Dacia, Cluj, 1974, p. 31-32.

10.2 Formes de responsabilité spécifiques au droit administratif

En fonction du type de faute administrative et de ses conséquences, on peut identifier trois formes de responsabilité propres au droit administratif :

a) **La responsabilité administrative-disciplinaire** – est engagée en cas de *faute disciplinaire* en violation des règles de droit administratif.

b) **La responsabilité contraventionnelle** – est engagée en cas de commission d'un acte illicite expressément qualifié par la loi de *contravention.*

c) **La responsabilité administrative-patrimoniale** – se produit lorsqu'une autorité publique viole les règles du droit administratif en commettant un acte illégal et est tenue de réparer le *préjudice matériel ou moral* causé.

10.3 Responsabilité administrative disciplinaire

10.3.1 Concept de responsabilité administrative disciplinaire

La responsabilité administrative disciplinaire est la situation juridique constituée par l'ensemble des droits et obligations connexes, contenu du rapport juridique de sanction, établi entre l'autorité publique qui applique la sanction et la personne qui a commis de manière coupable une faute disciplinaire en violant les règles du droit administratif[2].

La responsabilité administrative disciplinaire doit être considérée comme distincte de la responsabilité disciplinaire spécifique du droit du travail relative à la violation par le salarié des règles de discipline du travail, qui est régie par le Code du travail[3].

---

[2] Pour des définitions similaires de la responsabilité administrative et disciplinaire dans la doctrine, voir Antonie Iorgovan, *op. cit.* (*Traité de droit administratif*), 2005, vol. 2, p. 361 ; Verginia Vedinaş, *op. cit.* (*Droit administratif*), 2015, p. 297.

[3] Sur la responsabilité disciplinaire en droit du travail, voir Ion Traian Ştefănescu, *Traité théorique et pratique de droit du travail,* 3e édition, revue et augmentée, Maison d'édition Universul Juridic, Bucarest, 2014, p. 767-814.

10.3.2 Caractéristiques de la responsabilité administrative disciplinaire

Les principales caractéristiques de la responsabilité administrative disciplinaire sont les suivantes :

a) *Le sujet actif* de la responsabilité administrative disciplinaire (celui qui applique la sanction) peut être :

– généralement **un organe administratif** ;

– par exception, un **autre organisme public** (par exemple, selon l'article 13, paragraphe 4, de la loi n° 554/2004 *sur le contentieux administratif*, la cour de contentieux administratif est compétent pour obliger le responsable de l'autorité publique qui n'envoie pas les documents demandés dans le délai fixé par le tribunal à payer à l'État, sous forme d'amende judiciaire, 10 % du salaire minimum brut pour chaque jour de retard injustifié) ou un **agent public**.

b) *Le sujet passif* de la responsabilité administrative disciplinaire (l'auteur de l'infraction disciplinaire) peut être :

– un organisme d'administration publique. Par exemple, selon l'article 143(1) du Code administratif, le Conseil local *est automatiquement dissous* s'il ne se réunit pas pendant deux mois consécutifs, même s'il a été convoqué conformément à la loi ;

– un fonctionnaire dans les conditions fixées par le Code administratif et par les règlements particuliers adoptés pour les différentes catégories de fonctionnaires : statut du fonctionnaire parlementaire, statut du corps diplomatique et consulaire, statut du fonctionnaire de police, statut du personnel des douanes, statut des fonctionnaires à statut spécial de l'administration pénitentiaire nationale, etc. ;

– une personne occupant une position de dignité publique (dignitaire). Par exemple, *la suspension* du Président de la Roumanie, dans les conditions prévues à l'article 95 de la Constitution, par un vote des deux Chambres du Parlement réunies en séance commune, en cas de faits graves en violation de la

Constitution, a été décrite par la doctrine comme la responsabilité administrative disciplinaire du chef de l'État[4] ;

– un organisme non étatique (association, fondation, parti politique, société, etc.) ;

– une personne physique, quel que soit son statut.

c) *Le fondement objectif* de la responsabilité administrative disciplinaire est la faute administrative disciplinaire qui, en règle générale, enfreint une règle de droit administratif.

d) *La base subjective* de la responsabilité administrative disciplinaire est la faute. Pour que la responsabilité administrative disciplinaire soit engagée, la faute disciplinaire doit avoir été commise par l'auteur avec culpabilité. La culpabilité est une condition subjective de la responsabilité. Elle représente l'attitude mentale d'une personne qui, ayant commis un acte socialement dangereux avec une volonté non contrainte (libre), avait, au moment de son exécution, la perception de l'acte et de ses conséquences socialement dangereuses. Il n'y a pas de culpabilité lorsque l'auteur agit avec un manque de discernement (dû, par exemple, à un dérangement mental) ou agit avec une volonté contrainte par des actions extérieures qui se reflètent dans son psychisme (par exemple, une contrainte physique à laquelle l'auteur ne pouvait pas résister ou une contrainte morale exercée par la menace d'un danger grave, pour la personne de l'auteur ou d'une autre personne, qui ne pouvait pas être écarté d'une autre manière).

e) *La nature des sanctions administratives disciplinaires*. Les sanctions administratives disciplinaires ne sont pas privatives de liberté au même titre que, par exemple, les sanctions pénales.

Il résulte de ce qui précède qu'il existe de nombreuses sanctions administratives disciplinaires prévues dans une multitude d'actes juridiques :

---

[4] Voir Verginia Vedinaş, *op. cit.* (*Droit administratif*), 2015, p. 297 ; Antonie Iorgovan, *op. cit.* (*Traité de droit administratif*), 2005, vol. 1, p. 330-335.

– *un avertissement* dans le cas de faute disciplinaires qui présentent un danger social concret réduit pour les valeurs sociales protégées par le droit administratif ;

– *l'amende*. Par exemple, la loi n° 26/1990 *sur le registre du commerce*[5] stipule que les commerçants qui ne respectent pas les dispositions de la loi et les délais d'inscription au registre du commerce sont passibles d'une amende ;

– *la réduction des droits salariaux prévus par la loi*. Par exemple, l'article 492(3) du Code administratif prévoit comme sanction administrative disciplinaire applicable aux fonctionnaires la réduction des droits salariaux de 5 à 20 % pour une période allant jusqu'à 3 mois ;

– *des pénalités de retard en cas de non-paiement des impôts et taxes dans les délais ;*

– *la suspension de l'exercice de certains droits* (par exemple, la suspension du droit à l'avancement en grade pour les fonctionnaires) ;

– *la rétrogradation d'une fonction* (par exemple, rétrogradation dans la fonction publique pour une durée maximale d'un an) ;

– *la révocation, la destitution ou la dissolution de l'organe collégial*, etc.

10.4 Responsabilité contraventionnelle

10.4.1 Le concept de responsabilité contraventionnelle et de contravention

La responsabilité contraventionnelle est la principale forme de responsabilité administrative[6], qui n'intervient qu'en cas de commission d'un acte expressément qualifié de *contravention* par des actes normatifs ou des actes administratifs normatifs.

---

[5] Republiée au *Journal officiel*, partie I, n° 49 du 4 février 1998, telle que modifiée ultérieurement.

[6] Voir Rodica Narcisa Petrescu, *op. cit.* (*Droit administratif*), 2009, p. 587.

Le règlement-cadre sur les contraventions est actuellement mis en œuvre par l'ordonnance gouvernementale (O.G.) n° 2/2001 *sur le régime juridique des contraventions*[7]. Les dispositions du O.G. n° 2/2001 sont complétées par les dispositions du Code pénal et du Code de procédure civile, selon le cas (article 47 du GEO n° 2/2001).

L'O.G. n° 2/2001 constitue le cadre juridique général des contraventions et contient les principales règles qui complètent les règlements spéciaux[8].

Conformément aux dispositions de l'article 1 de l'O.G. n° 2/2001, la *contravention* est l'acte commis avec culpabilité, établi et sanctionné par une loi, une ordonnance, par une décision du gouvernement ou, selon le cas, par une décision du Conseil local de la commune, de la ville, de la municipalité ou du secteur de Bucarest, du Conseil départemental ou du Conseil général de Bucarest.

Le droit des contraventions protège les valeurs sociales qui ne sont pas protégées par le droit pénal. La contravention est généralement moins dangereuse socialement que l'infraction. Par conséquent, même les sanctions pour délit mineur seront plus légères que les sanctions pénales.

10.4.2 Caractéristiques des contraventions

Les contraventions présentent les caractéristiques suivantes :

a) L'*acte est commis avec culpabilité.* La culpabilité existe lorsque l'acte illicite est commis intentionnellement ou par faute. L'**intention** peut être ***directe*** (lorsque le délinquant prévoit le résultat de l'acte, poursuivre sa production en commettant cet acte) ou ***indirecte*** (lorsque le délinquant prévoit le résultat de l'acte et, bien que n'ayant pas l'intention de le provoquer, accepte la possibilité qu'il se produise). Il peut y avoir **faute *avec prévoyance***

---

[7] Publiée au *Journal officiel*, partie I, n° 410 du 25 juillet 2001, approuvée avec des modifications par la loi n° 180/2002, telle que modifiée.

[8] Voir II. Ioan Santai dans I. Iulian Poenaru, II. Ioan Santai, « Le nouveau régime des contraventions. Ordonnance n° 2/2001 », *Dreptul* n° 12/2001, p. 11.

(également appelée *imprudence*) lorsque l'auteur prévoit le résultat de son acte mais ne l'accepte pas, supposant sans fondement qu'il ne se produira pas, et ***faute simple*** (également appelée *négligence*) lorsque l'auteur ne prévoit pas le résultat de son acte alors qu'il aurait dû et pu le prévoir.

b) *La légalité de la constatation et de la sanction des contraventions.* Selon l'article 1 de l'O.G. n° 2/2001, les contraventions peuvent être constatées et sanctionnées par la loi, par une ordonnance, par une décision du gouvernement ou, le cas échéant, par une décision du Conseil local de la commune, de la ville, de la municipalité ou du secteur de Bucarest, du Conseil départemental ou du Conseil général de Bucarest.

10.4.3 Sujets de la responsabilité contraventionnelle

Le sujet actif de la responsabilité contraventionnelle est généralement une autorité publique centrale ou locale qui a le pouvoir d'établir et d'appliquer la sanction contraventionnelle par le biais de ses agents d'exécution. Le sujet actif de la responsabilité pour infraction administrative peut également être, selon la loi, une personne morale de droit privé si elle participe à la fourniture d'un service public[9].

Le sujet passif d'une contravention peut être une personne physique ou morale qui a commis une contravention.

La personne physique est responsable d'une contravention à partir de l'âge de 14 ans selon les dispositions de l'article 11(2) de l'O.G. n° 2/2001.

Pour les contraventions commises par des mineurs ayant atteint l'âge de 14 ans, les amendes minimales et maximales prévues par la loi sont réduites de moitié.

Un mineur qui n'a pas atteint l'âge de 16 ans ne peut pas être sanctionné d'exercer une activité au profit de la communauté.

---

[9] Voir Antonie Iorgovan, *op. cit.* (*Traité de droit administratif*), 2005, vol. 2, p. 395.

La personne morale est responsable des contraventions dans les cas et conditions prévus par les règlements établissant et sanctionnant les contraventions (article 3, paragraphe 2 de l'O.G. n° 2/2001).

La responsabilité contraventionnelle de la personne morale n'exclut pas celle de la personne physique qui a commis la contravention[10].

10.4.4 Sanctions contraventionnelles prévues par l'Ordonnance gouvernementale n° 2/2001 sur le régime juridique des contraventions

L'O.G. n° 2/2001 stipule à l'article 5 que les peines contraventionnelles sont *principales* et *complémentaires*.

Les principales sanctions contraventionnelles sont les suivantes :

a) l'avertissement ;

b) l'amende ;

c) exercer une activité au profit de la communauté.

Les sanctions contraventionnelles complémentaires sont :

a) la confiscation des biens destinés à des infractions, utilisés pour celles-ci ou résultant de celles-ci ;

b) la suspension ou l'annulation, selon le cas, du permis, de l'autorisation ou de la licence d'exercer une activité ;

c) la fermeture de l'établissement ;

d) le bloquer du compte bancaire ;

e) la suspension de l'activité de l'opérateur économique ;

f) le retrait de la licence ou du permis pour certaines opérations ou pour les activités de commerce extérieur, à titre temporaire ou définitif ;

g) le démantèlement des ouvrages et la remise du terrain dans son état initial.

---

[10] Mihai Adrian Hotca, *Régime juridique des contraventions*, Maison d'édition C. H. Beck, Bucarest, 2006, p. 62 ; Rodica Narcisa Petrescu, *op. cit.* (*Droit administratif*), 2009, p. 593.

Selon les dispositions de l'article 5(4) de l'O.G. n° 2/2001, des lois spéciales peuvent établir d'autres sanctions principales ou complémentaires. Ainsi, l'article 96, paragraphe 2, de l'ordonnance d'urgence du gouvernement (O.U.G.) n° 195/2002 *relatif à la circulation sur les voies publiques*[11] prévoit les sanctions supplémentaires suivantes : a) l'application de points de pénalité ; b) la suspension du droit de conduire pour une durée limitée ; c) la confiscation des biens destinés à la commission des contraventions visées par le O.U.G. n° 195/2002, ou utilisés à cette fin ; d) l'immobilisation du véhicule ; e) la radiation ou l'immatriculation automatique du véhicule, dans le cas de véhicules déclarés, conformément à la loi, par ordre de l'autorité administrative publique locale, sans propriétaire ou abandonnés.

La sanction imposée doit être proportionnée au degré de dangerosité sociale de l'infraction commise.

Des sanctions **complémentaires** sont appliquées en fonction de la nature et de la gravité de l'infraction.

Pour une même contravention, une seule peine principale de contravention et une ou plusieurs peines complémentaires peuvent être infligées.

10.4.4.1 Avertissement

L'avertissement est une sanction principale qui peut être infligée à tout contrevenant, qu'il s'agisse d'une personne physique ou morale.

Selon les dispositions de l'article 7(1) de l'O.G. n° 2/2001, l'avertissement consiste à attirer l'attention verbale ou écrite au délinquant sur le danger social de l'acte commis, accompagné d'une recommandation de se conformer aux dispositions légales.

L'avertissement s'applique si la contravention n'est pas grave.

---

[11] Republié au *Journal officiel*, partie I, n° 670 du 3 août 2006, tel que modifié ultérieurement.

10.4.4.2 Amende contraventionnelle

L'amende contraventionnelle est une peine principale qui peut être infligée à tout contrevenant, qu'il s'agisse d'une personne physique ou morale.

L'amende contraventionnelle est une somme d'argent que le contrevenant est tenu de payer à titre de sanction et qui est versée au budget de l'État ou au budget des unités administratives-territoriales.

L'article 8, paragraphe 1 de O.G. n° 2/2001 prévoit que l'amende a un caractère administratif. Ainsi, l'*amende administrative* diffère de l'*amende pénale*. L'amende est imposée par les autorités publiques par l'intermédiaire de leurs agents d'exécution. En revanche, l'amende pénale est imposée par le tribunal. En outre, contrairement à l'amende contraventionnelle, l'amende pénale est inscrite au casier judiciaire et entraîne certaines déchéances et interdictions pour la personne condamnée.

10.4.4.3 Réaliser une activité au bénéfice de la communauté

Réaliser une activité au bénéfice de la communauté est une peine principale qui ne peut être imposée qu'aux personnes physiques.

Le régime juridique général de la sanction de l'exercice d'une activité au profit de la communauté est régi par l'ordonnance du gouvernement n° 2/2001 et l'ordonnance du gouvernement n° 55/2002 *sur le régime juridique de la sanction du travail d'intérêt général*[12].

Selon les dispositions de l'article 1(2) de l'O.G. n° 55/2002, la peine de l'exercice d'une activité au profit de la communauté est toujours déterminée comme *alternative* à une amende et ne peut être imposée que par le tribunal.

Cas dans lesquels la peine de l'exercice d'une activité au profit de la communauté est appliquée :

---

[12] Publiées au *Journal officiel*, partie I, n° 642 du 30 août 2002, approuvées par la loi n° 641/2002, telle que modifiée.

1. Si l'amende n'est pas payée dans le délai prescrit par la loi et qu'il n'y a aucune possibilité d'exécution. Ainsi, selon les dispositions de l'article 9(3) de l'O.G. n° 55/2002, si l'auteur de la contravention est une personne physique et qu'il n'a pas payé l'amende dans les trente jours suivant le prononcé de la sanction et qu'il n'existe aucune possibilité d'exécution, l'organe spécialisé de l'unité administrative-territoriale dans la zone territoriale de laquelle l'auteur de la contravention est domicilié saisira le tribunal dans le district duquel l'auteur de la contravention est domicilié, en vue de remplacer l'amende par une sanction consistant à obliger le contrevenant à exercer une activité au profit de la communauté, en tenant compte de la partie de l'amende qui a été payée.

2. Si le tribunal estime que, compte tenu de la gravité de la contravention, l'amende n'est pas déraisonnable. Ainsi, selon les dispositions de l'article 6 de l'O.G. n° 55/2002 dans le cas de contraventions pour lesquelles la loi prévoit la peine d'une amende comme alternative à la peine de l'exercice d'une activité au profit de la communauté, si l'agent enquêteur estime que l'amende est appropriée, il applique l'amende conformément aux dispositions de l'O.G. n° 2/2001. Si, compte tenu de la gravité de la contravention, on estime que l'amende n'est pas déraisonnable, l'agent rédige un procès-verbal de constatation de contravention et le soumet à la juridiction compétente dans les 48 heures. En vertu de l'article 7, paragraphe 1 de l'O.G. n° 55/2002, la compétence appartient à la cour dans le district duquel l'infraction a été commise. Selon l'article 8, paragraphe 5 de l'O.G. n° 55/2002, la cour évalue la légalité et le bien-fondé du rapport et se prononce sur l'une des solutions suivantes :

a) imposer une amende ;

b) imposer la peine de l'exercice d'une activité au profit de la communauté s'il estime que l'imposition de l'amende n'est pas appropriée ou que le contrevenant n'a pas les moyens matériels et financiers de la payer ;

c) annuler le procès-verbal d'application de l'amende contraventionnelle.

10.4.5 Établissement de la contravention

Selon les dispositions de l'article 15 de l'O.G. n° 2/2001, la contravention est établie par un procès-verbal conclu par les personnes spécifiques prévues par l'acte normatif qui établit et sanctionne la contravention, appelées génériquement les *agents enquêteurs*. Peuvent être agents *enquêteurs :* les maires, les officiers et sous-officiers du ministère de l'Intérieur, spécialement habilités, les personnes habilitées à cet effet par les ministres et autres chefs des autorités de l'administration publique centrale, les préfets, les présidents des Conseils départementaux, les maires, le maire général de la municipalité de Bucarest, ainsi que les autres personnes prévues par les lois spéciales.

10.4.6 Application des ~~amendes~~ sanctions contraventionnelles

Selon l'article n° 21 de l'O.G. n° 2/2001, si l'acte normatif qui établit et sanctionne les contraventions ne prévoit pas autre chose, le fonctionnaire, par le biais du procès-verbal d'établissement, applique également la sanction. Si, conformément à l'acte juridique établissant et sanctionnant la contravention, le fonctionnaire n'est pas habilité à infliger la sanction, le procès-verbal est immédiatement transmis à l'organe ou à la personne compétente pour infliger la sanction. Dans ce cas, la sanction est imposée par le biais d'une résolution écrite sur le procès-verbal.

La peine est imposée dans les limites prévues par la loi et est proportionnée au degré de dangerosité sociale de la contravention commise, compte tenu des circonstances dans lesquelles la contravention a été commise, de la manière et des moyens de la commettre, du but dans lequel elle a été commise, des conséquences de la contravention, de la situation personnelle de l'auteur et des autres informations contenues dans le procès-verbal (article 21, paragraphe 3 de l'O.G. n° 2/2001).

10.4.7 Recours contre les actes sanctionnant les contraventions

Selon les dispositions de l'article 31 de l'O.G. n° 2/2001, une plainte peut être déposée contre le constat de la contravention et l'application de la sanction dans un délai de 15 jours à compter de la date de sa remise ou de sa communication.

La plainte est déposée auprès à la cour dans le ressort duquel la contravention a été commise. L'exécution et la mise en œuvre des peines principales et complémentaires sont de la compétence exclusive de cette juridiction. La plainte suspend l'exécution.

Sauf disposition contraire de la loi, la décision relative à la plainte ne peut faire l'objet que d'un appel. L'appel est tranché par la **Chambre de contentieux administrative et fiscale du tribunal.** Les motifs d'appel ne sont pas obligatoires. Les motifs d'appel peuvent également être plaidés oralement devant la cour. L'appel suspend l'exécution du jugement (article 34(2) de l'O.G. n° 2/2001).

10.5 Responsabilité administrative patrimoniale

10.5.1 Concept de responsabilité administrative patrimoniale

La responsabilité administrative patrimoniale est la forme de responsabilité juridique qui consiste à condamner les autorités publiques, dans les conditions prévues par la loi, à réparer les dommages matériels ou immatériels causés aux particuliers.

10.5.2 Conditions de la responsabilité administrative patrimoniale

Les conditions suivantes doivent être remplies pour que la responsabilité administrative soit engagée :

a) L'existence d'un acte administratif illégal, le refus injustifié de l'administration publique de traiter une demande ou l'absence de traitement d'une demande dans le délai légal. Selon l'article 52, paragraphe 1 de la Constitution, la personne lésée dans son droit ou son intérêt légitime par une autorité publique, par un acte administratif ou par le non-règlement d'une réclamation dans le délai légal, a le droit d'obtenir la reconnaissance du droit revendiqué ou de l'intérêt légitime, l'annulation de l'acte et la réparation du préjudice.

En règle générale, une personne qui a été lésée par une autorité publique dans un droit ou un intérêt légitime par un acte administratif illégal introduit un recours en annulation de l'acte, qui comprendra une demande de réparation du préjudice matériel et moral subi. Pour que le recours soit recevable, le tribunal doit constater que l'acte administratif contesté est illégal. Par conséquent, si le tribunal estime que l'acte administratif contesté est légal, il rejettera la demande.

L'action en dommages peut également être introduite plus tard. Ainsi, dans les conditions prévues à l'article 19 de la loi n° 554/2004 *sur le contentieux administratif*, lorsque la personne lésée a demandé l'annulation de l'acte administratif, sans demander en même temps une indemnisation, celle-ci peut être demandée dans un délai d'un an à compter de la date à laquelle la personne lésée a connu ou aurait dû connaître l'étendue du dommage. Logiquement, si le recours principal en annulation de l'acte a été rejeté parce que le tribunal considère que l'acte est licite, le recours ultérieur en dommages et intérêts est sans objet.

b) L'existence de dommages matériels et/ou immatériels (moral). Le dommage est le résultat préjudiciable, de nature pécuniaire ou non pécuniaire, résultant de la violation des droits subjectifs et des intérêts légitimes d'une personne[13].

Conformément à l'article 18, paragraphe 3 de la loi n° 554/2004, en cas de résolution de la demande, le tribunal décide également de l'indemnisation des dommages matériels et immatériels causés, si le demandeur en a fait la demande.

---

[13] Voir Liviu Pop, *Théorie générale des obligations*, Maison d'édition Lumina Lex, Bucarest, 1998, p. 199.

Le préjudice peut être matériel et/ou moral. Le *dommage matériel* est une conséquence négative évaluable en argent, résultant de l'atteinte à un droit de propriété ou à un intérêt légitime[14] (par exemple, la destruction ou l'endommagement d'un bien). Le *préjudice moral* est une conséquence négative, non susceptible d'évaluation pécuniaire, résultant de l'atteinte à un droit ou à un intérêt non pécuniaire[15]. Le préjudice moral consiste toujours en une douleur physique ou psychique de la victime et résulte, en principe, d'une atteinte à la santé et à l'intégrité corporelle ; d'une restriction des possibilités de mener une vie familiale et sociale normale (préjudice récréatif) ; d'une atteinte à l'harmonie et à l'apparence physique d'une personne (préjudice esthétique) ; du décès d'une personne pour laquelle on éprouve une forte affection (préjudice émotionnel) ; d'une atteinte à la dignité, à l'honnêteté et à l'honneur d'une personne ; d'une violation du droit à l'image ; d'une atteinte à la vie privée[16], etc.

c) L'existence d'un lien de causalité entre l'acte administratif illégal (refus injustifié de traiter une demande ou absence de traitement de la demande dans le délai légal) et le dommage causé. Afin d'établir la responsabilité administrative patrimoniale, il est nécessaire de déterminer si le dommage causé est la *conséquence directe* d'une activité illégale de l'administration publique (acte administratif illégal, refus injustifié de traiter une demande ou absence de traitement d'une demande dans le délai légal).

d) L'existence d'une culpabilité de l'autorité publique en cas de responsabilité subjective. La faute de l'autorité consiste en l'exercice défectueux de ses prérogatives de puissance publique, entraînant un

---

[14] Mircea N. Costin, Călin M. Costin, *op. cit.* (*Dictionnaire de droit civil de A à Z*), 2007, p. 773.

[15] *Ibid.*

[16] Constantin Stătescu, Corneliu Bîrsan, *Droit civil. Théorie générale des obligations*, 3e édition, Maison d'édition All Beck, Bucarest, 2000, p. 148-153 ; Rodica Narcisa Petrescu, *op. cit.* (*Droit administratif*), 2009, p. 629.

préjudice pour les particuliers en portant atteinte ou en ne reconnaissant pas leurs droits ou intérêts légitimes[17].

Selon l'article 1357, paragraphe 2 du Code civil, l'auteur du délit est responsable de la faute la plus légère. Ainsi, l'administration publique sera responsable, que sa faute soit grave ou légère.

10.5.3 Formes de responsabilité administrative patrimoniale

La responsabilité administrative patrimoniale peut être :

a) **la responsabilité objective**, qui s'applique indépendamment de la faute de l'autorité publique responsable ;

b) une **responsabilité subjective** fondée sur la faute de l'autorité publique responsable.

La responsabilité objective peut prendre les formes suivantes :

- ***La responsabilité patrimoniale de l'État pour les dommages causés par des erreurs judiciaires***

Selon l'article 52, paragraphe 3 de la Constitution, l'État est responsable des dommages causés par les erreurs judiciaires. La responsabilité de l'État est établie conformément à la loi et ne supprime pas la responsabilité des magistrats qui ont exercé leur fonction de mauvaise foi ou avec une négligence grave.

- ***La responsabilité patrimoniale de l'administration publique pour les limites du service public (risques)***

Dans le cas de ce type de responsabilité, la partie lésée ne doit pas prouver la faute de l'administration publique, mais doit prouver devant le tribunal que le dommage subi est dû à une limitation dans l'organisation du service public, comme un défaut inhérent à la structure du service public[18].

La responsabilité subjective peut prendre les formes suivantes :

- La responsabilité patrimoniale des autorités publiques pour les dommages causés par des actes administratifs illégaux, par le

---

[17] Anton Trăilescu, *op. cit.* (*Droit administratif*), 2010, p. 413.

[18] Voir Antonie Iorgovan, *op. cit.* (*Traité de droit administratif*), vol. 2, 2005, p. 464 ; Rodica Narcisa Petrescu, *op. cit.* (*Droit administratif*), 2009, p. 625 ; Verginia Vedinaş, *op. cit.* (*Droit administratif*), 2015, p. 336.

refus injustifié de traiter une demande ou par l'absence de traitement d'une demande dans le délai légal ;

- La responsabilité patrimoniale des autorités publiques pour les dommages causés par des ordonnances ou des dispositions d'ordonnances gouvernementales déclarées inconstitutionnelles ;
- La responsabilité patrimoniale des autorités publiques pour les dommages causés par les actes administratifs unilatéraux émis à l'occasion de la passation, de la conclusion, de la modification ou de la résiliation de contrats administratifs[19] ;
- La responsabilité patrimoniale des autorités publiques pour les dommages causés par la non-exécution des décisions administratives en temps voulu.

[19] Anton Trăilescu, *op. cit.* (*Droit administratif*), 2010, p. 408-409.

CHAPITRE 11.

Services publics

11.1 Le concept de service public

Lorsque les besoins d'une communauté, qui sont apparus pour la première fois ou qui ont été réalisés auparavant par des particuliers, prennent les caractéristiques d'un besoin d'intérêt public, devenant un phénomène social, un service public[1] doit être organisé.

Le terme *service public* est utilisé à la fois dans le sens d'une organisation, d'un corps social, et dans le sens fonctionnel, de l'activité exercée par cet organisme[2].

Au fil du temps, la notion de service public a évolué de manière contradictoire. Ainsi, les définitions classiques du service public mettent l'accent sur la nature juridique de l'organisme qui le fournit, qui est une personne publique (l'État, une collectivité locale ou un autre établissement public). Le contenu de la définition classique a été modifié dans l'entre-deux-guerres par les conditions imposées par la pratique de l'administration publique, à savoir la délimitation des parties, l'intérêt général de l'intérêt privé, en soulignant que l'objectif principal du service public est l'intérêt des administrés et non le profit ; les moyens de la puissance publique

---

[1] Ion Popescu-Slăniceanu, *Fonction publique*, Maison d'édition Infodial, Bucarest, 2000, p. 7.

[2] Ioan Alexandru, *Administration publique. Théories. Réalités. Perspectives*, Maison d'édition Lumina Lex, 1999, Bucarest, p. 290.

influençant la relation d'autorité entre la personne privée servant l'intérêt général et les tiers, en faveur du prestataire, et la dernière condition « le contrôle de l'administration » sur l'activité de prestation de service public[3].

Actuellement, nous définissons le service public comme l'organisation des autorités étatiques ou locales, établie par les autorités compétentes, dans le but d'assurer la satisfaction de certaines exigences des membres de la société, en vertu du droit administratif dans le processus d'application de la loi[4].

11.2 Caractéristiques des services publics

Les services publics présentent les **caractéristiques** suivantes :

– La satisfaction des besoins du public est dans l'intérêt général ;

– La mise en place des services publics relève de la compétence exclusive des autorités délibérantes (Parlement, Conseils locaux, Conseils généraux) ;

– La coordination et la gestion des services publics sont assurées par une autorité exécutive de l'administration publique (ainsi, au niveau national, le gouvernement gère les services dont l'État est responsable, au niveau départemental, le président du Conseil départemental coordonne la mise en œuvre des services publics et d'utilité publique d'intérêt départemental, et dans les communes, villes et municipalités, le maire coordonne la mise en œuvre des services publics d'intérêt local) ;

– Soumis à un régime juridique régi par les principes du droit public.

Dans la littérature juridique[5], il a été considéré que les principes suivants devraient sous-tendre l'organisation et le fonctionnement des services publics :

---

[3] Paul Negulescu, *op. cit.* (*Traité de droit administratif*), vol. I, 1934, p. 126.

[4] Ioan Alexandru (coord.), *Droit administratif*, Maison d'édition Omnia, Brasov, 1999, p. 110.

[5] Jean-Philippe Colson, *Droit public économique*, 3e édition, LGDJ, Paris, 2001, p. 107-111 ; Jean Fougerouse, *op. cit.* (*Le droit administratif en schémas*), 2008,

– **Le principe de continuité**, qui exprime le fait qu'ils ont été créés pour exercer leurs activités de manière continue, sans interruption ;

– **Le principe d'adaptabilité**, qui exprime la nécessité d'adapter le service public aux changements et aux exigences de l'intérêt général[6] ;

– **Le principe de neutralité**, qui signifie que les services publics sont créés et gérés uniquement pour servir l'intérêt général et non certains intérêts au profit de quelques-uns ;

– **Le principe d'égalité**, qui est lié au précédent et exprime le fait que toutes les personnes intéressées ont un accès égal, sans différenciation ni discrimination, à la satisfaction des besoins qui relèvent du service public concerné.

Le service public peut être organisé soit au niveau national, pour l'ensemble du pays (service public du transport aérien, du transport ferroviaire), soit au niveau local (transport public au sein d'une localité).

En ce qui concerne le prestataire d'un service public dans les pays européens, les situations suivantes se présentent[7] :

– Le prestataire peut être public, mais sans le distinguer de l'autorité publique chargée de déterminer les règles d'organisation du service ;

– Le prestataire peut être public, avec un statut de droit public, mais distinct de la collectivité responsable de l'organisation du service.

p. 32-39 ; Corneliu Manda, Doina Banciu, Cezar Manda, *L'administration publique et le citoyen. Les structures. Autorité. information publique,* Maison d'Edition Technique, Bucarest, 1997, p. 73-74 ; M. Văraru, *Traité de droit administratif roumain*, Maison d'édition Socec & Co, Bucarest, 1928, p. 94-103.

[6] En France, dans sa décision du 10 janvier 1902, *Gaz de Déville-lès-Rouen*, le Conseil d'État a décidé qu'en cas de concession d'un service public, le pouvoir adjudicateur doit veiller à ce que le concessionnaire assure l'exploitation normale et la modernisation du service concédé – décision citée par Jean-Philippe Colson, *op. cit.* (*Droit public économique*), 2001, p. 109.

[7] Lucica Matei, *Gestion publique*, Maison d'édition économique, Bucarest, 2001, p. 109. Pour les modalités de gestion des services publics, voir Ioan Alexandru, Lucica Matei, *Services publics Servicii publice*, Maison d'édition économique, Bucarest, 2000, p. 99-115.

Cette gestion est assurée par un organisme de droit public (en droit français, il s'agit du système des établissements publics) ;
– Le prestataire peut disposer de capitaux publics mais être soumis à un régime de droit privé. Il s'agit d'une gestion par une entreprise privée à capitaux publics ;
– Le prestataire peut être privé, mais avoir un acte d'autorité publique, des privilèges de droit public. C'est le modèle de gestion déléguée du droit français et des modèles comparables au droit anglo-saxon ;
– Le prestataire peut être privé et n'avoir aucun privilège privé. C'est la gestion de la concurrence.

11.3 Catégories de services publics

Sur le nombre de services publics dans un pays, Mircea Djuvara demande : « Combien de services y a-t-il et lesquels ? Tout dépend des besoins et des entreprises »[8]. Cependant, la littérature fait une large distinction :

– **Le service public législatif exercé** au niveau national par le Parlement, qui adopte des règles juridiques contraignantes régissant de manière uniforme les relations sociales au niveau national ;

– **Le service public judiciaire** qui est assuré par les tribunaux et qui résout les conflits juridiques avec le « pouvoir de vérité juridique » ;

– **Les services publics administratifs** qui assurent l'exécution des lois et des décisions de justice, l'ordre public, la sécurité nationale, la création de conditions optimales pour la santé, l'éducation publique, la culture, etc. Ce sont, par exemple, les bureaux d'état civil, les hôpitaux, la police, l'armée, etc. Leur seul but est de

---

[8] Mircea Djuvara, *Théorie générale du droit*, vol. I, Librairie COSA, Bucarest, 1930, p. 173. Toujours dans la doctrine de l'entre-deux-guerres, M. Văraru a souligné qu'« en général, le nombre de services publics est directement lié au degré de civilisation et, inversement, lié à l'initiative privée » – M. Văraru, *op. cit.* (*Traité de droit administratif roumain*), p. 90, 91.

satisfaire l'intérêt public, les ressources financières étant fournies par le budget de l'État ou, le cas échéant, par les budgets locaux[9] ;

– **Les services publics industriels et commerciaux** impliquent des activités en contrepartie desquelles l'utilisateur ou le bénéficiaire est obligé de payer une taxe au prestataire de services[10]. Il s'agit des services d'utilité publique communautaires réglementés par la loi n° 51/2006, qui assurent la satisfaction des besoins essentiels d'utilité publique générale et d'intérêt à caractère social des communautés locales, en ce qui concerne : l'approvisionnement en eau ; l'assainissement et le traitement des eaux usées ; la collecte, l'assainissement et l'évacuation des eaux de pluie ; la fourniture centralisée de chaleur ; l'assainissement local ; l'éclairage public ; la fourniture de gaz naturel ; le transport public local de passagers. Ceux-ci sont inclus dans la doctrine **au titre des services publics à gestion privée**[11], contrairement aux trois autres mentionnés ci-dessus qui sont considérés comme des **services publics à gestion publique**. Le service public industriel et commercial conserve l'objectif fondamental du service public : la satisfaction de l'intérêt général, mais son activité n'est généralement pas financée par le budget central/local, mais obtient des bénéfices commerciaux en offrant des fournitures ou des services à des particuliers contre rémunération (paiement direct des services par les utilisateurs). Ainsi, à la différence des autres qui sont soumis à un régime de droit public, les services publics industriels et commerciaux sont soumis à un régime mixte de droit privé et de droit public, mais le droit privé est la règle[12] (droit administratif régissant le régime des actes d'autorité émis par ces organismes et le statut d'une partie du personnel qui les sert, qui sont des fonctionnaires).

---

[9] Aladar Sebeni, *op. cit.*, 1999, p. 6.

[10] *Ibid.*

[11] Sorin David, *op. cit.* (*Le contrat de concession*), 1991, p. 40.

[12] Voir Prosper Weil, *op. cit.* (*Le droit administratif*), 1992, p. 68 ; Jean Fougerouse, *op. cit.* (*Le droit administratif en schémas*), 2008, p. 25.

La doctrine souligne que seuls les services publics commerciaux et industriels peuvent faire l'objet d'une concession[13] en raison de leur caractère lucratif.

11.4 Formes et modes de gestion des services publics

Le terme « gestion » désigne la gestion des actifs ou des biens d'une personne par son représentant ou l'ensemble des opérations effectuées par un gestionnaire concernant la réception, la garde et la libération de biens matériels ou de valeurs monétaires, dans une entreprise ou une institution[14].

La gestion du service public peut être assurée par une personne publique (État, collectivités locales, institutions) ou par une personne privée (physique ou morale).

Les formes de gestion des services publics industriels et commerciaux au niveau local que l'on retrouve dans la législation (loi n° 51/2006 sur *les services communautaires d'utilité publique*) et la doctrine sont la *gestion directe (publique)* et la *gestion déléguée.*

11.4.1 Gestion directe (publique)

La gestion directe (publique) est représentée par les situations où l'autorité locale, par le biais de ses autorités représentatives, fournit le service public elle-même ou le transfère à un établissement public sous son autorité. La gestion directe signifie donc la capacité d'administrer le service public ou de le transférer à une institution publique subordonnée à l'autorité publique locale. L'article 28, paragraphe 1 de la loi n° 51/2006 sur *les services communautaires d'utilité publique* dispose que, dans le cadre de la gestion directe, les autorités délibérantes et exécutives, au nom des unités administratives-territoriales qu'elles représentent, assument et

---

[13] Dans ce sens, Lucica Matei, *op. cit.* (*Gestion publique*), 2001, p. 343 ; Sorin David, *op. cit.* (*Contrat de concession*), 1991, p. 41 ; Aladar Sebeni, *op. cit.* 1999, p. 6 ; Mihai T. Oroveanu, *op. cit.*-(*Concession de service public*), 1995, p. 158.

[14] *Petit dictionnaire encyclopédique*, 3e édition, Maison d'édition scientifique et encyclopédique, Bucarest, 1986.

exercent directement toutes les compétences et les responsabilités qui leur sont attribuées par la loi en matière de fourniture/prestation de services d'utilité publique, c'est-à-dire l'administration, le fonctionnement et l'exploitation des systèmes d'utilité publique qui s'y rapportent.

Selon les dispositions de l'article 28(2) de la loi n° 51/2006, la gestion directe est effectuée par des opérateurs publics ou privés, qui peuvent être :

a) les services publics spécialisés d'intérêt local ou départemental, dotés de la personnalité juridique, créés et organisés sous l'autorité des Conseils locaux ou des Conseils départementaux, selon le cas, par des décisions des autorités délibérantes des unités administratives-territoriales respectives ;

b) les sociétés régies par la loi n° 31/1990, dont le capital social est entièrement détenu par les unités administratives-territoriales, créées par les autorités délibérantes des unités administratives-territoriales respectives.

Par exception, les services d'utilité publique peuvent également être fournis/exécutés par des régies autonomes locaux ou départementaux régis par la loi n° 15/1990 sur *la réorganisation des unités économiques de l'État en régies autonomes et en sociétés commerciales*, uniquement s'ils ont encore des projets d'investissement en cours cofinancés par des fonds européens jusqu'à leur achèvement.

Les régies autonomes ont été créées sur la base de la loi n° 15/1990 *sur la réorganisation des unités économiques de l'État en régies autonomes et en sociétés commerciales*[15] en tant que personnes morales dotées d'une autonomie de gestion économique et financière qui sont organisées et opèrent dans les branches

[15] Publiée au *Journal officiel*, partie I, n° 98 du 8 août 1990, telle que modifiée ultérieurement. 69/1994 *sur certaines mesures de réorganisation des régies autonomes d'intérêt local*[15] (republiée au *Journal officiel*, partie I, n° 20 du 31 janvier 1995) et par l'O.U.G. n° 30/1997 *sur la réorganisation des régies autonomes* (publiée au *Journal officiel*, partie I, n° 125 du 19 juin 1997, telle que modifiée ultérieurement).

stratégiques de l'économie nationale, ainsi que dans les domaines d'intérêt local prévus par la loi.

Selon les dispositions de l'article 2, paragraphe 2 de l'ordonnance d'urgence du gouvernement (O.U.G) n° 30/1997, les autorités de l'administration publique centrale ou locale sous l'autorité desquelles opèrent les régies autonomes peuvent décider de les réorganiser en sociétés, en les rebaptisant, si elles ont pour objet des activités d'intérêt public national, entreprises nationales ou sociétés nationales. Ainsi, la Société nationale d'administration des infrastructures routières – S.A. a été créée par l'O.U.G. n° 84/2003[16] en tant que société par actions, entièrement détenue par l'État, en réorganisant la Régie autonome « Administration nationale des routes de Roumanie », qui a été supprimée.

Les régies autonomes peuvent être propriétaires de biens privés et gérer des biens publics. Selon les dispositions de l'article 136(4) de la Constitution, dans les conditions de la loi organique, les biens publics peuvent être donnés en gestion à des régies autonomes ou à des établissements publics.

Seules les régies autonomes peuvent recevoir des biens publics sous gestion concrète, et non les entreprises nationales ou les entreprises issues de la réorganisation des régies autonomes. Aux termes de l'article 4, paragraphe (2) de l'O.U.G. n° 30/1997, ces biens, sous l'administration des régies autonomes réorganisatrices, seront concédés aux sociétés résultantes, pour une durée à déterminer par l'acte administratif individuel de réorganisation.

Les régies autonomes peuvent être d'intérêt national ou local.

Les **régies autonomes d'intérêt national** sont établies par décision du gouvernement dans les branches stratégiques de l'économie nationale – industrie de l'armement, énergie, exploitation minière et gaz naturel, transport postal et ferroviaire – ainsi que dans certaines

[16] O.U.G. n° 84/2003 pour la création de la Société de gestion de l'infrastructure routière nationale – S.A. par la réorganisation de la Régie autonome de l'administration routière nationale de Roumanie (publiée dans le *Journal officiel*, partie I, n° 694 du 3 octobre 2003, telle que modifiée).

zones appartenant à d'autres branches établies par le gouvernement (articles 2 et 3 de la loi n° 15/1990).

Les **régies autonomes d'intérêt local** sont créées par décision du Conseil départemental ou du Conseil local dans les domaines d'activité suivants, conformément aux dispositions de l'article 1 de l'O.G. n° 69/1994 : approvisionnement en eau, assainissement et traitement des eaux usées ; production, transport et distribution d'énergie thermique ; transport public local de passagers ; gestion et entretien du parc immobilier, des marchés, des foires, des routes communales et des espaces verts ; construction, entretien et modernisation des routes et des ponts d'intérêt départemental.

La nature juridique de la régie autonome. Actuellement, selon les dispositions des articles 1 et 15 de la loi n° 26/1990 sur le registre du commerce, l'acte constitutif de la régie autonome (décision du gouvernement, du Conseil départemental ou du Conseil local) doit être enregistré au registre du commerce afin d'obtenir le certificat d'enregistrement, qui transforme la régie autonome en commerçant, un acteur spécifique de droit privé.

Les régies autonomes, cependant, présentent principalement des caractéristiques propres aux personnes morales de droit public :

– à travers eux la réalisation d'intérêts publics majeurs est poursuivi, elles opèrent dans des branches stratégiques de l'économie nationale ainsi que dans des domaines d'intérêt local prévus par l'ordonnance n° 69/1994 relative à la fourniture de services publics locaux essentiels.

– pour la réalisation de l'objectif pour lequel elles ont été créées, les régies autonomes, ainsi que les institutions publiques, peuvent recevoir en gestion concrète des biens publics [article 136, paragraphe 4 de la Constitution]. La délégation de la gestion prend fin en cas de réorganisation de la régie autonome en société ou entreprise nationale.

Sur la base de ces caractéristiques, la doctrine a souligné soit que seules les régies autonomes dont l'activité est la gestion de biens publics acquièrent la qualité de personnes morales de droit public[17], soit que la régies autonome est une personne morale mixte de droit public et de droit privé dont le régime juridique imprime principalement les caractéristiques des organismes publics[18].

Nous pensons que le législateur devrait prévoir expressément dans la loi n° 15/1990 que les régies autonomes sont des **personnes morales de droit public**, faisant ainsi une distinction plus claire avec les entreprises nationales et les sociétés. À la différence des régies autonomes, les entreprises et sociétés nationales issues de leur réorganisation ne peuvent pas avoir de biens publics sous leur gestion, mais seulement sous forme de concession aux termes de la loi et peuvent faire l'objet d'une privatisation, car elles fonctionnent sous un régime dans lequel les règles de la gestion privée sont plus prononcées et qui en font des personnes morales de droit privé.

11.4.2 Gestion déléguée

La gestion déléguée est le processus consistant à confier la gestion du service public par l'autorité administrative à une entreprise, généralement du secteur privé. La loi n° 51/2006 stipule à l'article 29, paragraphe 2 (1) qu'en cas de gestion déléguée, les autorités administratives publiques locales confient à un ou plusieurs opérateurs la totalité ou une partie seulement de leurs pouvoirs et responsabilités en matière de fourniture/prestation de services d'utilité publique, sur la base d'un contrat de délégation de gestion. La gestion déléguée des services d'utilité publique consiste à mettre à la disposition des opérateurs les systèmes d'utilité publique liés aux services délégués et leur droit et obligation de gérer et d'exploiter ces systèmes.

Le contrat de délégation de gestion est un **contrat administratif**.

Le contrat de délégation de gestion des services d'utilité publique peut être :

---

[17] Voir Rodica Narcisa Petrescu, *op. cit.* (*Droit administratif*), 2009, p. 23.

[18] Voir Sorin David, *op. cit.* (*Le contrat de concession*), 1991, p. 39.

a) le contrat de concession de services ;

b) le contrat de marché public de services.

La gestion déléguée s'effectue par l'intermédiaire d'opérateurs de droit privé, qui peuvent être :

1) les sociétés à capital privé ;

2) les sociétés à capital mixte. Les sociétés d'économie mixte assurent une *gestion semi-directe*, c'est-à-dire une gestion mixte du service public, dans le sens d'une gestion directe et de la fourniture d'une partie du service public par une société extérieure (secteur privé). La gestion mixte ou société d'économie mixte est définie en France comme « l'association de collectivités territoriales ou de groupements de collectivités territoriales avec des personnes privées et éventuellement publiques dans une société dont la majorité est détenue par les collectivités et leurs groupements ».

Les opérateurs qui exercent leur activité en mode de gestion déléguée fournissent/exécutent des services d'utilité publique par l'exploitation et la gestion de l'infrastructure et des techniques connexes, sur la base du contrat de délégation de gestion des services, ainsi que sur la base de la licence délivrée par l'autorité réglementaire compétente, conformément aux termes de la loi spéciale.

CHAPITRE 12.

Domaine public et privé

12.1 Réglementation du régime général de la propriété publique

Le régime général des biens publics est régi par l'article 136 de la Constitution, par les dispositions des articles 554 et 858-875 du Code civil[1] et par les articles 284-353 du Code administratif. Par le biais de ces règlements, le législateur expose, en termes généraux, le régime de la propriété publique en établissant les principaux aspects de ce régime : le concept et la nature juridique, le contenu juridique, l'objet du droit de propriété publique, les modes d'acquisition et d'extinction, y compris les modes d'exercice juridiques (remise en administration, concession, location ou utilisation gratuite de biens d'utilité publique).

12.2 Concept et caractéristiques du droit de propriété publique

Selon l'article 136(1) de la Constitution révisée, « la propriété est publique ou privée ». Il en découle que le droit de propriété peut prendre deux formes : la propriété publique et la propriété privée.

Le droit de propriété publique a une définition légale, étant défini par l'article 858 du Code civil comme le droit de propriété appartenant à l'État ou à une unité administrative-territoriale sur les

---

[1] Voir Cătălin-Silviu Săraru, « Discussions sur la réglementation des biens publics dans le nouveau Code civil », *Dreptul* n° 11/2010, p. 90-107.

biens qui, par leur nature ou par déclaration de la loi, sont d'utilité ou d'intérêt public, à condition qu'ils soient acquis de l'une des manières prévues par la loi[2].

Le droit de propriété publique présente les caractéristiques suivantes (éléments de définition)[3] :

a) La propriété publique est une forme de droit de propriété (à côté de la propriété privée) ;

b) Les détenteurs de droits de propriété publique sont uniquement l'État et les unités administratives territoriales ;

c) L'État et les unités administratives-territoriales exercent la propriété publique en vertu de leur statut de personnes morales de droit public ;

d) L'exercice des droits de propriété publique s'effectue par le biais de l'« administration générale » du domaine public par le **gouvernement en** ce qui concerne les biens publics d'intérêt national et par les **Conseils locaux**, les **Conseils départementaux** ou le **Conseil général de la municipalité de Bucarest** en ce qui concerne les biens publics d'intérêt local, sur la base de la capacité du droit administratif et dans le cadre des pouvoirs accordés par la loi. Aux termes de l'article 136, alinéa 4 de la Constitution révisée et des articles 867-870 du Code civil, le titulaire du droit d'administration générale peut donner les biens du domaine public

---

[2] Voir pour des définitions similaires dans la doctrine Ion P. Filipescu, Andrei I. Filipescu, *Droit civil. Droit de propriété et autres droits réels*, Maison d'édition Universul Juridic, Bucarest, 2006, p. 115 ; Corneliu Bîrsan, *Droit civil. Principaux droits réels*, Maison d'édition Hamangiu, 3e édition, Bucarest, 2008, p. 85 ; Mircea N. Costin, Călin M. Costin, *op. cit.* (*Dictionnaire de droit civil de A à Z*), 2007, p. 393 ; Marian Nicolae, "Considérations sur la loi no. 213/1998 concernant la propriété publique et son régime juridique", *Dreptul* nr. 6/1999, p. 3-4.

[3] Voir Liviu Pop, *Le droit de propriété et ses démembrements*, Maison d'édition Lumina Lex, Bucarest, 1996, p. 55 ; Vasile Pătulea, Corneliu Turianu, *Droits de propriété et autres droits réels*, vol. II (*Le droit de propriété publique, le droit de propriété privée, la défense du droit de propriété, la publicité immobilière*), Maison d'édition Wolters Kluwer, Bucarest, 2008, p. 12 ; Mona-Lisa Belu Magdo, "La propriété publique et son régime juridique", *Revista de Drept Comercial* n° 11/1999, p. 40-41.

en *administration concrète* à des régions autonomes ou à des institutions publiques ;

e) L'objet du droit de propriété est constitué de biens qui font partie du *domaine public d'intérêt national* lorsque le droit de propriété publique est exercé par l'État et du *domaine public d'intérêt local* lorsque le droit de propriété publique appartient aux unités administratives-territoriales. Les notions de propriété publique et de domaine public sont équivalentes du point de vue des biens qu'elles recouvrent ;

f) L'exercice de ce droit de propriété n'a lieu qu'en vertu du droit public ;

g) Le droit de propriété publique présente des caractéristiques spécifiques qui le distinguent du droit de propriété privée, étant inaliénable, imprescriptible et insaisissable.

12.3 Titulaires de droits de propriété publique

L'article 136, paragraphe 2 de la Constitution révisée dispose que « la propriété publique est garantie et protégée par la loi et appartient à l'État ou aux unités administratives et territoriales ». Il résulte de cette disposition impérative de la Constitution qu'*aucun autre sujet de droit public ou privé ne peut être titulaire du droit de propriété publique* mais peut, tout au plus, avoir des droits dérivés de celui-ci, tels que le droit d'administration, de concession[4], etc. Ainsi, selon les dispositions de l'article 136(4) de la Constitution, *aux termes de la loi organique, les biens publics peuvent être donnés en administration à des régies autonomes ou à des établissements publics ou être concédés ou affermés ; ils peuvent également être donnés gratuitement à des établissements d'utilité publique*. Par conséquent, les personnes morales privées[5] et les personnes physiques ne peuvent

---

[4] Voir Eugen Chelaru, *op. cit.* (*Administration du domaine public et privé*), 2008, p. 56 ; Corneliu Bîrsan, *op. cit.* (*Droit civil. Droits principaux in rem*), 2008, p. 87 ; Marian Nicolae, *op. cit.* (*Considérations sur la loi n° 213/1998...*), 1999, p. 6-7.

[5] Voir également la décision de la Cour constitutionnelle n° 107/2004 publiée dans le *Journal officiel* n° 392 du 4 mai 2004.

pas être propriétaires de biens appartenant au domaine public de l'État ou des unités administratives-territoriales, mais uniquement dans le cadre d'une concession ou d'un bail. Les personnes morales sans but lucratif (associations et fondations) d'utilité publique peuvent obtenir, dans les conditions de la loi organique, un droit d'utilisation gratuit des biens publics. De même, les établissements publics et les régies autonomes peuvent recevoir des biens publics dans les conditions de la loi organique, sans pour autant devenir propriétaires de ces biens.

L'État est une *personne morale de droit public*[6], à ce titre, il est titulaire à la fois de la propriété publique des biens du domaine public d'intérêt national et de la propriété privée des biens du domaine privé d'intérêt national.

Les unités administratives-territoriales sont la commune, la ville, le département ; en vertu de la loi, certaines villes peuvent être déclarées municipalités (article 95 du Code administratif). Les unités administratives-territoriales sont des *personnes morales de droit public*[7], à ce titre, elles sont titulaires à la fois de la propriété publique des biens du domaine public d'intérêt local et de la propriété privée des biens du domaine privé d'intérêt local.

12.4 Administration générale et administration concrète de la propriété publique

L'exercice des droits de propriété publique s'effectue par l'administration générale et l'administration spécifique des biens publics.

L'administration générale des biens publics de l'État est exercée par le gouvernement. Ainsi, selon les dispositions de l'article 15, lettre d) du Code administratif, le gouvernement exerce la fonction d'administration des biens de l'État, qui assure l'administration des

[6] Voir également Dan Claudiu Dănişor, Ion Dogaru, Gheorghe Dănişor, *op. cit.* (*Théorie générale du droit*), 2008, p. 324.

[7] *Ibid.*, p. 324.

biens publics et privés de l'État, ainsi que la gestion des services dont l'État est responsable.

L'administration générale des biens publics du département est exercée par le Conseil départemental [article 173(1), lit. c) du Code administratif]. Le Conseil départemental peut décider d'administrer, de louer ou de donner à titre gratuit les biens publics du département (article 173(4)(a) du Code administratif).

L'administration générale des biens publics des communes, des villes et des municipalités est exercée par le Conseil local [article 129(2), lit. c) du Code administratif]. Le Conseil local peut décider de mettre en administration, de concéder, d'affermer ou de donner libre usage du domaine public de la commune, de la ville ou de la municipalité, selon le cas [article. 129(6), lit. a) du Code administratif].

Aux termes de l'article 136, paragraphe (4) de la Constitution révisée et des articles 867-870 du Code civil, le titulaire du droit d'administration générale peut donner les biens du domaine public sous *administration concrète* à des régies autonomes ou à des institutions publiques.

12.5 Caractères de la propriété publique

Des dispositions de l'article 136, paragraphe 4 de la Constitution et de l'article 861 du Code civil, il résulte trois caractéristiques des droits de propriété publique : l'**inaliénabilité**, l'**imprescriptibilité** et l'**insaisissabilité** de la propriété publique[8].

Le droit de propriété publique est inaliénable. Selon les dispositions article 136(4) de la Constitution, « la propriété publique est inaliénable. Dans les conditions de la loi organique, ils peuvent être donnés en administration à des régions autonomes ou à des établissements publics ou être concédés ou affermés ; ils

[8] Sur les éléments caractéristiques du domaine public, voir également Liviu Giurgiu, „Considérations relatives au domaine public", *Dreptul* n° 8/1995, p. 40-42.

peuvent également être donnés à titre gratuit à des établissements d'utilité publique ». Les biens qui font l'objet de droits de propriété publique sont donc retirés de la circulation civile et ne peuvent être aliénés.

Lorsque l'intérêt public l'exige, sur les biens publics peuvent être constitués, dans les conditions prévues à l'article 136, paragraphe 4 de la Constitution et en article du 866 C. civ., les droits réels *dérivés du droit de propriété publique* (*servitudes administratives*[9] établies par la loi en faveur du domaine public) : le droit d'administration des établissements publics et des régies autonomes ; le droit de concession sur les biens publics ; le droit d'utilisation gratuite des établissements d'utilité publique. Le caractère inaliénable des biens du domaine public est également préservé dans ces cas, puisqu'il ne s'agit pas d'aliéner ou d'acquérir des biens du domaine public, mais de modalités spécifiques d'exercice du droit de propriété publique, en vertu du droit public[10].

Le droit de propriété publique est imprescriptible, extinguible et acquisif.

L'imprescriptibilité du domaine public est expressément prévue par l'article 861, paragraphe 1 du Code civil, et résulte de la règle de l'inaliénabilité de ces biens. Lorsque la loi ne distingue pas (*ubi lex non distinguit, nec nos distinguere debemus*), les biens soumis à la propriété publique sont imprescriptibles tant par extinction que par acquisition.

Imprescriptibilité extinctive des biens de propriété publique. Par prescription, selon les dispositions de l'article 2500, paragraphe 1 du Code civil, le **droit substantiel d'action** s'éteint s'il n'a pas été exercé dans le délai fixé par la loi. Ce qui est éteint par la prescription, c'est le **droit substantiel d'action** défini à l'article 2500, paragraphe 2 du Code civil comme le droit de

---

[9] Sur les servitudes administratives et leur différence avec les servitudes réelles propres au droit privé, voir Emil Bălan, *Droit administratif des biens*, Maison d'édition C. H. Beck, Bucarest, 2007, p. 31.

[10] Voir Valeriu Stoica, *Droit civil. Principaux droits réels*, Maison d'édition C. H. Beck, Bucarest, 2009, p. 180.

contraindre une personne, par la force publique, à accomplir un service déterminé, à se conformer à une situation juridique déterminée ou à supporter toute autre sanction civile, selon le cas. Le droit d'action matériel relatif à la propriété publique constitue une exception à cette règle et est imprescriptible en vertu de l'article 861, paragraphe 1 du Code civil.

Inapplicabilité de la prescription à l'acquisition de biens publics. Selon les dispositions de l'article 861, paragraphe 2 du Code civil, la propriété du domaine public ne s'éteint pas par non-usage et ne peut être acquise par des tiers par usucapion ou, le cas échéant, par possession de bonne foi de biens meubles.

Dans les conditions prévues par l'article 928 et suivants du Code civil, la propriété privée des biens immobiliers peut être acquise par usucapion à la suite d'une possession de longue durée. L'article 929 du Code civil précise toutefois que les biens déclarés inaliénables par la loi avant ou après l'entrée en possession ne peuvent être usurpés. Les biens publics étant inaliénables selon la loi, ils ne seront donc pas non plus soumis à la prescription en matière d'acquisition. Une personne qui possède un bien public en raison de la faute d'une autorité publique dans la revendication de ce bien ne pourra pas invoquer l'usucapion pour acquérir la propriété de ce bien.

Le droit de propriété privée d'un bien meuble s'acquiert par la possession de bonne foi, la personne devenant propriétaire par le seul fait de la possession sans qu'il soit nécessaire qu'un certain délai se soit écoulé, opérant la présomption prévue à l'article 935 du Code civil selon laquelle « celui qui est à un moment donné en possession d'un bien meuble est présumé avoir un titre pour en acquérir la propriété ». Contrairement aux biens meubles privés, les biens meubles publics ne peuvent pas être acquis par une personne privée sur la base d'une possession de bonne foi.

Le droit de propriété publique est insaisissable. L'insaisissabilité du domaine public résulte de la règle de son inaliénabilité et est expressément prévue par l'article 861, alinéa 1 du Code civil.

Le domaine public ne peut être acquis par voie d'exécution forcée dans les conditions prévues par les articles 1516 et suivants du Code civil par les créanciers qui souhaitent faire valoir leurs créances contre l'État ou les unités administratives-territoriales. Les biens publics ne peuvent pas être exécutés de force ni lorsqu'ils sont confiés à des établissements publics ou à des régies autonomes, ni lorsqu'ils sont donnés à titre gratuit à des établissements d'utilité publique, ni lorsqu'ils sont concédés ou affermés en vertu de la loi.

12.6 Acquisition de la propriété publique

Selon les dispositions de l'article 863 du Code civil, la propriété publique est acquise :

a) par des marchés publics, effectués conformément à la loi ;

b) par expropriation pour cause d'utilité publique, dans les conditions prévues par la loi ;

c) par donation ou legs, accepté dans les conditions de la loi, si le bien, par sa nature ou par la volonté du disposant, devient d'utilité ou d'intérêt public ;

d) par convention à titre onéreux, si le bien, par sa nature ou par la volonté de l'acquéreur, devient d'utilité ou d'intérêt public ;

e) en transférant un bien du domaine privé de l'État dans son domaine public ou du domaine privé d'une unité administrative-territoriale dans son domaine public, conformément à la loi ;

f) par d'autres moyens prévus par la loi.

12.6.1 Acquisition de la propriété publique par le biais de marchés publics

Les marchés publics sont réglementés par la loi n° 98/2016 *sur les marchés publics*[11] et la loi n° 99/2016 *sur les marchés sectoriels*[12].

Un marché public est un contrat à titre onéreux, assimilé par la loi à un acte administratif, conclu par écrit entre un ou plusieurs opérateurs économiques et un ou plusieurs pouvoirs adjudicateurs

[11] Publiée au *Journal officiel*, partie I, n° 390 du 23 mai 2016.

[12] Publiée au *Journal officiel*, partie I, n° 391 du 23 mai 2016.

et ayant pour objet l'exécution de travaux, la fourniture de produits ou la prestation de services.

12.6.2 Acquisition de la propriété publique par expropriation pour cause d'utilité publique

L'*expropriation* est le transfert forcé à la propriété publique, par décision de justice, de biens immobiliers appartenant à des particuliers, sans indemnisation juste et préalable, sur la base d'une cause d'utilité publique[13].

La réglementation générale de l'expropriation pour cause d'utilité publique est assurée par l'article 44, paragraphes 3 et 6 de la Constitution, l'article 562, paragraphe 3, et les autres articles sur l'expropriation du Code civil et la loi n° 33/1994 *sur l'expropriation pour cause d'utilité publique*[14]. Pour certains travaux d'infrastructure d'intérêt public, les règlements spéciaux de la loi n° 255/2010 *sur l'expropriation pour cause d'utilité publique, nécessaire à la réalisation d'objectifs d'intérêt national, départemental et local*[15].

L'expropriation est une exception à l'inviolabilité du droit à la propriété privée prévue à l'article 136, paragraphe 5 de la Constitution et ne peut être réalisée que dans les conditions de la loi[16].

Selon l'article 44(3) de la Constitution, « nul ne peut être exproprié si ce n'est pour une cause d'utilité publique, établie par la loi, avec une juste et préalable indemnité ».

Conformément aux dispositions de l'article 2 de la loi n° 33/1994, les biens immobiliers appartenant à des personnes physiques ou morales, à but lucratif ou non, ainsi que les biens

---

[13] Voir Emil Bălan, *op. cit.* (*Droit administratif des biens*), 2007, p. 82. Pour une analyse de l'expropriation en droit comparé, voir Laura Maria Crăciunean, "Quelques considérations sur l'expropriation pour cause d'utilité publique en droit comparé et dans la jurisprudence de la Cour européenne des droits de l'homme", *Revista de Drept Public* nr. 2/2006, p. 116-131.

[14] Republiée au *Journal officiel*, partie I, n° 472 du 5 juillet 2011.

[15] Publiée au *Journal officiel*, partie I, n° 853 du 20 décembre 2010, telle que modifiée.

[16] Voir Emil Bălan, *op. cit.* (*Droit administratif des biens*), 2007, p. 82.

immobiliers privés appartenant aux municipalités, villes et comtés peuvent être expropriés.

Loi n° 255/2010 *sur l'expropriation pour cause d'utilité publique, nécessaire à la réalisation d'objectifs d'intérêt national, départemental et local*[17] a prévu une procédure spéciale d'expropriation lorsque l'utilité publique est déclarée pour l'exécution de travaux d'infrastructure (travaux de construction, de réhabilitation et de modernisation de routes d'intérêt national, départemental et local, ainsi que tous les travaux de construction, de réhabilitation et d'extension d'infrastructures ferroviaires publiques, travaux nécessaires au développement du réseau de transport en métro et à la modernisation du réseau existant, travaux de développement d'infrastructures aéroportuaires, ainsi que d'infrastructures de transport naval, etc.).

12.6.3 Acquisition de la propriété publique par donation

Par donation ou legs accepté conformément à la loi, un bien peut entrer dans le domaine public de l'État ou d'une unité administrative et territoriale si ce bien, par sa nature ou par la volonté du disposant, devient d'utilité ou d'intérêt public.

Par donation, selon l'article 2, point 22 de la loi n° 500/2002 sur les finances publiques[18], une institution publique reçoit de l'argent ou des biens matériels d'une personne morale ou physique à titre non remboursable et sans contrepartie.

La propriété publique peut également être acquise par legs si le bien, par sa nature ou par la volonté du disposant, devient d'utilité ou d'intérêt public. Le legs est défini à l'article 986 du Code civil comme une disposition testamentaire par laquelle le testateur stipule qu'à son décès, un ou plusieurs légataires acquièrent la totalité de sa succession, une fraction de celle-ci ou certains biens déterminés.

---

[17] Publiée au *Journal officiel*, partie I, n° 853 du 20 décembre 2010, telle que modifiée.

[18] Publiée au *Journal officiel*, partie I, n° 597 du 13 août 2002, telle que modifiée ultérieurement.

Les donations et legs grevés de charges ou pour lesquels il existe des arriérés d'impôts ou de taxes peuvent être acceptés, selon l'article 291(5) du Code administratif :

a) uniquement avec l'approbation du ministère chargé des finances publiques, dans le cas de donations et legs faits à l'État ;

b) uniquement avec l'approbation du Conseil local ou, selon le cas, du Conseil départemental, à la majorité qualifiée des deux tiers du nombre de conseillers locaux en fonction, dans le cas de donations et de legs faits à des unités administratives-territoriales.

12.6.4 Acquisition de la propriété publique par accord à titre onéreux

Le droit de propriété publique peut être acquis par convention à titre onéreux si le bien, par sa nature ou par la volonté de l'acquéreur, devient d'utilité ou d'intérêt public. Ainsi, la propriété publique peut être acquise, dans les limites autorisées par la loi, par des contrats civils et commerciaux (contrats de vente-achat, contrats d'échange, etc.), lorsque le bien acquis est affecté à un service public.

La conclusion d'un contrat de vente-achat pour l'acquisition d'un bien qui entrera dans le domaine public ne peut être effectuée que si les dispositions légales sur les marchés publics énoncées dans la loi n° 98/2016 *sur les marchés publics* et la loi n° 99/2016 *sur les marchés sectoriels* ne sont pas applicables, auquel cas, les procédures de conclusion des contrats administratifs de marchés publics doivent être suivies. Le prix dans le contrat de vente-achat sera déterminé par un comité d'évaluation mis en place par l'acheteur.

12.6.5 Acquisition de la propriété publique par le transfert d'un bien du domaine privé de l'État ou des unités administratives-territoriales dans leur domaine public

L'évolution des besoins de la société nécessite le transfert de divers biens du domaine privé vers le domaine public de l'État ou des unités administratives-territoriales, voire du domaine public d'une unité administrative-territoriale vers le domaine public de l'État et vice versa, transfert toujours justifié par une utilité publique.

La réalisation de l'intérêt public dans les meilleures conditions possible a nécessité que l'on rencontre en pratique les situations suivantes d'acquisition de droits de propriété publique par transfert de propriété :

a) Le transfert de biens du domaine privé au domaine public de l'État, par décision du gouvernement, conformément aux dispositions de l'article 296, paragraphe 1 du Code administratif ;

b) Le transfert de la propriété du domaine privé des unités administratives-territoriales à leur domaine public, par décision du Conseil départemental, respectivement du Conseil général du municipe de Bucarest ou du Conseil local, conformément aux dispositions de l'article 296, alinéa 2 du Code administratif ;

c) Le transfert dans le domaine public d'un bien appartenant au patrimoine d'une société, dont l'État ou une unité administrative-territoriale est actionnaire ou associé, ne peut être effectué qu'avec le consentement de l'assemblée générale des actionnaires de la société concernée et avec le paiement de la valeur du bien, conformément à l'article 296, paragraphe 4 du Code administratif ;

d) Le transfert d'un bien du domaine public de l'État au domaine public d'une unité administrative-territoriale est effectué à la demande du Conseil départemental ou du Conseil local de la commune, de la ville ou de la municipalité, selon le cas, par décision du gouvernement, conformément à l'article 292, paragraphe 1 du Code administratif.

Les biens qui sont l'objet exclusif du domaine public de l'État selon la Constitution et la loi organique ne peuvent être transférés du domaine public de l'État au domaine public de l'unité administrative-territoriale qu'à la suite de la modification de la Constitution et de la loi organique. Dans des situations particulières, lorsqu'il est nécessaire qu'un bien public de l'État serve à la réalisation d'un objectif d'intérêt public d'une unité administrative-territoriale, le transfert dans le domaine public de l'unité administrative-territoriale sera possible sans modification de la loi organique, uniquement à condition de l'adoption d'une décision de **désaffectation** (**déclassement** dans le cas des voies de communication) de ce bien déterminé individuel de l'utilité publique nationale, adoptée par le gouvernement ;

e) Le transfert d'un bien du domaine public d'une unité administrative territoriale au domaine public de l'État est effectué, à la demande du gouvernement, par décision du Conseil départemental ou du Conseil local de la commune, de la ville ou de la municipalité, selon le cas, conformément à l'article 293, paragraphe 1 du Code administratif.

Selon les dispositions de l'article 860(3) du Code civil, les biens qui font l'objet exclusif du domaine public des unités administratives-territoriales en vertu d'une loi organique ne peuvent être transférés du domaine public de l'unité administrative-territoriale au domaine public de l'État qu'à la suite de la modification de la loi organique. Dans des situations spécifiques, lorsqu'il est nécessaire qu'un bien public d'une unité administrative-territoriale serve à la réalisation d'un objectif d'intérêt national, le transfert dans le domaine public de l'État sera possible sans modification de la loi organique, à la seule condition de l'adoption d'une décision sur la **désaffectation** (**déclassement** dans le cas des routes) de ce bien individuel déterminé par l'utilité publique locale, adoptée par le Conseil départemental/local de cette unité administrative-territoriale ;

f) Le transfert d'un bien du domaine public d'une unité administrative territoriale vers le domaine public d'une autre unité administrative territoriale du même département est effectué à la demande du Conseil local demandeur, par décision du Conseil local de la commune, de la ville ou de la municipalité dans la propriété de laquelle se trouve le bien, conformément à l'article 294, paragraphe 1 du Code administratif.

12.6.6 Acquisition de la propriété par d'autres moyens établis par la loi

Outre les modes d'acquisition de la propriété publique analysés ci-dessus, la législation prévoit d'autres modes d'acquisition, tels que, par exemple, l'accession, l'acquisition de la propriété publique de biens archéologiques mobiliers découverts fortuitement ou par le biais de recherches archéologiques, les réquisitions et la donation en paiement.

L'**accession** est régie par les articles 567 à 601 du Code civil. Ces règles s'appliqueront également à l'acquisition de la propriété publique, dans la mesure où elles sont compatibles avec le régime juridique de la propriété publique.

Par accession, le propriétaire d'un bien devient propriétaire de tout ce qui est annexé au bien ou incorporé à celui-ci, sauf si la loi en dispose autrement.

L'accession peut être *naturelle*, lorsque l'union ou l'incorporation est le résultat d'un événement naturel, ou *artificielle*, lorsqu'elle résulte de l'acte du propriétaire ou d'une autre personne.

L'acquisition de la propriété publique des biens archéologiques mobiliers découverts par hasard ou par le biais de recherches archéologiques s'effectue conformément aux dispositions de la loi n° 182/2000 sur *la protection du patrimoine culturel mobile national*[19]. Ainsi, selon les dispositions de l'article 46, paragraphe 1 de la loi n° 182/2000, les objets archéologiques, épigraphiques, numismatiques, paléontologiques ou géolithiques découverts au cours de recherches archéologiques ou géologiques systématiques ou au cours de recherches archéologiques de sauvetage ou préventives, ainsi que ceux découverts fortuitement à l'occasion de travaux de toute nature, effectués dans des lieux faisant l'objet d'une propriété publique exclusive, selon l'article 136, paragraphe (3) de la Constitution de la Roumanie, republié sont des biens publics, conformément aux dispositions légales.

L'acquisition de la propriété publique par réquisition de biens est réglementée par la loi n° 132/1997 *sur la réquisition de biens et la prestation de services dans l'intérêt public*[20].

La réquisition de biens est une mesure exceptionnelle par laquelle les autorités publiques habilitées par la loi obligent les

---

[19] Republiée au *Journal officiel*, partie I, n° 259 du 9 avril 2014.

[20] Republiée au *Journal officiel*, partie I, n° 261 du 10 avril 2014.

opérateurs économiques, les institutions publiques, ainsi que d'autres personnes morales et physiques, à *transférer temporairement des* biens meubles ou immeubles, dans les conditions prévues par la loi.

Les biens réquisitionnés sont mis à la disposition des forces de défense nationale ou des autorités publiques lorsque les forces armées sont partiellement ou totalement mobilisées ou que l'état de guerre est déclaré, ou lorsque l'état de siège ou l'état d'urgence est établi, tant pour la prévention, la localisation et l'élimination des conséquences des catastrophes que pendant ces situations.

L'acquisition de la propriété publique peut également être réalisée par le biais d'une donation en paiement régie par l'article 263 du Code fiscal[21]. Ainsi, les créances fiscales gérées par l'autorité fiscale centrale, à l'exception de la retenue à la source et des frais accessoires connexes, des droits de douane et des autres créances transmises pour recouvrement à l'autorité fiscale centrale, ainsi que les créances fiscales gérées par l'autorité fiscale locale peuvent être éteintes à la demande du débiteur, à tout moment, avec l'accord du créancier fiscal, par le transfert à la propriété publique de l'État ou, selon le cas, de l'unité administrative-territoriale des biens immeubles représentant des bâtiments et des terrains connexes, ainsi que des terrains sans bâtiments, selon le cas, même s'ils font l'objet d'une exécution forcée par l'autorité fiscale compétente.

12.7 Extinction du droit de la propriété publique

Selon les dispositions de l'article 864 du Code civil, le droit de propriété publique s'éteint si le bien a péri ou a été transféré dans le domaine privé, si l'usage ou l'intérêt public a cessé, dans le respect des conditions fixées par la loi.

---

[21] Adopté par la loi n° 207/2015, publié au *Journal officiel*, partie I n° 547 du 23 juillet 2015, tel que modifié.

Lorsque le bien cesse d'être tangible, le droit public de propriété qui a cessé d'exister cessera naturellement d'exister. Ainsi, si le bâtiment public dans lequel fonctionne une préfecture est détruit lors d'un tremblement de terre ou si un tableau appartenant à l'État est détruit par un incendie, la propriété publique de ce bien cessera également.

Lorsque l'utilisation ou l'intérêt public servi par un bien public particulier cesse, il est désaffecté[22] (déclassé dans le cas des voies de communication – routes, voies navigables – ou des biens du patrimoine culturel). Par la désaffectation ou le déclassement, les biens entrent dans le domaine privé.

12.8 Biens qui constituent l'objet du droit de propriété publique

12.8.1 Concept de bien

Les biens constituent l'objet externe et dérivé[23] (*mediated*[24]) de la relation juridique de propriété.

La doctrine a considéré qu'un *bien* est entendu comme une valeur économique utile à la satisfaction du besoin matériel ou spirituel de l'homme et susceptible d'appropriation sous forme de droits patrimoniaux[25].

Un auteur définit les biens comme l'ensemble des éléments mobiliers ou immobiliers qui constituent le patrimoine d'une personne, c'est-à-dire les choses matérielles (biens corporels) qui lui

---

[22] Voir Ioan Alexandru, Mihaela Cărăuşan, Sorin Bucur, *Droit administratif*, Maison d'édition Lumina Lex, Bucarest, 2005, p. 441 ; Emil Bălan, *op. cit.* (*Droit administratif des biens*), 2007, p. 76.

[23] Voir Nicolae Popa, *op. cit.* (*Théorie générale du droit*), 2002, p. 276 ; Gheorghe Beleiu, *Droit civil roumain. Introduction ont des droits civils. Sujets de droit civil*, 5e édition, Maison d'édition et presse « Şansa » SRL, Bucarest, 1998, p. 98.

[24] Eugen Chelaru, *op. cit.* (*Administration du domaine public et privé*), 2008, p. 18.

[25] Gheorghe Beleiu, *op. cit.* (*Droit civil roumain. Introduction au droit civil...*), 1998, p. 98 ; Gabriel Boroi, *Droit civil. Partie générale. Personnes*, 3e édition, revue et augmentée, Maison d'édition Hamangiu, 2008, p. 97 ; Ion P. Filipescu, Andrei I. Filipescu, *op. cit.* (*Droit de propriété et autres droits réels*), 2006, p. 38.

appartiennent et les droits (autres que les biens) dont elle est titulaire (biens incorporels)[26].

Cette dernière définition, étant descriptive, rend compte des deux sens de la notion de « bien » :[27]

– *Au sens strict,* par « biens », nous entendons tout ce qui peut faire l'objet de droits et d'obligations en matière de propriété ;

– *Lato sensu,* on entend par « bien » tout élément du patrimoine d'une personne (à la fois la chose elle-même et les droits sur cette chose).

12.8.2 Notions de « domaine administratif », « domaine public », « domaine privé »

L'État et ses subdivisions territoriales ont été désignés dans la doctrine de l'entre-deux-guerres comme des personnes administratives, ce qui a conduit à ce que les biens leur appartenant soient désignés de manière générique par le terme *domaine administratif.*

Le domaine représente une universalité qui permet sa divisibilité en deux masses de biens : le *domaine public* et le *domaine privé*[28]. Cette distinction remonte au XIXe siècle et divise les biens en deux catégories, selon qu'ils sont ou non affectés à un usage public ou à un service public.

Le domaine public est l'ensemble des biens qui font l'objet de droits de propriété publique appartenant à l'État ou aux unités administratives-territoriales.

Le domaine privé est l'ensemble des biens qui font l'objet du droit de propriété privée de l'État ou des unités administratives-territoriales, c'est-à-dire les biens qui n'appartiennent pas au domaine public.

---

[26] Ovidiu Ungureanu, Cornelia Munteanu, *Traité de droit civil. Propriété. Main rights in rem,* Maison d'édition Hamangiu, Bucarest, 2008, p. 68.

[27] Voir Mircea N. Costin, Călin M. Costin, *op. cit.* (*Dictionnaire de droit civil de A à Z*), 2007, p. 81.

[28] Emil Bălan, *op. cit.* (*Droit administratif des biens*), 2007, p. 7.

La relation entre la notion de « bien public » et celle de « domaine public ».

Entre les deux notions il y a un lien de type partie-tout[29], le domaine public étant constitué de biens publics. L'expression « biens publics », comme en Allemagne[30], apparaît comme une notion créée par la doctrine, et entrée dans la pratique administrative, sans avoir de consécration législative.

12.8.3 Classification des biens du domaine public

Les biens du domaine public peuvent être classés en **fonction du détenteur du droit de propriété publique :**

a) Les biens du domaine public de l'État. Selon les dispositions de l'article 286, paragraphe 2 du Code administratif, le domaine public de l'État est constitué des biens visés à l'article 136, paragraphe (3) de la Constitution, ceux visés à l'annexe n° 2 du Code administratif, ainsi que les autres biens qui, de par la loi ou leur nature, sont d'utilité ou d'intérêt public national. L'Article 136, paragraphe (3) de la Constitution dispose que « les richesses d'intérêt public du sous-sol, de l'espace aérien, des eaux d'intérêt national, des plages, de la mer territoriale, des ressources naturelles de la zone économique et du plateau continental, ainsi que d'autres biens établis par la loi organique, sont l'objet exclusif de la propriété publique ».

Dans l'annexe n° 2 du Code administratif sont énumérés les biens qui font partie du domaine public de l'État. Ces biens comprennent : les parcs nationaux ; les réserves naturelles et les monuments naturels ; le patrimoine naturel de la réserve de biosphère du « Delta du Danube » ; l'infrastructure ferroviaire, y compris les tunnels et les œuvres d'art ; les routes nationales – autoroutes, routes express, routes nationales européennes, routes principales, routes secondaires ; les complexes et sites historiques et

---

[29] Marian Nicolae, *op. cit.* (*Considérations sur la loi n° 213/1998…*), 1999, p. 8.

[30] Voir E. Forsthoff, *Traité de droit administratif allemand*, Bruxelles, 1969, vol. I, p. 545.

archéologiques ; les musées, les collections d'art déclarées d'intérêt public national, etc.

b) Les biens du domaine public des comtés (départements). Selon les dispositions de l'article 286(3) du Code administratif, le domaine public du comté est constitué des biens énumérés à l'annexe n° 3 du Code administratif, ainsi que d'autres biens d'usage ou d'intérêt public du comté, déclarés comme tels par une résolution du Conseil du comté, s'ils ne sont pas déclarés par la loi comme étant des biens d'usage ou d'intérêt public national.

Dans l'annexe 3 du Code administratif sont énumérés, à titre d'exemple, les biens suivants qui font partie du domaine public des comtés (départemental) : les routes départementales ; les sites et complexes historiques et archéologiques qui ne sont pas déclarés d'intérêt public national ; les réseaux d'approvisionnement en eau construits selon un système zonal ou micro-zonal, ainsi que les stations d'épuration avec leurs installations, bâtiments et terrains, etc.

c) Les biens du domaine public des communes, villes et municipalités. Selon les dispositions de l'article 286, paragraphe 4 du Code administratif, le domaine public d'une commune, d'une ville ou d'une municipalité est constitué par les biens énumérés à l'annexe n° 4 du Code administratif, ainsi que d'autres biens d'utilité ou d'intérêt public local, déclarés comme tels par décision du Conseil local, s'ils ne sont pas déclarés par la loi comme biens d'utilité ou d'intérêt public national ou départemental.

Dans l'annexe 4 du Code administratif sont énumérés, à titre d'exemple, les biens qui font partie du domaine public local des communes, des villes et des municipalités : les routes, les voies et les rues communales ; les marchés publics et commerciaux, les foires, les marchés et les parcs publics, ainsi que les zones de loisirs ; les lacs et les plages qui ne sont pas déclarés d'intérêt public national ou départemental ; les réseaux d'approvisionnement en eau, d'assainissement, de chauffage, de traitement et d'épuration des eaux usées, avec les installations, les bâtiments et les terrains correspondants ; les logements sociaux, etc.

12.9 Modalités d'utilisation des biens publics

Les biens du domaine public peuvent être utilisés :

a) par l'exercice direct par le titulaire du droit de propriété publique de toutes les prérogatives conférées par ce droit (possession, utilisation et disposition) ;

b) par l'exercice indirect de la propriété publique par un autre. Ainsi, selon les dispositions de l'article 136, paragraphe 4 de la Constitution, les biens publics peuvent être donnés en administration à des régies autonomes ou à des institutions publiques ou être concédés ou loués ; ils peuvent également être donnés à titre gratuit à des institutions d'utilité publique.

12.9.1 Contrat de concession de biens publics

Définition. Un contrat de concession domaniale est un contrat administratif par lequel une autorité publique, appelée *concédant*, transfère, pour une durée déterminée, à une personne, appelée *concessionnaire*, qui agit à ses risques et périls, le droit et l'obligation d'exploiter un bien public en contrepartie d'une redevance. Le droit de concession sur le domaine public est, selon l'article 866 du Code civil, le droit d'utiliser le domaine public, un droit réel principal correspondant au droit de propriété publique.

Cadre juridique. Le contrat de concession du domaine public est régi par les articles 302 à 331 du Code administratif et par les articles 871-873 du Code civil.

Parties contractantes. Ils agissent en tant que concédants au nom de l'État, du comté, de la ville ou de la municipalité :

a) les ministères ou autres organismes spécialisés de l'administration publique centrale, pour les biens publics de l'État ;

b) les Conseils de comté, les Conseils locaux ou les institutions publiques d'intérêt local, pour les biens publics du comté, de la ville ou de la municipalité.

Le concédant peut donc être le titulaire du droit général d'administration des biens publics (Conseils de comté, Conseils locaux), mais aussi le titulaire du droit à l'administration concrète de ces biens (ministères ou autres organes spécialisés de l'administration publique centrale, établissements publics d'intérêt local).

Toute personne physique ou morale, roumaine ou étrangère, peut être concessionnaire.

Objet du contrat. L'objet du contrat de concession est l'exploitation d'un bien public appartenant à l'État ou à des unités administratives-territoriales, conformément aux objectifs du concédant. À titre d'exemple, les objectifs du concédant peuvent être : de meilleures conditions d'utilisation du bien par les citoyens, le développement d'activités sociales et économiques impliquant l'utilisation du bien, etc.

Durée du contrat de concession. Le droit de concession est un droit temporaire, et non un droit perpétuel. Ainsi, le contrat de concession est conclu pour une durée n'excédant pas 49 ans à compter de la date de signature.

Redevance. Le contrat de concession est un contrat onéreux, l'essence de ce contrat étant le paiement par le concessionnaire d'une redevance en échange du droit de concession. La redevance est une somme d'argent versée périodiquement par le concessionnaire au concédant en contrepartie du fait qu'il lui confie l'exploitation du bien public. La redevance obtenue par la concession est versée au budget de l'État ou aux budgets locaux, selon le cas. La méthode de calcul et de paiement de la redevance est déterminée par les ministères compétents ou d'autres organes spécialisés de l'administration publique centrale ou par les autorités de l'administration publique locale.

Supporter le risque opérationnel. Le concessionnaire a le droit, mais aussi l'obligation, d'exploiter la concession à ses propres risques. Le risque d'exploitation consiste à :

a) le risque de disponibilité, c'est-à-dire le non-respect de paramètres de performance et de qualité clairement définis et mesurables dans l'exploitation de l'actif pendant la durée de vie du projet ;

b) le risque de marché, c'est-à-dire l'incapacité des utilisateurs finaux à bénéficier des résultats de l'exploitation de l'actif de la concession, à condition que les paramètres de performance et de qualité soient pleinement respectés.

Fin du contrat. Le contrat de concession prend fin à l'expiration de la durée fixée dans le contrat de concession. Le contrat de concession peut être prolongé pour une période égale à la moitié maximum de sa durée initiale par simple accord des parties.

Le contrat de concession peut peut prendre fin avant l'expiration du terme en cas de dénonciation unilatérale par le concédant imposée par l'intérêt public, en cas de résiliation pour inexécution fautive du contrat par l'une des parties, en cas d'impossibilité objective pour le concessionnaire d'exploiter le bien concédé ou en cas de cessation du droit de propriété ou de gestion publique sur le bien concédé.

Litiges. Selon l'article 330 du Code administratif, le règlement des litiges survenant à l'occasion de l'attribution, de la conclusion, de l'exécution, de la modification et de la résiliation du contrat de concession du domaine public, ainsi que ceux concernant l'attribution d'une indemnité, s'effectue conformément aux dispositions de la législation sur le contentieux administratif.

12.9.2 Affectation d'un bien de propriété publique à usage gratuit

Le droit d'utilisation à titre gratuit d'un bien du domaine public est régi par l'article 136, paragraphe 4 de la Constitution révisée, les articles 866, 874 et 875 du Code civil et les articles 349 à 353 du Code administratif.

En vertu de l'article 874, paragraphe (3) du Code civil en liaison avec les dispositions de l'article 867, le droit d'utilisation à titre gratuit est établi par décision du gouvernement, du Conseil départemental ou, le cas échéant, du Conseil local.

Sur la base de la décision d'établissement, le contrat d'utilisation à titre gratuit (*commodat*) du bien public sera conclu, ce qui déterminera l'utilisation et le développement du bien.

Le contrat d'utilisation gratuite (*commodat*) d'un bien public est un contrat administratif par lequel l'autorité publique, exerçant la gestion générale du bien public (gouvernement, Conseil de comté, Conseil local) ou, le cas échéant, l'institution publique/régie autonome exerçant la gestion spécifique du bien, transfère le droit d'utilisation du bien public à une institution d'utilité publique pour une période déterminée, à titre gratuit, dans les conditions prévues par la loi et l'acte d'établissement.

12.9.3 Octroi en administration concrète de biens publics

Notion. Les droits de propriété publique appartiennent à l'État et aux unités administratives-territoriales. L'exercice du droit de propriété publique est réalisé à travers l'*administration générale* du domaine public par le gouvernement en ce qui concerne les biens publics d'intérêt national, par le Conseil départemental en ce qui concerne les biens publics d'intérêt départemental et par les Conseils locaux ou le Conseil général de la municipalité de Bucarest en ce qui concerne les biens publics d'intérêt local, sur la base de la capacité du droit administratif et dans les limites des pouvoirs accordés par la loi.

Aux termes de l'article 136, paragraphe (4) de la Constitution révisée et des articles 867-870 du Code civil, le titulaire du droit d'administration générale (gouvernement, Conseil de comté ou, le cas échéant, Conseil local) peut, par décision, donner des biens publics sous *administration concrète* à des régies autonomes ou à des établissements publics.

Cadre juridique. Le droit de gestion concrète de la propriété publique est réglementé par l'article 136, paragraphe (4) de la Constitution révisée ; article 861, paragraphe 3 et les articles 866, 867-870 du Code civil, article 4-6 de l'ordonnance du gouvernement n° 15/1993 *sur certaines mesures de restructuration de l'activité des* régies *autonomes*[31] article 4, paragraphes 2 et 3 de

[31] Publiés au *Journal officiel*, partie I, n° 202 du 23 août 1993, tels que modifiés ultérieurement.

l'ordonnance d'urgence du gouvernement n° 30/1997 *sur la réorganisation des* régies *autonomes*[32]; l'article 298-301 du Code administratif.

Parties contractantes. La personne qui transfère le bien à la gestion concrète est le titulaire du droit de gestion général (gouvernement, conseil de comté ou, le cas échéant, Conseil local). Le droit d'administration *concrète* est dévolu aux régies autonomes et aux institutions publiques.

Les régies *autonomes* ont été créées par la loi n° 15/1990 *sur la réorganisation des unités économiques de l'État en régies autonomes et des sociétés commerciales* en entités juridiques dotées d'une autonomie de gestion économique et financière. Les régies autonomes peuvent présenter un intérêt national ou local. Les **régies autonomes d'intérêt national** sont établies par décision du gouvernement dans les branches stratégiques de l'économie nationale – industrie de l'armement, énergie, exploitation minière et gaz naturel, poste et transport ferroviaire – ainsi que dans certains domaines appartenant à d'autres branches établies par le gouvernement (articles 2 et 3 de la loi n° 15/1990). Les **régies autonomes d'intérêt local** sont établies par décision du Conseil de comté ou du Conseil local dans les domaines d'activité suivants, selon les dispositions de l'article 1 de l'O. G. n° 69/1994 : approvisionnement en eau, assainissement et traitement des eaux usées ; production, transport et distribution d'énergie thermique ; transports publics locaux de passagers ; gestion et entretien du parc immobilier, des marchés, des foires, des routes municipales et des espaces verts ; construction, entretien et modernisation des routes et des ponts d'intérêt départemental.

Les *établissements publics* contractants peuvent être toute structure publique, qu'elle soit centrale (ministères ou autres organismes subordonnés au gouvernement, autorités autonomes spécialisées d'administration centrale, autorités subordonnées aux

---

[32] Publié au *Journal officiel*, partie I, n° 125 du 19 juin 1997, approuvé avec des modifications par la loi n° 207/1997, telle que modifiée.

ministères ou autorités centrales autonomes), déconcentré sur le territoire (préfectures, services publics des autorités publiques centrales déconcentrés sur le territoire) ou locale (services publics et autres structures subordonnées aux conseils de comté ou aux conseils locaux), dotée ou non de la personnalité juridique, à gestion collégiale ou unique, établie par la loi ou sur la base de la loi, quelle que soit la source de financement, agissant avec autorité publique.

Objet du contrat. L'objet du contrat est la cession du droit de gérer, à titre gratuit, un ou plusieurs biens meubles ou immeubles du domaine public de l'État ou des unités administratives-territoriales.

Fin du contrat. Le contrat administratif d'octroi en administration concrète des biens publics prend généralement fin dans les mêmes conditions que le contrat de concession du domaine public. En outre, le contrat d'octroi en administration concrète des biens publics sera également fini en cas de réorganisation ou de dissolution de la **régie** autonome ou de l'établissement public. Les entreprises ou sociétés nationales issues de la réorganisation des **régies** autonomes ne peuvent être chargées de la gestion des biens publics.

Litiges. Le règlement des litiges relatifs à l'attribution, à la conclusion, à l'exécution, à la modification et à la résiliation du contrat de gestion des biens publics, ainsi que ceux relatifs à l'attribution d'une indemnité, s'effectue conformément aux dispositions de la *loi sur le contentieux administratif* n° 554/2004, telle que modifiée.

12.9.4 Location de biens publics

La location de biens publics est régie par l'article 136, paragraphe 4 de la Constitution révisée ; l'article 861 du Code civil ; l'article 332-348 du Code administratif. Au fil du temps, des réglementations spéciales ont été adoptées sur la location de divers biens publics, comme, par exemple, l'O.G. n° 19/2002 *sur certaines mesures pour l'établissement et l'utilisation du fonds de location du protocole et des biens meubles du domaine public de l'État, sous l'administration de la Régie autonome des biens du protocole de l'État*[33]. La réglementation relative à la location du domaine public est complétée par les dispositions relatives au contrat de location figurant aux articles 1777-1835 du Code civil.

La location d'un bien public est un contrat par lequel le titulaire du droit de propriété ou de gestion publique d'un bien appartenant au domaine public de l'État ou des unités administratives-territoriales, appelé le *bailleur*, s'engage à assurer l'usage de ce bien à une personne physique ou morale, appelée le *preneur*, pour une durée déterminée, en échange d'un prix, appelé *loyer*.

12.10 Domaine privé

Selon les dispositions de l'article 354 du Code administratif, le domaine privé de l'État ou des unités administratives-territoriales est constitué des biens qui sont leur propriété et qui ne font pas partie du domaine public. L'État ou les unités administratives-territoriales ont un droit de propriété privée sur ces biens.

Les propriétés privées sont en principe soumises aux mêmes réglementations que les propriétés privées, sauf disposition contraire de la loi. La Constitution stipule à l'article 44, paragraphe 2 que la propriété privée est garantie et protégée de manière égale par la loi, quel que soit le propriétaire. Toujours selon les dispositions de l'article 553(4) du Code civil, les biens qui font l'objet d'une propriété privée, quel que soit leur propriétaire, sont et restent dans le circuit civil, sauf disposition contraire de la loi. Ils peuvent être aliénés, faire l'objet de saisies et être acquis par tout moyen prévu par la loi.

La loi peut établir, pour des raisons d'intérêt général, des règles distinctes de celles du droit commun de la propriété privée (par exemple, des règles spécifiques au régime juridique de droit public). Ainsi, l'acquisition de biens dans le domaine privé est généralement réalisée par le biais d'un marché public administratif, dans les

[33] Publiée au *Journal officiel*, partie I, n° 87 du 1er février 2002, approuvée avec des modifications par la loi n° 640/2002, telle que modifiée.

conditions prévues par la loi n° 98/2016 *sur les marchés publics* et la loi n° 99/2016 *sur les marchés sectoriels*, qui exigent dans la plupart des cas une procédure de sélection du contractant par appel d'offres public.

L'existence de biens dans le domaine privé de l'État et des unités administratives-territoriales se justifie par le fait que l'exploitation de ces biens génère d'importantes ressources budgétaires. La propriété privée peut également inclure des biens qui contribuent au fonctionnement des institutions et des services publics, mais qui ne sont pas directement concernés par l'utilisation ou l'intérêt public. Les biens du domaine privé peuvent également représenter une « réserve » pour le domaine public[34], dont certains peuvent être affectés par acte administratif à un service public et devenir ainsi propriété publique (par exemple, un bâtiment du domaine privé de l'État peut être transféré dans le domaine public pour servir de siège à une institution publique).

---

[34] Voir Emil Bălan, *op. cit.* (*Droit administratif des biens*), 2007, p. 127.

CHAPITRE 13.

Fonction publique et fonctionnaires

13.1 La fonction publique

13.1.1 Concept de fonction publique

La réglementation générale de la fonction publique et des fonctionnaires est actuellement assurée par le Code administratif. Auparavant, la réglementation était assurée par la loi n° 188/1999 *sur le statut des fonctionnaires*[1].

Selon les dispositions de l'article 5, lettre y) du Code administratif, la fonction publique est l'ensemble des devoirs et responsabilités, établis par la loi, en vue de l'exercice des prérogatives de puissance publique par les autorités et institutions publiques.

L'article 373 du Code administratif prévoit les principes qui sous-tendent l'exercice de la fonction publique : le principe de légalité ; le principe de compétence ; le principe de performance ; le principe d'efficience et d'efficacité ; le principe d'impartialité et d'objectivité ; le principe de transparence ; le principe de responsabilité, conformément à la loi ; le principe d'orientation vers le citoyen ; le principe de stabilité dans l'exercice de la fonction publique ; le principe de bonne foi, dans le sens du respect des droits et obligations mutuels ; le principe de subordination hiérarchique.

Selon le niveau des attributions du titulaire, les fonctions publiques sont divisées en trois catégories :

---

[1] Republiée au *Journal officiel*, partie I, n° 365 du 29 mai 2007, telle que modifiée.

1. Fonctions publiques correspondant à la catégorie des hauts fonctionnaires ;

2. Fonctions publiques correspondant à la catégorie des fonctionnaires de gestion ;

3. Fonctions publiques correspondant à la catégorie des fonctionnaires d'exécution.

La catégorie des hauts fonctionnaires comprend les personnes qui sont nommées à l'une des fonctions publiques suivantes :

a) Secrétaire général et secrétaire général adjoint des autorités publiques et des institutions de l'administration publique centrale, y compris les autorités administratives autonomes prévues par la Constitution ou établies par une loi organique ;

b) Secrétaire général de l'institution préfectorale ;

c) Inspecteur du gouvernement.

L'ensemble des fonctions d'une institution d'administration publique, correspondant au schéma organisationnel de cette institution, avec ses divisions et subdivisions structurelles constitutives, constitue l'**état des fonctions** de cette institution, approuvé conformément à la loi[2].

Un ou plusieurs **postes**[3] peuvent être prévus dans la structure organisationnelle de l'institution de l'administration publique pour l'exercice d'une fonction. Ainsi, au sein du service des ressources humaines d'une mairie, il peut exister plusieurs postes de référents, dont le nombre dépend des besoins spécifiques du service concerné.

Le contenu spécifique des droits et obligations découlant de la fonction publique et de son titulaire est défini dans la **description du poste**[4].

---

[2] Voir Ion Popescu-Slăniceanu, *La fonction publique*, Maison d'édition Infodial, Bucarest, 2000, p. 79.

[3] Voir Alexandru Negoiţă, *op. cit.* (*Droit administratif*), 1996, p. 97.

[4] *Ibid.*, p. 79.

13.1.2 Caractéristiques de la fonction publique

La fonction publique présente les caractéristiques suivantes[5] :

a) Toute fonction publique est un ensemble d'attributions qui constituent la compétence des institutions et des autorités de l'administration publique. L'exercice effectif de la fonction est la réalisation de la compétence de l'institution publique conformément aux pouvoirs spécialisés légalement établis[6] ;

b) Les pouvoirs (droits et obligations) qui forment le contenu de la fonction publique sont établis par la loi ou par des actes émis sur la base et en exécution de la loi ;

c) Les intérêts généraux de la société sont servis par les fonctions publiques. Le législateur détermine la compétence des agents de l'administration publique dans le but d'organiser le service public de la manière la plus efficace possible ;

d) L'exercice d'une fonction publique contribue à la réalisation de la puissance publique, soit sous une forme directe, dans le cas de fonctions décisionnelles, qui impliquent l'émission d'actes juridiques de pouvoir, d'autorité, soit sous une forme indirecte, par les actions de préparation, d'exécution et de contrôle liées à l'exercice de la puissance publique[7] ;

e) La fonction publique a un caractère continu, existant aussi longtemps qu'elle est jugée nécessaire pour satisfaire un besoin social ;

f) La fonction publique est obligatoire. L'exercice des activités qui font partie de la fonction publique est un droit, mais aussi une obligation pour les fonctionnaires, et non un privilège ;

g) L'organisation et l'exercice des fonctions publiques sont généralement financés par les budgets nationaux ou locaux.

---

[5] Ion Popescu-Slăniceanu, *op. cit.* (*La fonction publique*), 2000, p. 73-79.

[6] *Ibid.*, p. 77.

[7] *Ibid.*, p. 76.

13.2 Le fonctionnaire

13.2.1 Le concept de fonctionnaire

L'agent public est défini par l'article 371(1) du Code administratif comme la personne nommée, en vertu de la loi, à une fonction publique.

Tous les fonctionnaires des autorités administratives autonomes et des autorités et institutions publiques de l'administration publique centrale et locale constituent le **corps des fonctionnaires**.

13.2.2 Caractéristiques du fonctionnaire

De l'analyse de la doctrine[8] en la matière et des dispositions législatives, nous déduisons les caractéristiques générales suivantes des fonctionnaires :

1) Selon l'article 16, paragraphe 3 de la Constitution, un agent public ne peut être qu'une personne ayant la citoyenneté roumaine et résidant dans le pays.

2) Le fonctionnaire est une personne *nommée* à un poste public au sein d'une autorité ou d'une institution publique.

Contrairement aux dignitaires qui sont *élus* ou *nommés sur des critères politiques* à des postes de dignité publique (par exemple, les conseillers locaux sont élus par les citoyens, tandis que le Premier ministre et les ministres sont nommés sur des critères politiques), les fonctionnaires sont toujours *nommés* par acte administratif à des fonctions publiques.

Sur la base de l'acte administratif de nomination accepté par la personne qui occupera la fonction publique, la *relation de service* du fonctionnaire est créée et exercée sous la forme d'un ensemble de droits et d'obligations découlant exclusivement de la loi.

Contrairement aux fonctionnaires, les agents contractuels des institutions publiques sont employés dans le cadre de contrats de travail individuels contenant des droits et obligations librement négociés par les parties, dans les limites fixées par le Code du travail.

---

[8] *Ibid.*, p. 104-112.

3) La nomination des fonctionnaires se fait après qu'ils aient rempli les conditions fixées par la loi pour l'accès aux fonctions publiques. Le non-respect de ces conditions rend impossible l'exercice de la fonction publique par la personne concernée.

4) L'exercice d'une fonction publique est à durée indéterminée. C'est la seule façon de garantir l'un des principes fondamentaux de l'exercice de la fonction publique énoncés à l'article 373 du Code administratif – **stabilité dans l'exercice de la fonction publique**[9].

5) Les fonctionnaires exercent leurs fonctions afin de remplir les compétences de l'institution publique dans la structure de laquelle s'inscrit la fonction publique. Les attributions qui constituent la compétence conférée par la loi à l'institution publique sont exercées par les agents publics afin de servir au mieux les intérêts de la collectivité, et sont liés à la fonction et non à la personne.

6) Les fonctionnaires sont généralement rémunérés sur des fonds publics provenant du budget de l'État ou des collectivités locales.

7) La relation de service du fonctionnaire est régie par un statut spécial. La nature particulière de la relation de service du fonctionnaire, déterminée par le fait qu'il est exclusivement au service de l'intérêt général, a conduit au fil du temps à la création d'un régime juridique de droit public, qui déroge aux relations de travail régies par le Code du travail. Ainsi, les droits et obligations des fonctionnaires, les éléments liés à la carrière et la responsabilité des fonctionnaires ont été contenus dans des règles distinctes du Code du travail, c'est-à-dire dans le Statut des fonctionnaires.

---

[9] Sur le principe de stabilité de la fonction publique, voir Cristian Clipa, « Le caractère contraignant de l'acte administratif de nomination à une fonction publique et la stabilité de la position du fonctionnaire – corrélations nécessaires », *Revista de Drept Public* n° 4/2010, p. 17-20.

13.2.3 Droits et obligations des fonctionnaires

13.2.3.1 Considérations générales

Les droits et obligations des fonctionnaires sont **principalement de nature réglementaire**, étant établis en grande partie unilatéralement par le *statut des fonctionnaires* contenu dans le Code administratif, par des statuts particuliers de fonctionnaires et par divers autres règlements, mais aussi à la suite de négociations par le biais de *conventions collectives*.

Contrairement aux fonctionnaires, les droits et obligations des agents contractuels sont fixés dans le contrat individuel de travail – un contrat de droit privé, conformément à la législation en vigueur, de **nature essentiellement négociée**.

Les droits et obligations des fonctionnaires sont réglementés pour assurer le bon fonctionnement du service public.

13.2.3.2 Droits des fonctionnaires

Les droits spécifiques accordés aux fonctionnaires sont un moyen pour les autorités et institutions publiques d'accomplir leurs tâches. Par conséquent, l'exercice de ces droits spécifiques est également un devoir pour les fonctionnaires, et le refus de les exercer est puni par la loi[10].

Nous allons présenter ci-dessous les principaux droits des fonctionnaires régis par le Code administratif :

1. Le droit de bénéficier de la protection de la loi dans l'exercice de ses fonctions. Selon les dispositions de l'article 427 du Code administratif, les fonctionnaires bénéficient de la protection de la loi dans l'exercice de leurs fonctions. L'institution publique est tenu d'assurer la protection de l'agent public contre les menaces, violences, actes d'outrage dont il pourrait être victime dans l'exercice de ses fonctions ou à l'occasion de celles-ci.

2. Droits de carrière des fonctionnaires. Le droit à la carrière n'est pas expressément réglementé par le statut. Toutefois, il découle

[10] Voir Ion Popescu-Slăniceanu, *op. cit.* (*La fonction publique*), 2000, p. 174.

indirectement du principe de stabilité dans l'exercice de la fonction publique consacré par l'article 373 du Code administratif et de la règle de la relation de service à durée indéterminée [article 374(2) du Code administratif], ainsi que de toutes les dispositions du statut relatives à la carrière des fonctionnaires qui prévoient le recrutement des fonctionnaires par concours et la possibilité d'une évolution de carrière par promotion, dans les conditions prévues par la loi.

3. Le droit d'avoir une opinion. Selon les dispositions de l'article 412 du Code administratif, le droit des fonctionnaires à exprimer leur opinion est garanti. Dans l'exercice de ses fonctions, le fonctionnaire est tenu de respecter la dignité de sa fonction publique, en liant la liberté de dialogue à la promotion des intérêts de l'autorité ou de l'institution publique dans laquelle il travaille. Dans l'exercice de ses fonctions, le fonctionnaire respecte la liberté d'opinion et ne se laisse pas influencer par des considérations personnelles ou la popularité. En exprimant leurs opinions, les fonctionnaires doivent être conciliants et éviter de générer des conflits en échangeant des opinions.

4. L'égalité des chances et de traitement en matière d'évolution de carrière dans la fonction publique. Selon les dispositions de l'article 449, paragraphe 5 du Code administratif, toute discrimination entre les fonctionnaires fondées sur l'appartenance politique, syndicale, religieuse, ethnique, le sexe, l'orientation sexuelle, la situation matérielle, l'origine sociale ou tout autre motif similaire est interdite.

L'accès et la promotion à la fonction publique ainsi que l'exercice de la fonction publique doivent être fondés sur des critères objectifs qui empêchent toute forme de discrimination.

5. Le droit du fonctionnaire d'être informé des décisions concernant sa carrière. Selon l'article 414 du Code administratif, les fonctionnaires ont le droit d'être informés des décisions prises en application du statut qui les concernent directement.

6. Droit d'association dans les organisations syndicales et professionnelles. Le droit des citoyens de s'associer dans des syndicats et d'autres formes d'association est inscrit à l'article 40 de la Constitution. En application de la disposition constitutionnelle, l'article 415, paragraphe 1 du Code administratif dispose que le *droit d'association syndicale est garanti aux fonctionnaires,* et l'article 415, paragraphe 2 du Code administratif dispose que *les fonctionnaires peuvent librement créer des organisations syndicales, y adhérer et exercer tout mandat en leur sein.*

7. **Le droit de grève dans le cadre de la loi.** L'article 416 du Code administratif reconnaît aux fonctionnaires le droit de grève dans les conditions prévues par la loi. Les fonctionnaires en grève ne perçoivent pas leurs salaires et autres droits salariaux pendant la grève.

8. **Droits salariaux.** Selon les dispositions de l'article 417 du Code administratif, les fonctionnaires ont droit à un salaire, à des primes et à d'autres droits pour l'activité exercée, conformément à la législation sur les salaires du personnel payé par des fonds publics.

9. **Le droit au repos quotidien et hebdomadaire.** Les fonctionnaires qui sont tenus d'accomplir les devoirs de leur charge ont également le droit de se reposer afin de reconstituer leurs forces, de protéger leur intégrité et leur santé. Le droit au repos quotidien et hebdomadaire des fonctionnaires est garanti par les horaires de travail fixés à l'article 419, paragraphe 1 du Code administratif, qui sont de 8 heures par jour et de 40 heures par semaine.

10. **Le droit aux congés.** Selon l'article 421, paragraphe 1 du Code administratif, les fonctionnaires ont droit à des congés de repos, des congés de maladie et d'autres congés conformément à la loi. Une protection supplémentaire est offerte au fonctionnaire par la disposition de l'article 421(2) du Code administratif qui prévoit que pendant le congé de maladie, le congé de maternité et le congé pour l'éducation et la garde des enfants, la relations de service ne peuvent être rompues ou modifiée qu'à l'initiative du fonctionnaire concerné.

11. **Le droit à la protection du travail.** L'article 422, paragraphe 1 du Code administratif prévoit que les autorités et institutions publiques sont tenues d'assurer aux fonctionnaires des conditions normales de travail et d'hygiène, de manière à protéger leur santé et leur intégrité physique et mentale. La protection du

travail s'effectue conformément aux dispositions de la loi n° 319/2006 sur *la santé et la sécurité au travail*[11].

12. Le droit à la protection de la santé. Selon les dispositions de l'article 423 du Code administratif, les fonctionnaires ont droit à une assistance médicale, à des prothèses et à des médicaments, conformément à la loi.

13. Droit à la pension. L'article 425 du Code administratif dispose que les fonctionnaires ont droit aux pensions et aux autres prestations de sécurité sociale de l'État conformément à la loi.

14. Le droit d'être élu ou nommé à une fonction publique. Selon les dispositions de l'article 420 du Code administratif, les fonctionnaires peuvent être élus ou nommés à un poste de dignité publique, conformément à la loi. La loi n° 161/2003 relative *à certaines mesures visant à garantir la transparence dans l'exercice des dignités publiques, des fonctions publiques et de l'environnement des affaires, la prévention et la sanction de la corruption* stipule à l'article 97, paragraphe 2 que « la relation de service de l'agent public est suspendue » :

a) pendant la campagne électorale, jusqu'au lendemain des élections, s'il n'est pas élu ;

b) jusqu'à la cessation de la fonction éligible ou de la fonction de dignité publique, si l'agent public a été élu ou nommé.

15. Droit à la réparation des dommages causés par la faute de l'autorité publique. Selon les dispositions de l'article 428 du Code administratif, l'institution publique est tenu d'indemniser le fonctionnaire lorsqu'il a subi, par la faute de l'institution publique, un préjudice matériel dans l'exercice de ses fonctions.

16. Autres droits spécifiques. Par exemple, selon l'article 418 du Code administratif, les fonctionnaires qui sont tenus par la loi de porter un uniforme pendant leur service le reçoivent gratuitement. L'article 380(4)(a) du Code administratif permet d'établir d'autres droits pour les fonctionnaires par des statuts spéciaux.

---

[11] Publiée au *Journal officiel*, partie I, n° 646 du 26 juillet 2006, telle que modifiée.

13.2.3.3 Obligations des fonctionnaires

Les principales obligations des fonctionnaires régies par le *statut des fonctionnaires* figurant dans le Code administratif sont les suivantes :

1. L'obligation d'exercer leurs fonctions officielles. Selon les dispositions de l'article 431, paragraphe 1 du Code administratif, les fonctionnaires sont tenus d'exercer leurs fonctions de manière professionnelle, impartiale et conforme à la loi et de s'abstenir de tout acte qui pourrait porter préjudice aux personnes physiques ou morales ou au prestige du corps des fonctionnaires. L'article 433 du Code administratif prévoit également que les fonctionnaires sont tenus de fournir un service public de qualité au profit des citoyens, en participant activement à la prise de décisions et en les mettant en pratique afin de remplir les pouvoirs des autorités et institutions publiques.

2. Obligation de se conformer aux ordres reçus du supérieur (obligation de subordination hiérarchique). L'un des principes qui sous-tendent l'exercice de la fonction publique est le principe de la subordination hiérarchique selon l'article 373 du Code administratif. Par ailleurs, l'article 437, paragraphe 2 du Code administratif dispose que le fonctionnaire est tenu de se conformer aux instructions reçues de ses supérieurs hiérarchiques.

3. L'obligation de respecter les interdictions prévues par la loi concernant la participation aux activités des partis politiques et l'expression des convictions politiques. Conformément à l'article 98 de la loi n° 161/2003, il est interdit aux fonctionnaires d'être membres des organes directeurs des partis politiques et d'exprimer ou de défendre publiquement les positions d'un parti politique. Les fonctionnaires qui, selon la loi, appartiennent à la catégorie des hauts fonctionnaires ne peuvent être membres d'un parti politique, sous peine d'être démis de leurs fonctions publiques.

4. L'obligation de préserver le secret d'État, le secret de fonction et la confidentialité des informations dont ils ont connaissance dans l'exercice de leurs fonctions publiques. Selon les dispositions de l'article 439 du Code administratif, les fonctionnaires sont tenus au secret d'État, au secret de service et à la confidentialité pour les faits, informations ou documents dont ils ont connaissance dans l'exercice de leur fonction publique, dans les conditions de la loi, à l'exception des informations d'intérêt public.

5. L'obligation de traiter de manière impartiale les problèmes des citoyens. Selon les dispositions de l'article 447(3) du Code administratif, les fonctionnaires publics doivent adopter une attitude impartiale et justifiée pour résoudre les problèmes des citoyens de manière claire et efficace. Les fonctionnaires sont tenus d'assurer l'égalité de traitement des citoyens devant les autorités et institutions publiques, un principe selon lequel les fonctionnaires ont le devoir de prévenir et de combattre toute forme de discrimination dans l'exercice de leurs fonctions professionnelles [Article 447(6) du Code administratif].

6. L'obligation de se comporter d'une manière qui assure le prestige de la fonction publique occupée. Les fonctionnaires sont tenus de défendre fidèlement le prestige de l'institution publique dans laquelle ils exercent leur activité et de s'abstenir de tout acte ou fait susceptible de porter atteinte à son image ou à ses intérêts juridiques [Article 434(1) du Code administratif].

7. Interdiction d'accepter, en contrepartie de leurs fonctions publiques, des cadeaux ou autres avantages. Selon les dispositions de l'article 440 du Code administratif, il est interdit aux fonctionnaires de solliciter ou d'accepter, directement ou indirectement, pour eux-mêmes ou pour autrui, en considération de leurs fonctions publiques, des dons ou autres avantages.

8. Interdiction d'utiliser les prérogatives liées à l'exercice d'une fonction publique à des fins autres que celles prévues par la loi. Il est interdit aux agents publics d'utiliser les prérogatives de leur fonction publique à des fins autres que celles prévues par la loi. Il est interdit aux agents publics, par leur activité de décision, de conseil, d'élaboration d'actes normatifs, d'évaluation ou de participation à des enquêtes ou à des actions de contrôle, de chercher à obtenir des bénéfices ou des avantages dans un intérêt personnel ou à causer un préjudice matériel ou moral à d'autres personnes.

9. Interdiction d'utiliser les ressources publiques à des fins autres que l'exercice de la fonction. Les agents publics sont tenus d'assurer la protection des biens publics et privés de l'État et des unités administratives-territoriales, d'éviter tout dommage, en agissant en toute situation comme un bon propriétaire. Les fonctionnaires sont tenus d'utiliser leur temps de travail et les biens appartenant à l'autorité ou à l'institution publique uniquement pour l'exécution des activités liées à leur fonction publique.

10. Limitation de la participation aux marchés publics, concessions ou locations. Selon les dispositions de l'article 444 du Code administratif, un fonctionnaire ne peut pas acquérir un bien qui est le domaine privé de l'État ou des unités administratives-territoriales, soumis à la vente en vertu de la loi, dans les situations suivantes :

a) Lorsqu'il a eu connaissance, dans l'exercice ou à l'occasion de l'exercice de ses fonctions, de la valeur ou de la qualité des marchandises à vendre ;

b) Lorsqu'il a participé, dans l'exercice de ses fonctions officielles, à l'organisation de la vente des biens concernés ;

c) Lorsqu'il peut influencer les transactions de vente ou lorsqu'il a obtenu des informations auxquelles les personnes intéressées par l'achat des biens n'avaient pas accès.

11. Obligation de déclarer son patrimoine.

Selon les dispositions de l'article 445(4) du Code administratif lors de la nomination à une fonction publique, ainsi que lors de la cessation de la relation de service, les fonctionnaires sont tenus de remettre, conformément à la loi, au chef de l'institution publique une déclaration de patrimoine. La déclaration de patrimoine est mise à jour annuellement conformément à la loi. L'obligation pour le fonctionnaire de déclarer son patrimoine a pour but de prévenir les cas d'acquisition illégale de richesse par la corruption, lorsque le fonctionnaire utilise sa position pour obtenir des avantages matériels qui ne lui sont pas dus.

12. Interdiction de recevoir directement les demandes pour lesquelles ils sont compétents ou de discuter directement avec les plaignants. Il est interdit aux fonctionnaires de recevoir directement les demandes dont ils sont responsables ou de traiter directement avec les plaignants, sauf pour ceux à qui ces fonctions sont confiées, et d'intervenir dans la résolution de ces demandes. Cette interdiction a pour but de protéger le prestige de l'agent public en le mettant à l'abri de tout soupçon d'infraction de corruption[12].

13. L'obligation de respecter le régime juridique des conflits d'intérêts et des incompatibilités établi par la loi. Conformément aux dispositions de l'article 445 du Code administratif, les agents publics sont tenus de respecter strictement le régime juridique des conflits d'intérêts et des incompatibilités établi par la loi.

Conflit d'intérêts signifie, conformément aux dispositions de l'article 70 de la loi n° 161/2003 que la situation dans laquelle la personne exerçant une dignité publique ou une fonction publique a un intérêt personnel de nature patrimoniale, qui pourrait influencer l'exercice objectif de ses fonctions selon la Constitution et d'autres actes normatifs. En cas de conflit d'intérêts, l'agent public est tenu de s'abstenir de traiter la demande, de prendre la décision ou de participer à la prise de décision et d'en informer immédiatement le supérieur hiérarchique auquel il est directement subordonné.

Les *incompatibilités* concernant les dignités publiques et les fonctions publiques sont celles réglementées par la Constitution, par la loi applicable à l'autorité ou à l'institution publique dans laquelle les personnes exerçant une dignité publique ou une fonction publique exercent leur activité, ainsi que par les dispositions de la loi n° 161/2003. Conformément aux dispositions de l'article 94, paragraphe 1 de la loi n° 161/2003, le statut de fonctionnaire est incompatible avec toute fonction publique autre que celle à laquelle il a été nommé, ainsi qu'avec les fonctions de dignité publique.

---

[12] Voir Mircea Preda, *Droit administratif. Partie générale*, 4e édition, Maison d'édition Lumina Lex, Bucarest, 2006, p. 134 ; Verginia Vedinaş, *Le statut des fonctionnaires publics*, Maison d'édition Universul Juridic, Bucarest, 2009, p. 192-193.

Les incompatibilités concernant les dignités publiques et les fonctions publiques sont celles réglementées par la Constitution, par la loi applicable à l'autorité ou à l'institution publique dans laquelle les personnes exerçant une dignité publique ou une fonction publique, ainsi que par les dispositions de la loi n° 161/2003.

13.2.4 La carrière du fonctionnaire

13.2.4.1 Recrutement de fonctionnaires

Conditions requises pour exercer une fonction publique. Selon les dispositions de l'article 465 du Code administratif, une personne peut exercer une fonction publique si elle remplit les conditions suivantes :

a) a la nationalité roumaine et réside en Roumanie ;

b) connaît le roumain, écrit et parlé ;

c) est âgée d'au moins 18 ans ;

d) a la pleine capacité d'exercer la profession ;

e) est médicalement et psychologiquement apte à exercer une fonction publique. La certification de l'état de santé se fonde sur un examen médical spécialisé effectué par le médecin de famille et sur une évaluation psychologique organisée par des unités spécialisées accréditées par la loi ;

f) remplit les conditions de formation et d'ancienneté dans la spécialité, prévues par la loi pour la fonction publique ;

g) remplit les conditions spécifiques, telles que définies dans la description du poste, pour occuper la fonction publique ;

h) n'a pas fait l'objet d'une condamnation pour crime contre l'humanité, contre l'État ou contre l'autorité, pour corruption ou délit de service, pour entrave à l'action de la justice, pour faux et usage de faux ou pour un délit commis dans une intention qui le rendrait incompatible avec l'exercice d'une fonction publique, sauf s'il y a eu réhabilitation, amnistie post-condamnation ou dépénalisation du délit ;

i) n'a pas été déchue du droit d'exercer une fonction publique ou d'exercer la profession ou l'activité dans l'exercice de laquelle il a commis l'infraction par une décision judiciaire définitive en vertu de la loi ;

j) n'a pas été licenciée d'un emploi public ou n'a pas vu son contrat de travail individuel résilié pour des raisons disciplinaires au cours des trois dernières années ;

k) n'a pas été travailleur ou collaborateur des services de sécurité avant la Révolution de 1989, dans les conditions prévues par la législation spécifique.

Pour occuper des postes de gestion publique, les candidats doivent être titulaires d'une maîtrise dans le domaine de l'administration publique, de la gestion ou dans le domaine d'études requis pour le poste public ou d'un diplôme équivalent conformément aux dispositions de l'article 153, paragraphe (2) de la *loi sur l'éducation nationale* n° 1/2011.

Des conditions spécifiques peuvent être fixées dans des statuts particuliers et d'autres règlements pour le pourvoi de diverses fonctions publiques.

Le recrutement dans la fonction publique se fait par concours, dans la limite des fonctions publics vacants réservés à cet effet par le plan d'occupation des fonctions publics.

Les conditions de participation et la procédure d'organisation du concours sont fixées par la loi.

Le concours est fondé sur les principes de la concurrence ouverte, de la transparence, du mérite et de la compétence professionnels, ainsi que de l'égalité d'accès aux fonctions publiques pour tout citoyen qui remplit les conditions légales.

13.2.4.2 Période de stage

Selon les dispositions de l'article 474 du Code administratif, la période de stage a pour but de vérifier l'aptitude professionnelle dans l'exercice des fonctions et responsabilités d'une charge publique, la formation pratique des jeunes fonctionnaires, ainsi que leur connaissance des spécificités de l'administration publique et de ses exigences.

La durée du stage est d'un an.

À la fin de la période probatoire, sur la base du résultat de l'évaluation, le nouveau fonctionnaire sera :

a) nommé en tant que fonctionnaire exécutif permanent dans le grade correspondant aux études accomplies, dans la fonction publique concernée, dans le grade professionnel d'assistant ;

b) licencié de la fonction publique si l'évaluation des performances donne une note « insatisfaisante ».

13.2.4.3 Nomination des fonctionnaires

La nomination aux fonctions publiques est faite par le chef de l'institution publique ou, le cas échéant, par la personne qui a le pouvoir légal de nomination dans les conditions des actes normatifs spécifiques, par acte administratif délivré dans les termes et les conditions de la loi, sur la base des résultats du concours (article 473 du Code administratif).

L'acte administratif de nomination est écrit et doit contenir la base légale de la nomination, le nom de l'agent public, le nom de la fonction publique, la date à partir de laquelle la fonction publique doit être exercée, la période pour laquelle la nomination à la fonction publique est ordonnée ; les droits salariaux, ainsi que le lieu d'activité et la durée de l'horaire de travail (article 529 du Code administratif).

La fiche de poste de la fonction publique est jointe à l'acte administratif de nomination, et une copie est remise à l'agent public.

Lors de son entrée dans la fonction publique, le fonctionnaire prête le serment d'allégeance dans les trois jours suivant la délivrance de l'acte de nomination à la fonction publique permanente. Le serment a la forme suivante : « Je jure de respecter la Constitution, les droits et libertés fondamentaux de l'homme, d'appliquer correctement et sans parti pris les lois du pays, d'accomplir consciencieusement les devoirs qui m'incombent dans la fonction publique à laquelle j'ai été nommé, de garder le secret professionnel et d'observer les règles de conduite professionnelle et civique. Que Dieu me vienne en aide. » La formule religieuse pour la conclusion du serment respectera la liberté de croyance religieuse, et le serment pourra être prêté sans la formule religieuse.

Le refus de prêter serment entraîne la révocation de l'acte administratif de nomination de la personne à la fonction publique.

13.2.4.4 Nature juridique du rapport de service du fonctionnaire

L'acte administratif de nomination, le consentement exprimé par étapes du fonctionnaire à occuper une fonction publique et la nature essentiellement réglementaire de ses droits et obligations nous amènent à considérer que la source du rapport juridique de la fonction publique est un **contrat administratif.** Nous notons que la Haute Cour de Cassation et Justice, par sa jurisprudence, a également consacré la nature juridique contractuelle (contrat administratif) de la relation de service du fonctionnaire[13].

La décision n° 14/2008 de la Haute Cour souligne les particularités de la relation de service du fonctionnaire par rapport à la relation de travail du salarié en concluant que « l'acte de nomination à l'autorité publique ainsi que la candidature et/ou l'acceptation du poste par le futur fonctionnaire forment l'accord de volonté, le **contrat administratif** (s.n. C.S.S.) ». La décision souligne que « les fonctionnaires ne travaillent pas dans le cadre d'un contrat de travail, ils sont dans une relation de service résultant de l'acte administratif de nomination ». Ce qui distingue la relation de service d'un fonctionnaire de celle d'un employé est le fait que le

[13] Décision n° 14/2008 prononcée par les Sections Unies, relative à l'examen du recours dans l'intérêt de la loi, introduit par le Procureur Général du Parquet de la Haute Cour de Cassation et Justice, publiée au *Journal officiel* de la Roumanie, partie I, n° 853 du 18 décembre 2008.

fonctionnaire est porteur de la puissance publique, qu'il exerce dans les limites de sa fonction[14].

13.2.4.5 Promotion des fonctionnaires

Au cours de leur carrière, les fonctionnaires peuvent être promus dans la fonction publique dans les conditions prévues par la loi. La promotion dans la classe et la promotion dans les grades professionnels ne sont pas subordonnées à l'existence d'un poste vacant. Seule la promotion à une fonction publique dans la catégorie des hauts fonctionnaires, ainsi que la promotion à une fonction publique supérieure, est subordonnée à l'existence d'un poste vacant (article 477 du Code administratif).

La promotion est le moyen de faire évoluer la carrière en accédant à un poste public supérieur.

La promotion au poste de la fonction publique d'exécution dans le grade professionnel immédiatement supérieur à celui détenu par le fonctionnaire se fait par voie de concours ou d'examen organisé par les institutions publiques, dans la limite des crédits budgétaires alloués, par transformation du poste détenu par le fonctionnaire à la suite de la réussite au concours ou à l'examen.

Pour se présenter au concours ou à l'examen de promotion au grade professionnel supérieur, le fonctionnaire doit remplir les conditions cumulatives suivantes, selon l'article 479, paragraphe 1 du Code administratif :

a) avoir au moins trois ans d'ancienneté dans le grade professionnel de la fonction publique dont il est promu ;

b) avoir obtenu un nombre minimal de crédits par la participation à des séminaires, des conférences, des échanges d'expériences ou des visites d'études, conformément à la loi, ou avoir suivi un cours de formation continue d'au moins 30 heures au cours des trois dernières années d'activité ;

---

[14] Ion Traian Ştefănescu, *Traité théorique et pratique de droit du travail*, 3e édition, revue et augmentée, Maison d'édition Universul Juridic, 2014, p. 24.

c) avoir obtenu au moins la qualification « bien » dans l'évaluation des performances individuelles au cours des deux dernières années d'activité ;

d) ne pas avoir de sanction disciplinaire non levée aux termes du présent Code.

13.2.4.6 Modification et suspension du rapport de service du fonctionnaire. Licenciement du fonctionnaire

13.2.4.6.1 Modification du rapport de service du fonctionnaire

Selon l'article 502, paragraphe 1 du Code administratif, la modification des relations de service des fonctionnaires s'effectue par :

a) délégation ;

b) détachement ;

c) transfert ;

d) mutation définitive au sein de l'institution publique ou au sein d'une autre structure sans personnalité juridique de l'institution publique, dans les conditions du présent Code ;

e) mutation temporaire au sein de l'institution publique ou au sein d'une autre structure sans personnalité juridique de l'institution publique, dans les conditions du présent Code ;

f) exercice temporaire d'une haute fonction publique ou d'un poste dans la catégorie des fonctions de gestion publique ;

g) promotion ;

h) mobilité au sein de la catégorie des hauts fonctionnaires.

La délégation est ordonnée dans l'intérêt de l'établissement public auprès duquel le fonctionnaire est affecté, pour une période n'excédant pas soixante jours civils par an.

Une délégation pour une période supérieure à 60 jours civils par année civile ne peut être ordonnée qu'avec le consentement écrit du fonctionnaire.

Pendant la période de délégation, le fonctionnaire conserve sa fonction publique et son traitement et l'établissement public délégant est tenu de prendre en charge l'intégralité des frais de transport, de logement et de l'indemnité de délégation.

Le détachement est prononcé dans l'intérêt de l'établissement public dans lequel le fonctionnaire exercera son activité, pour une durée maximale de six mois. Un fonctionnaire ne peut être détaché pour plus de six mois par année civile qu'avec son accord écrit.

Le détachement peut être prononcé si la formation professionnelle du fonctionnaire correspond aux fonctions et responsabilités de la fonction publique, sous réserve de la catégorie, de la classe et du grade du fonctionnaire.

Pendant la période de détachement, le fonctionnaire conserve sa fonction publique et son salaire. Si le traitement correspondant à la fonction publique à laquelle il est détaché est plus élevé, il a droit à ce traitement. Pendant la période de détachement dans un autre lieu, l'établissement public d'accueil est tenu de prendre en charge l'intégralité des frais de transport aller et retour au lieu de détachement au moins une fois par mois, le logement et l'indemnité de détachement.

Le transfert peut avoir lieu dans l'intérêt du service ou à la demande du fonctionnaire. Le transfert peut se faire vers un poste vacant de la fonction publique de même niveau, dans la limite de la catégorie, de la classe et du grade du fonctionnaire, ou vers un poste vacant de la fonction publique d'un niveau inférieur.

Le transfert dans l'intérêt du service ne peut se faire qu'avec le consentement écrit du fonctionnaire transféré. En cas de transfert dans l'intérêt du service vers une autre localité, le fonctionnaire transféré a droit à une indemnité égale à son traitement net calculé à hauteur du traitement du mois précédant celui de sa mutation et à un congé payé de 5 jours.

Le transfert sur demande est effectué à la demande du fonctionnaire et avec l'accord du chef de l'établissement public dans lequel le fonctionnaire exercera son activité.

La mutation au sein de l'établissement public ou dans une autre structure sans personnalité juridique de l'établissement public peut être permanente ou temporaire.

La mutation définitive peut se faire vers un poste vacant de la fonction publique de même niveau, dans la limite de la catégorie, de la classe et du grade du fonctionnaire, ou vers un poste vacant de la fonction publique d'un niveau inférieur. Le fonctionnaire doit remplir les conditions de formation, d'ancienneté et de spécificité de la fonction publique à laquelle il doit être transféré.

La mutation définitif peut avoir lieu :

a) par ordre du chef de l'autorité ou de l'institution publique dans laquelle le fonctionnaire exerce son activité, avec le consentement écrit du fonctionnaire ;

b) à la demande justifiée du fonctionnaire, avec l'approbation du chef de l'autorité ou de l'institution publique.

La mutation temporaire dans une autre fonction publique vacante ou provisoirement vacante est ordonnée, pour des raisons valables, dans l'intérêt de l'établissement public, par le chef de l'établissement public dans une fonction publique de même niveau, en tenant compte de la catégorie, du grade et du rang professionnel du fonctionnaire, pour une période maximale de 6 mois par année civile. Au cours d'une année civile, un fonctionnaire ne peut être muté pour plus de 6 mois qu'avec son consentement écrit. Le fonctionnaire doit remplir les conditions de formation et d'ancienneté requises pour la fonction publique à laquelle il doit être muté.

À titre exceptionnel, une mutation temporaire ou définitive peut être demandée par le fonctionnaire si son état de santé, prouvé par un examen spécialisé, ne lui permet plus d'exercer l'activité dans ce service.

L'exercice temporaire d'une fonction publique de gestion *vacant* ou *en cours de vacances* s'effectue par la promotion temporaire d'un fonctionnaire qui remplit les conditions de formation et d'ancienneté dans la spécialité des études pour l'occupation de la fonction publique et qui n'a pas de sanction disciplinaire non traitée dans son dossier administratif.

Si le salaire correspondant à la fonction publique occupé à titre temporaire est plus élevé, le fonctionnaire a droit à ce salaire.

Mobilité et disponibilité des hauts fonctionnaires. Selon les dispositions de l'article 503 du Code administratif, les hauts fonctionnaires sont soumis à la mobilité dans les fonctions et à la disponibilité pour être nommés à une fonction publique, dans les conditions prévues par la loi pour leur nomination.

13.2.4.6.2 Suspension du rapport de service du fonctionnaire

La relation de service du fonctionnaire peut être suspendue de plein **droit**, **à l'initiative du fonctionnaire** ou **par accord entre les parties.**

La suspension de la relation de service est établie ou approuvée par un acte administratif de la personne qui est compétente pour nommer la personne à la fonction publique.

La suspension de la relation de service a pour effet juridique de suspendre le travail du fonctionnaire et le paiement de ses droits salariaux par l'institution publique.

Pendant la période de suspension, les relations de service des fonctionnaires ne peuvent être résiliées ou modifiées que sur l'initiative ou avec le consentement du fonctionnaire concerné.

La relation de service est **automatiquement** suspendue lorsque le fonctionnaire se trouve, conformément à l'article 513, paragraphe 1 du Code administratif, dans une position d'autorité publique dans l'une des situations suivantes :

a) est nommé à une fonction de dignité publique pour la période en question ;

b) est élu, dans une fonction de dignité publique, pour cette période ;

c) est nommé pour travailler dans les missions diplomatiques de la Roumanie ou dans les organes ou institutions de l'Union européenne ou dans d'autres organes ou institutions de droit international public, en tant que représentant de l'autorité ou de l'institution publique ou de l'État roumain, pour la période en question ;

d) effectue son service militaire lors de la déclaration de mobilisation et d'état de guerre ou de l'établissement de l'état de siège ;

e) est placé en détention provisoire, est assigné à résidence et lorsque, aux termes du Code de procédure pénale, la mesure de contrôle judiciaire ou de surveillance judiciaire sous caution a été ordonnée à son encontre, si des obligations empêchant l'exercice de la relation de service ont été établies à son encontre ;

f) en cas de quarantaine, conformément à la loi ;

g) le congé de maternité, conformément à la loi ;

h) a disparu, et la disparition a été constatée par une décision judiciaire définitive ;

i) un congé pour incapacité temporaire de travail d'une durée supérieure à un mois, conformément à la loi ;

j) en cas de force majeure ;

k) en cas de décision médicale sur la capacité de travail en cas d'invalidité du premier ou du deuxième degré ;

l) si la personne a été mise en examen pour un délit contre l'humanité, contre l'État ou contre l'autorité, pour des délits de corruption ou de service, pour des délits d'entrave à la justice, pour des délits de faux ou pour un délit commis dans une intention qui rendrait la personne incompatible avec l'exercice d'une fonction publique ;

m) dans les autres cas expressément prévus par la loi.

La relation de service est suspendue **à l'initiative du fonctionnaire,** conformément à l'article 514, paragraphe 1 du Code administratif, dans les situations suivantes :

a) le congé parental pour un enfant jusqu'à l'âge de 2 ans ou, dans le cas d'un enfant handicapé, jusqu'à l'âge de 3 ans, conformément à la loi ;

b) un congé de garde d'enfants jusqu'à l'âge de 7 ans dans le cas d'un enfant handicapé, conformément à la loi ;

c) la période du congé d'installation d'une durée maximale d'un an, y compris la période de placement de l'enfant en vue de son adoption ;

d) le congé parental ;

e) est employé dans le bureau d'un dignitaire ;

f) exerce une activité syndicale pour laquelle une suspension est prévue par la loi ;

g) suit un traitement médical à l'étranger, si le fonctionnaire n'est pas en congé de maladie pour incapacité temporaire de travail, ainsi que pour accompagner son conjoint ou, le cas échéant, son époux ou un parent jusqu'au premier degré inclus, conformément à la loi ;

h) pour la participation à la campagne électorale, pendant la campagne électorale et jusqu'au lendemain des élections ;

i) pour la participation à la grève, dans les conditions de la loi ;

j) travailler pour des organismes ou institutions internationaux pendant une période déterminée.

La relation de service peut être suspendue à la **demande motivée du fonctionnaire** pour un intérêt personnel dans les cas autres que ceux prévus ci-dessus pour une période cumulée de 2 ans maximum pendant l'exercice de la fonction publique occupée. La durée de la suspension est déterminée par accord entre les parties et ne peut être inférieure à 30 jours [Article 515(1) du Code administratif].

13.2.4.6.3 Licenciement du fonctionnaire

La fin des relations de service des fonctionnaires est faite, selon les dispositions de l'article 516 du Code administratif, par un acte administratif de la personne qui a le pouvoir légal de nomination à la fonction publique et a lieu dans les conditions suivantes :

a) de plein droit ;

b) par accord des parties, constaté par écrit ;

c) par la libération de la fonction publique ;

d) par la révocation de la fonction publique ;

e) par démission.

La fin de plein droit de la relation de service existante a lieu dans les cas suivants prévus à l'article 517, paragraphe 1 du Code administratif :

a) à la date du décès du fonctionnaire ;

b) à la date du jugement définitif déclarant le décès du fonctionnaire ;

c) si le fonctionnaire n'a plus la nationalité roumaine, ne réside plus en Roumanie ou n'a plus sa pleine capacité juridique ;

d) à la date de l'accomplissement cumulatif des conditions d'âge standard et de la durée minimale de cotisation pour la retraite ;

e) à la date de la décision médicale sur la capacité de travail en cas d'invalidité du premier ou du deuxième degré, si la capacité de travail du fonctionnaire est altérée de manière irréversible ;

f) à la suite d'une déclaration de nullité absolue de l'acte administratif qui le nomme à une fonction publique, à partir de la date à laquelle la nullité a été constatée par une décision judiciaire définitive ;

g) lorsqu'une décision judiciaire définitive a ordonné une condamnation pour une infraction visée à l'article 465, paragraphe (1) lettre h) du Code administratif (infractions contre l'humanité, contre l'État ou contre l'autorité, infractions de corruption ou de service, infractions entravant le cours de la justice, infractions de faux ou infractions commises avec une intention qui rendrait la personne incompatible avec l'exercice d'une fonction publique) ou une peine privative de liberté a été prononcée, à la date à laquelle le jugement de condamnation devient définitif, indépendamment du mode d'individualisation de l'exécution de la peine ;

h) d'une interdiction d'exercer une fonction publique ou un emploi, d'exercer une profession ou un métier, ou d'exercer l'activité qui a servi à commettre l'infraction, à titre de peines complémentaires, ou d'une interdiction d'exercer une fonction ou une profession, à titre de mesure conservatoire, à compter de la date à laquelle le jugement prononçant l'interdiction devient définitif ;

i) à la suite de la constatation que la fonction publique a été occupée en violation de la loi par une personne qui purgeait une peine complémentaire d'interdiction d'exercer une fonction impliquant l'exercice de l'autorité de l'État au moment de sa nomination à la fonction publique ;

j) à la suite de la constatation que la fonction publique a été occupée en violation de la loi par une personne qui était un ancien travailleur ou collaborateur de la Securitate, sur la base d'une décision judiciaire définitive ;

k) à la date d'expiration de l'engagement à durée déterminée ;

l) les autres cas expressément prévus par la loi.

La libération des fonctions publiques est ordonnée par la personne qui a le pouvoir légal de nommer aux fonctions publiques, par acte administratif, dans les cas suivants prévus à l'article 519, paragraphe 1 du Code administratif :

a) L'autorité ou l'institution publique a cessé son activité conformément à la loi et ses tâches et son personnel n'ont pas été repris par une autre autorité ou institution publique ;

b) L'autorité ou l'institution publique a été déplacée dans un autre lieu et le fonctionnaire n'accepte pas de la suivre ;

c) La collectivité ou l'établissement public réduit ses effectifs à la suite d'une réorganisation de ses activités en réduisant l'emploi occupé par le fonctionnaire ;

d) Suite à l'acceptation d'une demande de réintégration dans la fonction publique occupée par le fonctionnaire d'un fonctionnaire licencié ou renvoyé illégalement ou pour des motifs non fondés, à partir de la date à laquelle le jugement ordonnant la réintégration devient définitif ;

e) Pour incompétence professionnelle, en cas de note insatisfaisante à l'issue du processus d'évaluation des performances individuelles, c'est-à-dire insatisfaisante à la fin de la période probatoire ;

f) Le fonctionnaire ne remplit plus les conditions de formation et d'ancienneté ou les conditions spécifiques, telles qu'elles figurent dans la fiche de poste, pour exercer la fonction publique ou n'obtient pas l'avis/autorisation requis par la loi ;

g) L'état de santé physique et/ou mentale du fonctionnaire, constaté par une décision des organes d'expertise médicale compétents, ne lui permet plus d'exercer les fonctions correspondant à l'emploi public occupé ;

h) À la suite du refus injustifié du haut fonctionnaire d'accepter la mobilité.

En cas de révocation, l'autorité ou l'institution publique est tenue de donner aux fonctionnaires un préavis de 30 jours civils. Pendant la période de préavis, la personne qui a l'autorité légale pour nommer le fonctionnaire peut accorder au fonctionnaire concerné une réduction de son temps de travail allant jusqu'à 4 heures par jour, sans affecter ses droits salariaux.

La réduction d'un poste est justifiée si les fonctions y afférentes changent de plus de 50 % ou si les conditions spécifiques du poste relatives à l'éducation changent.

En cas de réorganisation de l'activité par suppression de postes, la collectivité ou l'établissement public ne peut créer des postes similaires à ceux supprimés pendant une période d'un an à compter de la date de la réorganisation.

La révocation est prononcée par un acte administratif de la personne qui a le pouvoir légal de nommer aux fonctions publiques, à titre de sanction disciplinaire appliquée pour des raisons imputables à l'agent public, dans les cas suivants :

a) pour avoir commis une faute disciplinaire ayant des conséquences graves ;

b) si un motif légal d'incompatibilité est apparu et que le fonctionnaire n'agit pas pour y mettre fin dans un délai de 15 jours civils à compter de la date à laquelle l'incompatibilité est apparue.

La démission est un acte juridique unilatéral par lequel un fonctionnaire notifie par écrit la fin de la relation de service[15].

Le fonctionnaire peut notifier la cessation de ses fonctions par démission, notifiée par écrit à la personne qui a le pouvoir légal de le nommer dans l'emploi. La démission ne doit pas être motivée et prend effet 30 jours civils après l'enregistrement.

[15] Voir Verginia Vedinaş, *op. cit.* (*Droit administratif*), 2015, p. 550.

Si la relation de service a pris fin pour des raisons que le fonctionnaire considère comme infondées ou illégales, il peut demander au juge administratif l'annulation de l'acte administratif qui a constaté ou ordonné la cessation de la relation de service, dans les conditions et délais prévus par la *loi* n° 554/2004 sur *le contentieux administratif*, et le versement par l'autorité ou l'institution publique auteur de l'acte administratif d'une indemnité égale aux traitements indexés, majorés et recalculés et aux autres droits dont le fonctionnaire aurait bénéficié.

À la demande du fonctionnaire, le tribunal qui a déclaré l'acte administratif nul et non avenu ordonne sa réintégration dans la fonction publique qu'il occupe.

13.2.4.7 Corps de réserve de fonctionnaires

Le corps de réserve est composé de fonctionnaires qui ont été libérés de leur fonction publique pour des raisons indépendantes de leur volonté et est géré par l'Agence nationale des fonctionnaires.

Selon l'article 525, paragraphe 2 du Code administratif, les fonctionnaires quittent le corps de réserve et perdent leur statut de fonctionnaire dans les situations suivantes :

a) Après l'expiration d'un délai de 2 ans à compter de la date de transfert dans le corps de réserve ;

b) Si l'Agence nationale des fonctionnaires le réaffecte à un poste vacant approprié de la fonction publique et que le fonctionnaire le refuse ;

c) À l'expiration d'un délai de 12 mois à compter de la date d'embauche sur la base d'un contrat individuel de travail, ainsi que dans toute autre forme d'exercice d'une profession ou d'une activité, dans les conditions expressément prévues par la loi ;

d) À la demande du fonctionnaire ;

e) À la date de survenance d'un cas de cessation automatique du service du fonctionnaire.

13.2.5 Responsabilité des fonctionnaires

13.2.5.1 L'attitude responsable et responsabilité juridique des fonctionnaires

Dans leur service et dans la société, les fonctionnaires doivent avoir une attitude responsable, en se rapportant activement et consciemment aux normes et valeurs de la communauté, car les fonctions publiques qu'ils exercent sont de véritables missions sociales qui contribuent au bon fonctionnement de la société[16].

L'attitude responsable du fonctionnaire fait référence à son implication avec sollicitude dans la résolution des problèmes des citoyens, en accomplissant les devoirs de sa charge avec objectivité et professionnalisme[17].

L'esprit de responsabilité du fonctionnaire détermine son attachement à la culture de l'organisation publique dans laquelle il travaille, aux valeurs de la société et au respect de la loi. Le fonctionnaire doit agir avec la conviction que servir fidèlement l'intérêt public est le fondement de sa conduite professionnelle et morale[18].

L'attitude responsable doit être distinguée de la responsabilité juridique du fonctionnaire. Ainsi, l'attitude responsable précède et prévaut sur la responsabilité juridique. Lorsqu'un agent public agit de manière irresponsable et commet un acte illégal, sa responsabilité juridique sera engagée conformément à la loi.

La responsabilité juridique est un ensemble de droits et d'obligations connexes prévus par les règles juridiques, droits et obligations qui résultent de la commission d'un acte illégal et qui constituent le cadre de la mise en œuvre de la contrainte étatique, c'est-à-dire de l'application de la sanction[19].

---

16 Voir Antonie Iorgovan, *op. cit.* (*Traité de droit administratif*), vol. I, 2005, p. 636.

17 *Ibid.*, p. 636-637.

18 Voir Ion Popescu-Slăniceanu, *op. cit.* (*La fonction publique*) 2000, p. 233.

19 Voir Mircea N. Costin, *La responsabilité juridique dans le droit de la République socialiste de Roumanie*, Maison d'édition Dacia, Cluj, 1974, p. 31-32.

La violation fautive par les fonctionnaires de leurs devoirs entraîne, selon le cas, une responsabilité administrative disciplinaire, contraventionnelle, civile ou pénale.

13.2.5.2 Responsabilité administrative disciplinaire des fonctionnaires

La responsabilité administrative disciplinaire est engagée en cas de commission d'une *faute disciplinaire* telle que définie par l'article 492, paragraphe 1 du Code administratif comme étant la violation coupable par les agents publics des devoirs correspondant à la fonction publique qu'ils occupent et des règles de conduite professionnelle et civique prévues par la loi.

Faute disciplinaire. Les faits suivants constituent une faute disciplinaire au sens de l'article 492, paragraphe 2 du Code administratif :

a) Un retard systématique dans l'exécution des travaux ;

b) Négligence répétée dans le traitement du travail ;

c) Une absence injustifiée du travail ;

d) Le non-respect des horaires de travail ;

e) Les interventions ou l'insistance sur le règlement des demandes en dehors du cadre légal ;

f) Le non-respect du secret professionnel ou de la confidentialité des travaux de cette nature ;

g) Les événements qui portent atteinte au prestige de l'autorité ou de l'institution publique dans laquelle le fonctionnaire exerce son activité ;

h) L'exercice des activités politiques pendant les heures de travail ;

i) Le refus injustifié d'exercer ses fonctions officielles ;

j) Le refus injustifié de se soumettre aux contrôles de santé au travail et aux examens médicaux, suivant les recommandations du médecin du travail, comme prévu par la loi ;

k) La violation des dispositions relatives aux devoirs et interdictions prévus par la loi pour les agents publics, autres que celles relatives aux conflits d'intérêts et aux incompatibilités ;

l) La violation des dispositions relatives aux incompatibilités si l'agent public n'agit pas pour les faire cesser dans un délai de 15 jours civils à compter de la date de survenance de l'incompatibilité ;

m) La violation des dispositions relatives aux conflits d'intérêts ;

n) Les autres faits prévus comme fautes disciplinaires dans les règlements de la fonction publique et des fonctionnaires ou qui leur sont applicables.

Les sanctions disciplinaires. Les sanctions disciplinaires prévues par l'article 492(3) du Code administratif sont :

a) Une réprimande écrite ;

b) Réduction de 5 à 20 % des droits salariaux pour une durée maximale de 3 mois ;

c) Une réduction de 10 à 15 % des droits salariaux pour une durée maximale d'un an ;

d) La suspension du droit à la promotion pour une période d'un à trois ans ;

e) La rétrogradation à un poste de fonctionnaire de niveau inférieur pour une période pouvant aller jusqu'à un an, avec une réduction correspondante du salaire ;

f) La révocation de la fonction publique.

Application des sanctions disciplinaires. Les sanctions disciplinaires sont prononcées au plus tard 6 mois à compter de la date à laquelle la commission disciplinaire est informée de la faute disciplinaire, mais au plus tard 2 ans à compter de la date à laquelle la faute disciplinaire a été commise.

La réprimande écrite peut être appliquée directement par la personne qui a le pouvoir légal de nomination à la fonction publique.

Les autres sanctions disciplinaires sont appliquées par la personne qui a le pouvoir légal de nomination à la fonction publique, sur proposition de la commission de discipline. Des commissions de discipline sont créées pour examiner les faits signalés comme des infractions disciplinaires et pour proposer la sanction disciplinaire applicable aux fonctionnaires des collectivités ou établissements publics.

Les sanctions disciplinaires ne peuvent être appliquées qu'après une enquête préalable sur l'acte commis et l'audition du fonctionnaire.

13.2.5.3 Responsabilité contraventionnelle des fonctionnaires

La responsabilité contraventionnelle des fonctionnaires est engagée dès lors qu'ils ont commis une *contravention* dans l'exercice et à l'occasion de leurs fonctions.

Les sanctions des contraventions, la constatation de la contravention et l'application des sanctions sont faites selon les dispositions de l'O.G. n° 2/2001 *sur le régime juridique des contraventions*, sauf dispositions contraires des lois spéciales.

L'agent public peut introduire une plainte contre le procès-verbal de constatation de la contravention et d'application de la sanction auprès du tribunal dans le ressort duquel se trouve l'autorité ou l'institution publique dans laquelle l'agent public sanctionné est nommé.

13.2.5.4 Responsabilité civile des fonctionnaires

La responsabilité civile du fonctionnaire est engagée selon les dispositions de l'article 499 du Code administratif :

a) pour les dommages causés de manière fautive aux biens de l'institution publique dans laquelle il exerce ses activités ;

b) pour ne pas avoir restitué dans le délai légal les sommes qui lui ont été indûment versées ;

c) pour les dommages et intérêts versés par l'institution publique, en tant que mandant, à des tiers en vertu d'une décision judiciaire définitive.

L'indemnisation des dommages subis par l'établissement public dans les situations visées aux points a) et b) est ordonnée par le chef de la collectivité ou de l'établissement public qui prend un arrêté d'imputation ou une provision dans les trente jours suivant la constatation du dommage ou, le cas échéant, par la conclusion d'un engagement de paiement, et dans la situation visée aux points a), b) et c) sur la base d'un jugement définitif.

Le fonctionnaire concerné peut former un recours devant le tribunal administratif contre l'arrêté ou la disposition d'imputation.

Le droit du chef de l'institution publique de prendre l'arrêté de taxation ou la disposition se prescrit dans un délai de 3 ans à compter de la date à laquelle le dommage s'est produit.

La responsabilité qui consiste à ordonner à l'agent public, en vertu de la loi, de réparer les dommages matériels ou moraux causés aux particuliers par des actes administratifs illégaux a été appelée dans la doctrine de la *responsabilité administrative patrimoniale*[20]. Selon les dispositions de l'article 16 de la loi n° 554/2004, une action en réparation des dommages causés par des actes administratifs illégaux peut également être intentée personnellement contre l'agent public qui a contribué à l'élaboration, à la délivrance ou à la conclusion de l'acte ou, le cas échéant, qui s'est rendu coupable de refuser de régler une demande relative à un droit subjectif ou à un intérêt légitime, si une réparation est demandée pour le dommage causé ou pour le retard. Si l'action est accueillie, le fonctionnaire concerné peut être tenu de payer des dommages et intérêts conjointement et solidairement avec l'autorité publique défenderesse. L'agent public contre lequel une telle action est intentée peut demander à son supérieur hiérarchique, dont il a reçu, des instructions écrites pour établir ou ne pas établir l'acte, de se porter garant.

Si le chef de l'autorité publique a été condamné à payer une indemnité pour non-exécution ou exécution tardive d'un jugement du tribunal administratif, il peut, en vertu de l'article 26 de la loi n° 554/2004, intenter une action en dommages et intérêts contre les responsables de la non-exécution du jugement, y compris les agents publics.

13.2.5.5 Responsabilité pénale des fonctionnaires

La responsabilité des agents publics pour les infractions commises dans l'exercice de leurs fonctions ou à l'occasion de

[20] Voir Mircea Preda, Gabriela Stecoza, « Quelques considérations critiques et observations sur le statut des fonctionnaires », *Dreptul* n° 8/2000, p. 82 ; Anton Trăilescu, *op. cit.* (*Droit administratif*), 2010, p. 179.

l'exercice de leurs fonctions publiques est engagée conformément au droit pénal. Ainsi, le Code pénal réglemente à l'égard des agents publics, dans le titre V de la partie spéciale, les infractions de corruption et les infractions de service.

13.3 Gestion de la fonction publique et des fonctionnaires

La gestion générale de la fonction publique et des fonctionnaires est assurée par l'Agence nationale de la fonction publique (ANFP), un organisme spécialisé de l'administration publique centrale doté de la personnalité juridique et subordonné au ministère chargé de l'Administration publique.

L'ANFP élabore des principes, des politiques et des stratégies pour la gestion de la fonction publique et des fonctionnaires, qu'elle soumet au ministre responsable de l'Administration publique pour approbation par le gouvernement. L'ANFP assure également le suivi de la mise en œuvre des stratégies, politiques et programmes relatifs à la fonction publique et aux fonctionnaires.

La gestion quotidienne des ressources humaines et des fonctions publiques est organisée et assurée au sein de chaque collectivité et établissement public par un service spécialisé, qui collabore directement avec l'ANFP.

CHAPITRE 14.

Contentieux administratif

14.1 Concept de contentieux administratif

Le terme « contentieux » vient du latin *contendere* = combattre, affronter et, d'un point de vue juridique, sert à désigner le caractère des actes et procédures judiciaires impliquant des débats contradictoires, la convocation des parties, etc., les processus qui se déroulent devant les tribunaux ayant longtemps été assimilés « à des batailles judiciaires où chaque partie lutte contradictoirement pour la reconnaissance et la défense de son droit »[1].

L'institution du contentieux administratif comprend l'ensemble des règles juridiques régissant le règlement des litiges dans lesquels l'une des parties au moins est une autorité publique, litiges portant sur la violation d'un droit ou d'un intérêt légitime d'une personne par un acte administratif ou par le défaut de règlement d'une réclamation dans le délai légal.

L'institution trouve son origine en France, où la loi des 16-24 août 1790 consacre le fait que « les tribunaux ordinaires ne peuvent intervenir dans les travaux de l'administration, à peine de déchéance » (article 13), puis, par divers règlements, des juridictions administratives sont créées.

---

[1] Voir Constantin G. Rarincescu, *Contentieux administratif roumain*, 2e édition, Maison d'édition « Universală » Alcalay & Co, Bucarest, 1936, p. 105, n.s. 1.

En Roumanie, le contentieux administratif est une institution juridique ancienne, ayant été établie pour la première fois dans notre pays par la loi pour l'établissement du Conseil d'État du 11 février 1864.

Actuellement, cette institution est réglementée en Roumanie par la loi n° 554/2004 *sur le contentieux administratif*[2].

La manière dont le contentieux administratif est réglementé dans un pays reflète le degré de démocratisation de ce pays, la mesure dans laquelle des garanties juridiques sont mises à la disposition du citoyen pour se défendre contre les abus des autorités publiques.

14.2 Catégories de contentieux administratifs

En fonction des solutions que le tribunal peut prononcer, le contentieux administratif peut être : un ***contentieux administratif d'annulation*** ou un ***contentieux administratif de pleine juridiction***.

La procédure d'annulation signifie que le tribunal administratif ne peut statuer que par décision de justice sur l'annulation d'un acte administratif qui a été contesté au motif qu'il a été émis ou adopté en violation des dispositions légales. Dans le cas d'un recours en annulation, le tribunal n'est pas compétent pour résoudre la question de la réparation des dommages. Des dommages et intérêts peuvent être accordés dans le cadre d'un litige distinct devant les tribunaux ordinaires.

Le contentieux administratif de pleine juridiction est celui dans lequel la juridiction administrative est compétente pour annuler un acte administratif de l'autorité par lequel un requérant a été lésé dans un droit reconnu par la loi, pour obliger l'autorité publique à émettre un acte administratif ou un autre document, et pour accorder une réparation des dommages causés par l'acte administratif contesté. L'article 1 de la loi n° 554/2004 sur le

[2] Publiée au *Journal officiel*, partie I, n° 1154 du 7 décembre 2004, telle que modifiée ultérieurement.

contentieux administratif prévoit que toute personne qui s'estime lésée dans un droit ou un intérêt légitime par une autorité publique, par un acte administratif ou par la non-résolution d'une demande dans le délai légal peut demander au tribunal du contentieux administratif compétent l'annulation de l'acte, la reconnaissance du droit invoqué ou de l'intérêt légitime et la réparation du préjudice causé. Nous constatons ainsi que le législateur roumain a consacré le contentieux administratif de pleine juridiction.

Selon la nature de l'intérêt lésé par l'acte administratif contesté, le contentieux administratif peut être ***objectif*** ou ***subjectif***.

Le contentieux administratif est ***objectif*** lorsque le litige est fondé sur un *intérêt public légitime* qui visé, selon l'article 2, paragraphe 1, point r) de la loi n° 554/2004, l'ordre juridique et la démocratie constitutionnelle, la garantie des droits, libertés et devoirs fondamentaux des citoyens, la satisfaction des besoins de la communauté, l'accomplissement des compétences des autorités publiques. Le contentieux objectif concerne un litige contre un acte administratif strictement lié à la violation des actes normatifs régissant son émission ou son adoption. Actions introduites dans les conditions prévues par la loi n° 554/2004 par le ministère public, le Défenseur public, l'Agence nationale des fonctionnaires, le préfet et tout sujet de droit public pour défendre un intérêt public légitime. Dans ces cas, le but de l'action en justice sera d'annuler l'acte administratif qui a porté atteinte à un intérêt public légitime, et l'action est donc un **litige en annulation**. Ainsi, nous serons en présence d'un litige objectif, en annulation dans le cas d'un recours en contentieux administratif intenté par le préfet, entrepris dans le cadre de la tutelle administrative, pour l'annulation d'un acte administratif adopté par une autorité administrative publique locale en violation des dispositions légales, le préfet agissant dans ce cas pour défendre un intérêt public légitime représenté par le respect de la règle de droit.

Un litige objectif ne peut pas également être un litige de pleine juridiction. Les actions en justice objectives défendent un intérêt public légitime, en cherchant à vérifier la légalité objective de l'acte administratif et à annuler l'acte s'il est jugé illégal et non à obtenir une indemnisation. En outre, la loi n° 554/2004 prévoit expressément, à l'article 8, paragraphe 1([2]), que *les actions fondées sur la violation d'un intérêt public légitime ne peuvent viser que l'annulation de l'acte ou ordonner à l'autorité défenderesse de délivrer un acte ou un autre document ou d'effectuer une opération administrative déterminée.* Les actions objectives sont introduites par les autorités publiques. Les personnes physiques et les personnes morales privées ne peuvent pas introduire de recours fondés uniquement sur l'atteinte à un intérêt public légitime. Ainsi, selon les dispositions de l'article 8, paragraphe 1 de la loi n° 554/2004 ([1]), *les personnes physiques et morales de droit privé ne peuvent intenter des actions pour la défense d'un intérêt public légitime qu'à titre subsidiaire, dans la mesure où l'atteinte à l'intérêt public légitime résulte logiquement de la violation du droit subjectif ou de l'intérêt privé légitime.*

Le contentieux administratif est ***subjectif*** lorsque le litige est fondé sur *un droit subjectif* ou sur un *intérêt privé légitime* qui serait lésé par un acte administratif. Le droit lésé est défini par l'article 2(1)(o) de la loi n° 554/2004 comme tout droit prévu par la Constitution, par la loi ou par un autre acte normatif, qui est violé par un acte administratif. L'intérêt légitime privé est, selon l'article 2(1)(p) de la loi n° 554/2004, la possibilité de revendiquer un certain comportement en considération de la réalisation d'un droit subjectif futur prévisible. Le contentieux subjectif concerne un litige dont le cœur est la préoccupation de la violation de droits subjectifs ou d'intérêts légitimes de personnes, sans préoccupation de la légalité objective de l'acte administratif. Ainsi, nous serons en présence d'un ***litige subjectif*** lorsqu'une personne est lésée dans son intérêt privé légitime par le refus de l'autorité publique de délivrer le permis de construire demandé et qu'elle introduit une action en contentieux administratif visant à condamner l'autorité publique à délivrer le permis de construire et à réparer le préjudice matériel et moral causé. Nous notons que dans ce cas, nous sommes en présence d'un **conflit de pleine juridiction**.

La loi n° 554/2004 réglemente également la possibilité d'exercer un **recours subjectif en annulation**. Dans les conditions prévues par la loi n° 554/204, le Défenseur public et le Procureur général peuvent intenter des actions fondées sur un *droit subjectif* ou un *intérêt privé légitime.* Ainsi, conformément à l'article 1(3) de la loi n° 554/2004, *le Défenseur public, à la suite du contrôle effectué, conformément à sa loi organique, s'il considère que l'illégalité de l'acte ou le refus de l'autorité administrative de remplir ses fonctions légales ne peut être supprimé que par la justice, peut saisir le tribunal administratif compétent du domicile du pétitionnaire. Le requérant se voit automatiquement reconnaître la qualité de plaignant et doit être convoqué en tant que tel. Si le requérant n'accepte pas l'action intentée par le Défenseur public lors de la première audience, le tribunal administratif annule la demande.* De même, l'article 1(4) de la loi n° 554/2004 dispose que le *ministère public, lorsqu'il estime, dans l'exercice des pouvoirs qui lui sont conférés par sa loi organique, que les violations des droits, libertés et intérêts légitimes des personnes sont dues à l'existence d'actes administratifs individuels unilatéraux des autorités publiques pris en excès de pouvoir, avec leur consentement préalable, saisit le tribunal administratif du domicile de la personne physique ou du siège de la personne morale lésée. Le requérant se voit automatiquement reconnaître la qualité de partie civile et est convoqué en cette qualité.* Bien entendu, le requérant qui reprend l'action pourra également demander des dommages et intérêts, transformant ainsi l'action en une action de **contentieux subjectif de pleine juridiction.**

En conclusion, nous soulignons que les recours en annulation peuvent être à la fois objectifs et subjectifs, contrairement aux recours en pleine juridiction, qui ne peuvent être que subjectifs[3].

[3] Voir Anton Trăilescu, *op. cit.* (*Droit administratif*), 2010, p. 330.

14.3 Conditions de recevabilité des actions directes dans le contentieux administratif

14.3.1 Qualité pour agir des parties dans les litiges administratifs

La qualité juridique est une question de légitimation (*legitimatio ad causam*) qui est l'une des conditions requises pour qu'une personne puisse être *partie à un procès* ou une *partie*[4] dans tout type de litige devant les tribunaux. La **qualité juridique active** présuppose l'existence d'une identité entre le demandeur et la personne titulaire du droit dans le rapport juridique litigieux[5]. La **qualité procédurale passive** suppose l'existence d'une identité entre la personne qui est le défendeur et le titulaire de l'obligation dans le même rapport juridique[6].

La qualité procédurale active dans les procès administratifs peut être accordée, conformément à l'article 1 de la loi n° 554/2004 :

a) Toute personne qui s'estime lésée dans un droit ou un intérêt légitime par une autorité publique par le biais d'un acte administratif ou par l'absence d'action dans le délai légal.

Conformément à l'article 2, paragraphe (1), lettre a) de la loi n° 554/2004 sont assimilées à la personne lésée, au sens de la loi sur le contentieux administratif :

– **Le groupe de personnes physiques**, sans personnalité juridique, titulaire de droits subjectifs ou d'intérêts légitimes privés. Un exemple de groupe de personnes physiques sans personnalité juridique est la **société simple** régie par les articles 1890-1912 du Code civil. Si plusieurs personnes physiques, qui ne sont pas constituées en une entité collective (groupe de personnes),

---

[4] Voir Pavel Perju, « Synthèse théorique de la pratique des tribunaux de la Cour d'appel de Suceava dans le domaine du droit procédural civil », *Dreptul* n° 1/1995, p. 78.

[5] Viorel Mihai Ciobanu, *Traité théorique et pratique de procédure civile*, vol. I, Maison d'édition nationale, Bucarest, 1997, p. 280.

[6] *Ibid.*

introduisent un recours administratif contre un acte administratif par lequel elles ont été lésées dans un droit ou un intérêt légitime, nous serons en présence d'une **participation active à un procès**[7], si les conditions prévues par l'article 59 C. proc. civ.[8] sont réunies ;

– **Les organismes sociaux** qui prétendent que l'acte administratif contesté a porté atteinte soit à un intérêt public légitime, soit aux droits et intérêts légitimes de certaines personnes physiques qu'ils représentent. Les organismes sociaux concernés sont, selon l'article 2, paragraphe 2, lit. s) de la loi n° 554/2004, les structures non gouvernementales, les syndicats, les associations, les fondations et autres, dont l'objet est la protection des droits de diverses catégories de citoyens ou, le cas échéant, le bon fonctionnement des services administratifs publics.

b) Le tiers lésé par un acte administratif adressé à un autre sujet de droit. La loi n° 554/2004 consacre à l'article 1, paragraphe 1 la possibilité de saisir le tribunal administratif également pour la personne lésée dans un droit ou un intérêt légitime par un acte administratif de nature individuelle, adressé à un autre sujet de droit.

Le rôle du règlement (article 1, paragraphe 2 de la loi n° 554/2004) est de couvrir les situations dans la pratique où l'acte administratif affecte les droits subjectifs et les intérêts légitimes des tiers. Ainsi, l'exécution d'un permis de construire peut affecter les droits de tiers, autres que le bénéficiaire du permis. Avant la loi n° 554/2004, si ces tiers demandaient au tribunal l'annulation du permis de construire, les actions étaient rejetées comme irrecevables,

---

[7] Voir, à cet égard, Anton Trăilescu, Alin Trăilescu, *Loi du contentieux administratif. Commentaires et explications*, 4e édition, Maison d'édition C. H. Beck, Bucarest, 2018, p. 27.

[8] Selon les dispositions de l'article 59 C. proc. civ., « plusieurs personnes peuvent être demanderesses ou défenderesses ensemble si l'objet du litige est un droit ou une obligation commune, si leurs droits ou obligations ont la même cause ou s'il existe un lien étroit entre eux ».

car le demandeur ne pouvait pas justifier l'existence d'un droit subjectif[9].

c) **Défenseur public.** La loi n° 554/2004 a prévu expressément la possibilité pour le Défenseur public d'avoir qualité pour agir dans les procédures administratives. Ainsi, l'article 1, paragraphe 3 de la loi n° 554/2004 prévoit que « le Défenseur public, à la suite du contrôle effectué, conformément à sa loi organique, s'il estime que l'illégalité de l'acte ou le refus de l'autorité administrative de remplir ses obligations légales ne peut être supprimé que par la justice, peut saisir le tribunal administratif compétent du domicile du pétitionnaire. Le requérant se voit automatiquement reconnaître la qualité de plaignant et doit être convoqué en tant que tel. Si le requérant n'accepte pas l'action intentée par le Défenseur public lors de la première audience, le tribunal administratif annule la demande. »

d) **Ministère public.** Le rôle constitutionnel du ministère public est de représenter les intérêts généraux de la société, de défendre l'État de droit et les droits et libertés des citoyens (article 131, paragraphe 1 de la Constitution). Le ministère public exerce ses pouvoirs par l'intermédiaire de procureurs constitués en parquets, conformément à la loi (article 131, paragraphe 2 de la Constitution).

La loi n° 554/2004 a expressément prévu la possibilité pour le ministère public d'avoir une qualité juridique active dans les procédures de contentieux administratif, par la possibilité d'introduire :

– **un contentieux administratif objectif.** Ainsi, selon l'article 1 paragraphe 5 de la loi n° 554/2004, « lorsque le ministère public estime que l'émission d'un acte administratif normatif viole un

---

[9] Voir la décision de la Cour Suprême de Justice ~~C.S.J.~~ n° 3538/2000 prononcée par la Section du Contentieux Administratif concernant le recours de plusieurs médecins contre un acte administratif de dissolution d'une polyclinique ; la décision de la Cour Suprême de Justice n° 57/2003 prononcée par la Section du Contentieux Administratif contestant en justice un certificat d'attestation de propriété par un tiers lésé (www.scj.ro).

intérêt public légitime, il saisit le tribunal administratif compétent de l'autorité publique émettrice». Le recours introduit par le procureur de la République sera spécifique à la procédure d'annulation, visant strictement l'annulation de l'acte. La possibilité de demander des dommages et intérêts est exclue car le ministère public agit pour défendre la légalité objective et l'ordre public et non un droit subjectif ;

– **un contentieux administratif subjectif.** Article 1, paragraphe 4 de la loi n° 554/2004 dispose que « le ministère public, lorsque, à la suite de l'exercice des compétences prévues par sa loi organique, il estime que les violations des droits, libertés et intérêts légitimes des personnes sont dues à l'existence d'actes administratifs unilatéraux individuels d'autorités publiques émis avec excès de pouvoir, avec leur consentement préalable, saisit le tribunal administratif du domicile de la personne physique ou du siège de la personne morale lésée. Le requérant se voit automatiquement reconnaître la qualité de plaignant et est convoqué en cette qualité ».

e) **L'autorité publique qui émet un acte administratif unilatéral illégal**, lorsque cet acte ne peut plus être révoqué, puisqu'il est entré dans le circuit civil et a produit des effets juridiques. Selon l'article 1, paragraphe 6 de la loi n° 554/2004, « l'autorité publique qui émet un acte administratif unilatéral illégal peut en demander l'annulation au tribunal, si l'acte ne peut plus être révoqué parce qu'il est entré dans le circuit civil et a produit des effets juridiques. Si le recours est recevable, le tribunal, s'il a été saisi par la demande, se prononce également sur la validité des actes juridiques conclus sur la base de l'acte administratif illégal et sur les effets juridiques produits par ceux-ci. L'action peut être introduite dans un délai d'un an à compter de la date de publication de l'acte ».

La révocation est l'opération juridique par laquelle l'organisme émetteur ou l'organe hiérarchique supérieur supprime (révoque) l'acte administratif en question, d'office ou à la demande des sujets de droit concernés[10].

f) La personne dont les droits ou les intérêts légitimes ont été violés par des ordonnances gouvernementales ou des dispositions de ordonnances inconstitutionnelles. La loi n° 554/2004 réglemente à l'article 1, paragraphe (7) qu'« une personne dont les droits ou les intérêts légitimes ont été violés par des ordonnances gouvernementales ou des dispositions d'ordonnances gouvernementales inconstitutionnelles peut faire appel au tribunal administratif, aux termes de la présente loi ».

Il s'agit de la transposition dans la loi de la disposition introduite dans la Constitution lors de sa révision en 2003, selon laquelle « les juridictions administratives sont compétentes pour régler les demandes des personnes lésées par des ordonnances ou, le cas échéant, par des dispositions d'ordonnances déclarées inconstitutionnelles » (article 126, paragraphe 6, deuxième phrase de la Constitution révisée).

En vertu de l'article 9, paragraphe (1) de la loi n° 554/2004, « la personne lésée dans un droit ou un intérêt légitime par une ordonnance ou une disposition d'une ordonnance peut introduire un recours devant le tribunal administratif, accompagné d'une exception d'inconstitutionnalité, dans la mesure où l'objet principal n'est pas d'établir l'inconstitutionnalité de l'ordonnance ou de la disposition de l'ordonnance ». Cet article doit être lu conjointement avec l'article 146(d) de la Constitution, selon lequel la Cour constitutionnelle « se prononce sur les exceptions d'inconstitutionnalité des lois et ordonnances soulevées devant les tribunaux ou les cours d'arbitrage commercial ».

g) Le préfet. Le préfet peut engager des actions en contentieux administratif dans les conditions prévues à l'article 123, alinéa 5 de la Constitution, la loi sur le contentieux administratif et le Code administratif. Ainsi, dans le cadre de l'exercice de la tutelle

---

[10] Sur l'institution de la révocation en droit administratif, voir Ion Brad, *Révocation des actes administratifs*, Maison d'édition Universul Juridic, Bucarest, 2009.

administrative, le préfet peut saisir directement le tribunal administratif d'un recours contre les actes émis par les autorités administratives publiques locales, s'il estime qu'ils sont illégaux (article 3, paragraphe 1, point I de la loi n° 554/2004). L'objet du recours est l'annulation pour cause d'illégalité d'un acte du Conseil départemental, du Conseil local ou du maire (article 123, paragraphe 5 de la Constitution).

L'action en contentieux administratif introduit par le préfet est un contentieux objectif en annulation. L'action introduit par le préfet devant le tribunal de contentieux administratif dans le cadre du contrôle de légalité des actes des autorités administratives publiques locales ne peut viser que l'annulation totale ou partielle d'un acte administratif, et le préfet ne peut pas demander le paiement de dommages matériels ou moraux[11]. En outre, le recours introduit par le préfet vise à protéger un intérêt public légitime relatif à la protection de l'État de droit et de la démocratie constitutionnelle, et constitue une action typique du contentieux objectif.

h) L'Agence nationale des fonctionnaires. La loi n° 554/2004 a inclus l'Agence nationale des fonctionnaires, ainsi que le préfet, dans la catégorie des autorités pouvant exercer une tutelle administrative. L'Agence nationale des fonctionnaires a, conformément aux dispositions de l'article 401, paragraphe 1, lettre e) du Code administratif, la tâche de surveiller et de contrôler l'application de la législation sur la fonction publique et les fonctionnaires dans les autorités et institutions publiques. En vertu de ce pouvoir, l'Agence nationale des fonctionnaires a, selon l'article 403 du Code administratif, une qualité juridique active et peut saisir le tribunal administratif compétent des actes par lesquels les autorités ou les institutions publiques violent la législation sur la fonction publique et les fonctionnaires, constatés à la suite de son activité de contrôle.

---

[11] Voir Verginia Vedinaş, *op. cit.* 2015, p. 505.

Le recours introduit par l'Agence nationale des fonctionnaires dans ces circonstances est un recours objectif en annulation.

i) Tout sujet de droit public, conformément à la loi. La loi n° 554 confère par l'article 1, alinéa 8 tout sujet de droit public, dans les conditions prévues par la loi. Les sujets de droit public (autorités publiques) peuvent intenter des actions en contentieux subjectif lorsqu'ils sont lésés dans un de leurs droits et des actions en contentieux objectif lorsqu'un intérêt public légitime est défendu[12]. Les autorités publiques peuvent avoir une personnalité juridique conférée par l'acte réglementaire par lequel elles ont été établies[13] (par exemple, l'administration présidentielle, le gouvernement, les ministères, les unités administratives-territoriales, etc.) ou peuvent être dépourvues de personnalité juridique (Conseil départemental, Conseil local, maire, etc.).

Certaines autorités publiques sans personnalité juridique peuvent être investies par des actes réglementaires ou administratifs du pouvoir de représenter en justice une personne morale de droit public. Ainsi, selon les dispositions de l'article 154(6) du Code administratif, le maire est celui qui représente la ville, la commune ou la municipalité devant les tribunaux.

Les autorités publiques qui ont adopté l'acte administratif contesté ont **une qualité procédurale passive dans les procédures administratives**, qu'elles aient ou non la personnalité juridique[14].

---

[12] Voir Dacian Cosmin Dragoş, *Droit du contentieux administratif. Commentaires et explications*, 2e édition, Maison d'édition C. H. Beck, Bucarest, 2009, p. 54.

[13] Selon les dispositions de l'article 191 : C. civ. « (1) Les personnes morales de droit public sont créées par la loi. (2) Par exception aux dispositions de l'alinéa (1), dans les cas expressément prévus par la loi, les personnes morales de droit public peuvent être créées par des actes des autorités de l'administration publique centrale ou locale ou par d'autres moyens prévus par la loi ».

[14] L'article 1, paragraphe 1 de la loi n° 554/2004 fait référence à « toute personne qui s'estime lésée dans un droit ou dans un intérêt légitime par une **autorité publique** [s.n. C.S.S.] par un acte administratif ou par l'absence de résolution d'une demande dans le délai légal... », sans distinguer si l'autorité publique défenderesse a ou non la personnalité juridique. En ce sens, la Section du contentieux administratif et fiscal de la Haute Cour de Cassation et Justice a également statué dans la décision n° 1352/2007 où il a été déclaré que « l'absence

Dans le domaine du contentieux administratif, l'autorité publique a une qualité procédurale passive dans la mesure où elle possède une **capacité de droit administratif**, constituée par la capacité prévue par la loi d'exercer les prérogatives de puissance publique, en édictant des actes administratifs, dans le processus d'organisation du droit et l'exécution effective du droit[15].

14.3.2. Atteinte à un droit subjectif ou à un intérêt légitime par l'acte attaqué

L'acte administratif ne peut être contesté préventivement en l'absence de préjudice[16]. L'acceptation de la théorie de l'« action préventive » équivaudrait à une ingérence du pouvoir judiciaire dans les domaines de compétence du législatif et de l'exécutif, puisqu'elle permettrait au pouvoir judiciaire d'intervenir dans des situations autres que celles résultant d'un excès de pouvoir et d'une violation

---

de personnalité juridique de l'autorité émettrice n'exclut pas la capacité d'ester en justice dans les litiges administratifs, pour être défendeur ou intimé, il suffit de prouver que l'autorité publique est l'émetteur de l'acte administratif (Décision citée dans Anton Trăilescu, Alin Trăilescu, *Loi du contentieux administratif*, 2e édition, Maison d'édition C. H. Beck, Bucarest, 2014, p. 15).

[15] Voir les décisions de la Haute Cour de Cassation et Justice n° 1845/2012 et 1237/2015, « Division du contentieux administratif et fiscal », (www.scj.ro). Dans le domaine du contentieux administratif, ce n'est pas la personnalité juridique de la collectivité publique qui est pertinente, mais sa capacité en droit administratif, c'est-à-dire l'aptitude à émettre des actes administratifs, dans l'exercice de la puissance publique ou d'un service public (décision H.C.C.J. n° 3372/2012 de la « Division du contentieux administratif et fiscal » (www.scj.ro)). Dans la jurisprudence de la Haute Cour de Cassation et Justice, il a été jugé que, « transposée au niveau procédural, la capacité administrative confère à l'autorité publique la capacité d'être jugée, indépendamment du fait qu'elle ait ou non la personnalité juridique et donc la capacité juridique au sens civil du concept » (décision H.C.C.J. n° 3092/2007, Section du contentieux administratif, *apud* Gabriela Bogasiu, *Droit du contentieux administratif commenté et annoté avec la législation, la jurisprudence et la doctrine*, Editura Universul Juridic, Bucarest, 2008, p. 63).

[16] Voir à cet égard la Décision de la Cour constitutionnelle n° 465/2007 (Moniteur officiel n° 367 du 30 mai 2007) et n° 352/2012 (Moniteur officiel n° 414 du 21 juin 2012).

des droits et libertés consacrés par la Constitution, ce qui porterait atteinte au principe de la séparation et de l'équilibre des pouvoirs dans l'État, consacré par l'article 1er, paragraphe (4) de la Constitution. De plus, selon l'article 126, paragraphe 6 de la Constitution, les tribunaux administratifs sont compétents pour régler les demandes des personnes lésées, ce qui exclut l'idée d'invoquer des dommages virtuels ou des démarches personnelles purement spéculatives pour fonder l'acte d'habilitation des tribunaux.

Selon l'article 1, paragraphe 1 de la loi n° 554/2004, les motifs des procédures administratives engagées par des personnes physiques ou morales peuvent être la *violation d'un droit d'une personne* ou d'un *intérêt légitime* par une autorité publique. L'intérêt légitime peut être privé ou public.

Le droit de la personne lésée est défini par l'article 2(1) lettre o) de la loi n° 554/2004 comme tout droit prévu par la Constitution, la loi ou tout autre acte normatif, qui est violé par un acte administratif. Le droit subjectif est défini dans la doctrine comme la possibilité (faculté, prérogative) d'une personne, reconnue et protégée par le droit objectif (par la loi), d'avoir un certain comportement et d'exiger de la ou des personnes obligées un comportement correspondant à son droit, comportement qui peut être imposé si nécessaire par la force coercitive de l'État[17].

L'intérêt légitime privé est défini par l'article 2, paragraphe 1, lettre p) de la loi n° 554/2004 comme la possibilité de revendiquer un certain comportement en contrepartie de la réalisation d'un droit subjectif futur prévisible. L'**intérêt public légitime** est défini par l'article 2, paragraphe 1, lettre r) comme l'intérêt qui concerne l'ordre public et la démocratie constitutionnelle, la garantie des droits, libertés et devoirs fondamentaux des citoyens, la satisfaction

[17] Voir Nicolae Popa, *Théorie générale du droit*, Maison d'édition All Beck, Bucarest, 2002, p. 36 ; Dan Claudiu Dănişor, Ion Dogaru, Gheorghe Dănişor, *op. cit.* 2008, p. 296 ; Dinu Ştefănescu, « Contributions à l'élaboration d'une nouvelle définition du droit subjectif », in *Dreptul* n° 7-8/1991, p. 82 ; Henri Lévy-Bruhl, *op. cit.* 1964, p. 5-6 ; D. Brezoianu, *op. cit.*, 1995, p. 13.

des besoins de la collectivité, la réalisation de la compétence des pouvoirs publics.

La nature de l'intérêt lésé indique le type de litige administratif. Les actions fondées sur un droit subjectif ou un intérêt privé légitime sont spécifiques *au contentieux administratif subjectif*. Au contraire, lorsque l'action est fondée sur l'intérêt public légitime, le *litige administratif* sera *objectif*.

14.3.3 Existence d'un acte administratif sous forme typique ou équivalente au sens de la loi sur le contentieux administratif

Le plaignant doit alléguer l'atteinte à un droit subjectif ou à un intérêt légitime par un *acte administratif*.

L'acte administratif est défini par l'article 2, paragraphe 1, lit. c) de la loi n° 554/2004 comme un acte unilatéral de nature individuelle ou normative émis par une autorité publique, sous un régime de puissance publique, afin d'organiser l'exécution de la loi ou l'exécution effective de la loi, qui fait naître, modifie ou éteint des relations juridiques.

En vertu de l'article 2, paragraphe 1, lit. c[1]) de la loi n° 554/2004, les contrats conclus par les autorités publiques pour la mise en valeur du patrimoine public, l'exécution de travaux d'intérêt public la prestation de services publics, les marchés publics, sont assimilés à des actes administratifs, aux fins de la présente loi ; d'autres catégories de contrats administratifs peuvent également être prévues par des lois spéciales.

En outre, conformément à l'article 2, paragraphe 2 de la loi n° 554/2004, le refus injustifié de résoudre une demande concernant un droit ou un intérêt légitime ou, le cas échéant, l'absence de réponse au demandeur dans le délai légal, sont également assimilés à des actes administratifs unilatéraux.

Le refus injustifié de traiter une demande est défini par l'article 2, paragraphe 1, point i) de la loi n° 554/2004 comme

« l'expression explicite, avec un pouvoir excessif[18], de la volonté de ne pas donner suite à la demande d'une personne ». La loi n° 554/2004 à travers l'article 2(1), lit. i) assimile également au refus injustifié « la non-exécution de l'acte administratif émis suite à la décision favorable de la demande ou, le cas échéant, de la réclamation préalable ».

L'**absence de réponse au demandeur dans le délai légal (silence de l'administration publique**) est le fait pour l'administration publique de ne pas répondre à la demande présentée par la personne physique ou morale dans le délai prescrit par la loi[19].

Il découle des dispositions précitées de la loi n° 554/2004 que tant les *actes administratifs typiques* (contrats administratifs) que les *faits*[20] *assimilés à des actes administratifs* dans la perspective du contentieux administratif (refus injustifié de résoudre une demande relative à un droit ou à un intérêt légitime et absence de réponse au demandeur dans le délai légal)[21] peuvent faire l'objet d'un contentieux administratif.

---

[18] L'***excès de pouvoir*** signifie, selon les dispositions de l'article 2, paragraphe 1, lettre n) de la loi n° 554/2004, l'exercice du droit d'appréciation des autorités publiques en violant les limites de compétence prévues par la loi ou en violant les droits et les libertés des citoyens. Nous constatons que l'excès de pouvoir a été conçu comme un concept qui protège principalement les personnes physiques (citoyens) des abus des autorités de l'administration publique et moins les personnes morales.

[19] La loi n° 554/2004 définit, à l'article 2, paragraphe 1, point h), le défaut de réponse à une demande dans le délai légal comme « le défaut de réponse au demandeur dans les 30 jours suivant l'enregistrement de la demande, sauf disposition contraire de la loi ».

[20] Tudor Drăganu, *Les actes administratifs et leurs actes assimilés soumis au contrôle judiciaire selon la loi n° 1/1967*, Maison d'édition Dacia, Cluj-Napoca, 1970, p. 72.

[21] La décision de la Haute Cour de Cassation et Justice n° 3794/2014 de la Section du contentieux administratif et fiscal précise que « pour qu'une action en contentieux administratif soit recevable, il ne suffit pas que les défendeurs poursuivis soient des autorités publiques, telles que définies par les dispositions de l'article 2, paragraphe 1(b) de la loi n° 554/2004, mais il est nécessaire de contester un acte administratif ou un acte assimilé à un acte administratif, c'est-à-dire d'alléguer un refus injustifié de traiter une demande ou de demander de constater

14.3.4 L'acte attaqué émane d'une autorité publique

La loi n° 554/2004 définit, à l'article 2, paragraphe 1, lettre b), l'autorité publique émettrice comme tout organe de l'État ou des unités administratives-territoriales agissant sous un régime de puissance publique pour la satisfaction d'un intérêt public.

Les actes administratifs sont principalement adoptés/émis par les autorités de l'administration publique. Cependant, les actes administratifs peuvent également être émis/adoptés par des structures au sein du Parlement[22], ainsi que par des organes du pouvoir judiciaire dans le cadre de leur activité organisationnelle ou de l'exécution effective de la loi. Ainsi, l'arrêté par lequel le secrétaire général du Sénat sanctionne un fonctionnaire parlementaire ou l'arrêté par lequel le président de la Haute Cour de Cassation et Justice nomme ou révoque le responsable économique sont des actes administratifs émanant d'autorités publiques relevant du pouvoir législatif ou judiciaire[23]. Par conséquent, ce ne sont pas seulement les actes émanant des autorités publiques administratives qui sont soumis au contrôle du juge administratif, mais les actes

---

qu'une demande n'a pas été traitée dans le délai légal, termes définis à l'article 2, paraghraphe (1), lit. c), h) et i) de la loi n° 554/2004 » (www.scj.ro).

[22] La Haute Cour de Cassation et Justice a rappelé qu'« il est vrai que dans l'activité des deux Chambres du Parlement, peuvent également être émis ou adoptés des actes qui présentent les caractéristiques juridiques d'un acte administratif, mais il ne faut pas ignorer la distinction entre les actes d'autorité par lesquels elles exercent leur propre compétence et les actes d'autorité par lesquels s'exerce une activité strictement administrative, relative à leur propre organisation et fonctionnement, seuls ces derniers pouvant faire l'objet d'un contrôle de légalité dans les conditions du contentieux administratif » – voir décision de la Haute Cour de Cassation et Justice n° 2342/2007 prononcée par la Section du contentieux administratif et fiscal cité par Gabriela Bogasiu, *Droit du contentieux administratif commenté et annoté*, 4e édition, revue et augmentée, Maison d'édition Universul Juridic, Bucarest, 2018, p. 90.

[23] Voir Emanuel Albu, *op. cit.* 2008, p. 39.

administratifs émanant de toute autorité publique au sens de l'article 2, paragraphe (1) lettre (b) de la loi n° 554/2004[24].

La loi n° 554/2004 prévoit, à l'article 2, paragraphe (1) lettre b), deuxième phrase, que les personnes morales de droit privé qui, en vertu de la loi, ont obtenu le statut d'utilité publique ou sont autorisées à fournir un service public sous le régime de puissance publique sont assimilées à des autorités publiques aux fins de la présente loi.

Les personnes morales de droit privé qui, en vertu de la loi, ont obtenu le statut d'utilité publique sont les associations et les fondations reconnues par le gouvernement comme étant d'utilité publique, dans les conditions prévues par l'O.G. n° 26/2000 *sur les associations et les fondations*[25]. Selon les dispositions de l'article 38^1 de l'O.G. n° 26/2000, on entend par *utilité publique* toute activité exercée dans des domaines d'intérêt public général ou d'intérêt public de certaines collectivités. Les associations et les fondations reconnues d'utilité publique par le gouvernement ont le droit

---

[24] Pour une analyse de la portée de la notion d'« autorité publique émettrice » qui a une qualité procédurale passive dans le contentieux administratif, voir Anton Trăilescu, Alin Trăilescu, *op. cit.* 2014, p. 23-25.

[25] Moniteur officiel n° 39 du 31 janvier 2000. Selon les dispositions de l'article 38, paragraphe 1 de l'O.G. n° 26/2000, une association ou une fondation peut être reconnue d'utilité publique par le gouvernement de la Roumanie si les conditions suivantes sont cumulativement remplies : a) son activité est menée dans l'intérêt général ou dans l'intérêt de certaines collectivités, selon le cas ; b) elle fonctionne depuis au moins 3 ans et a atteint une partie des objectifs établis, prouvant une activité ininterrompue par des actions significatives ; c) elle présente un rapport d'activité, montrant qu'elle a exercé une activité, antérieure significative en réalisant des programmes ou des projets spécifiques à sa finalité, accompagné des états financiers annuels et des budgets de recettes et de dépenses pour les trois années précédant la date de présentation de la demande de reconnaissance en tant qu'organisation caritative ; d) elle dispose d'un patrimoine, d'une logistique, de membres et de personnel en rapport avec sa finalité ; e) elle fournit la preuve de l'existence de contrats de collaboration et de partenariats avec des institutions publiques ou des associations ou des fondations dans le pays et à l'étranger ; f) elle fournit la preuve de résultats significatifs par rapport à l'objet proposé, ou présente des lettres de recommandation des autorités compétentes du pays ou de l'étranger recommandant la poursuite de l'activité.

d'obtenir le libre usage des biens publics et de participer, avec les organes de l'État ou des unités administratives-territoriales, à la prestation des services publics. Ainsi, l'Association générale des chasseurs et des pêcheurs sportifs (AGVPS) est une association non gouvernementale d'utilité publique dotée d'une compétence exclusive, déléguée par l'État au moyen d'actes normatifs, dans le domaine de la chasse et de la pêche sportive. À ce titre, l'AGVPS peut émettre des actes administratifs.

La loi n° 554/2004 assimile les autorités publiques et les personnes morales de droit privé qui, en vertu de la loi, sont autorisées à fournir un service public sous le régime de puissance publique. Ainsi, un diplôme de fin d'études délivré par une université privée est un acte administratif car toute université assure le service public de l'enseignement en vertu des pouvoirs délégués par l'État et sous le contrôle du ministère de l'Éducation[26].

14.3.5 Achèvement de la procédure administrative préalable

En vertu de l'article 7, paragraphe (1) de la loi n° 554/2004, avant de saisir le tribunal administratif compétent, la personne qui s'estime lésée dans un droit ou un intérêt légitime, par un ***acte administratif individuel*** qui lui est adressé, doit demander à l'autorité publique émettrice ou à l'autorité supérieure hiérarchique, s'il en existe une, dans un délai de 30 jours à compter de la date de communication de l'acte, son retrait, en tout ou en partie. Pour un motif valable, la partie lésée, destinataire de l'acte, peut, dans le cas d'actes administratifs unilatéraux, introduire également une réclamation préalable après le délai de 30 jours, mais au plus tard 6 mois à compter de la date d'émission de l'acte.

Dans le cas d'***un acte administratif normatif***, une réclamation préalable peut être introduite à tout moment (article 7, paragraphe (1^1) de la loi n° 554/2004).

---

[26] Par la décision de la Haute Cour de Cassation et Justice n° 75/2014 de la Section de contentieux administratif (www.scj.ro), une université privée a été classée en vertu des dispositions de l'article 2, alinéa 1, lettre b), phrase II de la loi n° 554/2004 dans la catégorie des autorités publiques locales.

La plainte préalable est définie par l'article 2, paragraphe (1) lettre (j) de la loi n° 554/2004 comme « la requête par laquelle il est demandé à l'autorité publique émettrice ou à l'autorité hiérarchiquement supérieure, selon le cas, de réviser un acte administratif de nature individuelle ou normatif, en vue de le révoquer ou de le modifier ».

La plainte préliminaire visée à l'article 7 de la loi n° 554/2004 a été désignée par la doctrine comme **un recours administratif**.

Le recours gracieux peut être défini, aux termes de la loi n° 554/2004, comme la plainte d'une personne auprès de l'autorité publique dont émane un acte administratif, demandant son retrait ou sa modification, au motif que cet acte lui cause une atteinte à un droit ou un intérêt légitime.

Le recours hiérarchique peut être défini, aux termes de la loi n° 554/2004, comme la plainte adressée par une personne à l'autorité administrative supérieure, demandant la révocation ou la modification de l'acte administratif émis par l'autorité subordonnée inférieure, parce qu'il viole ses droits ou ses intérêts légitimes.

En vue d'introduire un recours administratif, la personne lésée peut, à titre préliminaire, exercer soit le recours gracieux, soit le recours hiérarchique.

14.3.6 L'action en contentieux administratif est introduite dans les délais prescrits par la loi

En vertu de l'article 11, paragraphe (1) de la loi n° 554/2004, les demandes d'annulation d'un acte administratif individuel, d'un contrat administratif, de reconnaissance du droit revendiqué et de réparation du préjudice causé peuvent être présentées dans un délai de 6 mois à compter de la date de la demande :

a) la date de communication de la réponse à la plainte préalable ;

b) la date de communication du refus injustifié de traiter la demande ;

c) la date d'expiration du délai de traitement de la plainte préliminaire ou la date d'expiration du délai légal de traitement de la demande ;

d) la date d'expiration du délai de 30 jours calculé à partir de la communication de l'acte administratif portant décision favorable sur la demande ou, le cas échéant, sur la réclamation préalable. Dans ce cas, l'autorité publique édicte l'acte administratif à la demande du plaignant ou suite à la plainte préalable du plaignant, mais refuse sans raison de l'appliquer[27]. Après l'expiration du délai de 30 jours à compter de la communication de l'acte administratif, dans lequel l'autorité publique devait exécuter l'acte, le plaignant pourra s'adresser directement au tribunal administratif dans un délai de 6 mois, sans avoir à passer par la procédure de plainte préliminaire. La procédure de plainte préliminaire serait inutile dans ce cas, puisque l'autorité d'émission a accepté la demande du plaignant et a donc émis l'acte administratif.

En vertu de l'article 11, paragraphe (2) de la loi n° 554/20004, pour de *bons motifs*, dans le cas d'un acte administratif individuel, la demande peut être présentée au-delà de la période indiquée de 6 mois, mais pas plus tard qu'un an à compter de la date de communication de l'acte, de la date de prise de connaissance, de la date de présentation de la demande ou de la date de conclusion du processus de conciliation, selon le cas. Le délai de six mois est un délai de prescription et le délai d'un an est un délai de forclusion (article 11, paragraphe 5 de la loi n° 554/20004). Il convient de noter que, contrairement au délai de forclusion, le délai de prescription peut être suspendu, interrompu ou rétabli dans les conditions prévues par le Code civil au livre VI, titre I – *De la prescription*. Contrairement à la prescription, cependant, les délais de forclusion peuvent être invoqués et appliqués d'office par le tribunal[28].

[27] Voir Anton Trăilescu, Alin Trăilescu, *op. cit.*, 2014, p. 125-126.
[28] Gabriela Bogasiu, *op. cit.*, 2018, p. 376.

14.4 Actes administratifs non soumis au contrôle des juridictions du contentieux administratif et les limites du contrôle

Le contrôle juridictionnel des actes administratifs est exercé, conformément aux dispositions de l'article 52, paragraphe 2 de la Constitution, dans les limites fixées par la loi organique. En application de cette disposition constitutionnelle, la loi n° 554/2004 a montré quelles sont ces limites, en établissant certaines catégories d'actes administratifs qui sont totalement exemptées du contrôle de légalité des tribunaux administratifs (exceptions absolues) et certaines catégories d'actes administratifs qui sont soumises à un régime juridique spécifique de contrôle de légalité imposé par leur délivrance dans des situations extraordinaires[29].

14.4.1 Actes administratifs totalement exempts de contrôle de légalité par les juridictions du contentieux administratif

La loi n° 554/2004 consacre, à l'article 5, paragraphes 1 et 2, les exceptions suivantes à la règle de contestation des actes administratifs devant la juridiction administrative :

a) Les actes administratifs des autorités publiques concernant leurs relations avec le Parlement ;

b) Les actes de commandement militaire ;

c) Les actes administratifs pour la modification ou l'abolition desquels une autre procédure judiciaire est prévue par une loi organique.

Nous notons que l'article 5 de la loi n° 554/2004 établit ces exceptions à la règle de contestation des actes administratifs devant le *tribunal administratif*, car ils ne sont pas exemptés de la possibilité de contestation juridique devant les tribunaux ordinaires, en vertu

[29] Voir Verginia Vedinaş, *Traité théorique et pratique de droit administratif*, vol. II, Maison d'édition Universul Juridic, Bucarest, 2018, p. 244 et 255.

de l'article 21 de la Constitution sur le libre accès à la justice[30]. Toutefois, les juridictions ordinaires ne pourront pas se substituer aux juridictions administratives et statuer sur l'annulation d'un acte administratif, mais seulement sur l'indemnisation demandée par les personnes dont les droits ont été violés par ces actes.

14.4.1.1 Actes administratifs des autorités publiques concernant leurs relations avec le Parlement

Les actes administratifs concernant les relations avec le Parlement sont exemptés du contrôle des tribunaux administratifs, conformément aux dispositions de l'article 126, alinéa 6 de la Constitution et l'article 5, paragraphe 1, lettre a) de la loi n° 554/2004. Ces actes sont définis par l'article 2, paragraphe 1, lettre k) de la loi n° 554/2004 comme des actes émis par une autorité publique, dans l'exercice de ses fonctions, prévues par la Constitution ou par une loi organique, **dans des relations de nature politique avec le Parlement.**

Ces actes administratifs des autorités publiques concernant les relations de nature politique avec le Parlement sont :

– les actes du Président de la Roumanie dans ses relations politiques avec le Parlement[31] : l'acte par lequel le Président de la Roumanie désigne un candidat à la fonction de Premier ministre, conformément à l'article 85, paragraphe 1 de la Constitution ; l'acte par lequel le Président de la Roumanie nomme le gouvernement, sur la base du vote de confiance accordé par le Parlement ; la soumission pour ratification d'un traité international par le Président au Parlement en vertu de l'article 91 de la Constitution, la dissolution du Parlement par le Président en vertu de l'article 89 de la Constitution, la consultation du Parlement par le Président en cas de référendum en vertu de l'article 90 de la Constitution, la

[30] Voir, à cet égard, Corneliu-Liviu Popescu, « Le contentieux administratif selon les dispositions constitutionnelles révisées », *Dreptul* n° 2/2004, p. 17 ; Dacian Cosmin Dragoş, *op. cit.* 2009, p. 175-176.

[31] Voir Rodica Narcisa Petrescu, *op. cit.* 2009, p. 478 ; Dacian Cosmin Dragoş, *op. cit.* 2009, p. 177.

déclaration par le Président de la mobilisation des forces armées en vertu de l'article 92, alinéa 2, de la Constitution, déclaration par le Président de l'état d'urgence ou de siège en vertu de l'article 93 de la Constitution, etc.

– **les actes du gouvernement dans ses relations avec le Parlement**[32] : déclarations sur la politique du gouvernement ; communication des informations et documents demandés par les Chambres du Parlement dans les conditions prévues à l'article 111 de la Constitution, ordonnances simples adoptées par le gouvernement qui seront soumises à l'approbation du Parlement en vertu de l'article 115, alinéa 3 de la Constitution, si la loi d'habilitation le prévoit ; les ordonnances d'urgence adoptées par le gouvernement et soumises à l'approbation obligatoire du Parlement, conformément à l'article 115, alinéa 5 de la Constitution, etc.

14.4.1.2 Actes de commandement de nature militaire

Les actes de commandement de nature militaire sont exemptés du contrôle des tribunaux administratifs en vertu de l'article 126 paragraphe (6) de la Constitution et l'article 5, paragraphe 1, lettre b) de la loi n° 554/2004. L'acte de commandement militaire est défini par l'article 2, paragraphe 1, lit. l) de la loi n° 554/2004 comme l'acte administratif relatif aux questions strictement militaires de l'activité au sein des forces armées, spécifique à l'organisation militaire, qui implique le droit des commandants de donner des ordres aux subordonnés dans les questions relatives à la direction des troupes, en temps de paix ou de guerre ou, le cas échéant, dans l'exécution du service militaire.

L'exemption des actes de commandement de nature militaire du contrôle des juridictions administratives est fondée sur la nécessité d'assurer les conditions d'unité, de capacité et de rapidité nécessaires aux opérations militaires et d'assurer l'esprit de discipline des subordonnés envers l'autorité de leurs supérieurs[33]. Relèvent donc

---

[32] Voir Dacian Cosmin Dragoş, *op. cit.* 2009, p. 176, 178.

[33] Constantin G. Rarincescu, *op. cit.* 1936, p. 311.

de la notion d'actes de commandement de nature militaire : tous les ordres et instructions de service concernant les mesures de préparation des troupes, les mobilisations et concentrations de troupes, l'affectation et la conduite des commandements, les manœuvres, exercices et opérations militaires[34].

14.4.1.3 Les actes administratifs pour la modification ou l'abolition desquels une autre procédure judiciaire est prévue par une loi organique

La loi n° 554/2004 a établi parmi les exceptions absolues également les actes administratifs pour la modification ou l'abolition desquels une autre procédure judiciaire est prévue par la loi organique (article 5, paragraphe 2 de la loi). Ces actes ont été inclus par certains auteurs dans la doctrine roumaine dans la catégorie des actes administratifs exemptés en vertu de l'existence d'un **recours parallèle**[35]. Nous considérons cependant que la situation couverte par l'article 5, paragraphe 2, de la loi n° 554/2004 ne peut être qualifiée de recours parallèle qu'en étendant la portée de cette notion au-delà du cadre tracé par le droit français, d'où la théorie du recours parallèle a été reprise dans notre pays au début du XXe siècle[36]. Ainsi, en droit français, le recours parallèle signifie que la personne lésée par un acte administratif peut choisir entre deux moyens contentieux (procéduraux) pour obtenir la reconnaissance de son droit[37]. Cependant, nous notons qu'en

---

[34] *Ibid.* ; D.C. Dragoş, *op. cit.*, 2009, p. 179.

[35] Voir Antonie Iorgovan, Liliana Vişan, Alexandru Sorin Ciobanu, Diana Iuliana Pasăre, *Droit du contentieux administratif avec les derniers amendements et ajouts*, Maison d'édition Universul Juridic, Bucarest, 2008, p. 150 ; Dacian Cosmin Dragoş, *op. cit.*, 2009, p. 180-185 ; Oliviu Puie, *Contenciosul administrativ*, Maison d'édition Universul Juridic, Bucarest, 2009, vol. I, p. 395-409 ; Gabriela Bogasiu, *op. cit.*, 2008, p. 126.

[36] Voir Constantin G. Rarincescu, *op. cit.*, 1936, p. 329-332.

[37] Voir J. Rivero, J. Waline, *op. cit.*, 1992, p. 208 – les auteurs donnent l'exemple suivant : un agent public qui s'est vu refuser le versement d'une indemnité par l'administration peut former soit un recours de pleine juridiction, tendant à ce que l'administration soit condamnée à verser la somme, soit un recours pour excès de

droit roumain, l'article 5, paragraphe 2 de la loi n° 554/2004 fait référence à l'exclusion de la procédure de contentieux administratif des actes administratifs pour lesquels des lois organiques spéciales ont prévu des procédures judiciaires différentes pour les modifier ou les abolir. Il n'est donc pas question que le lésé puisse choisir entre plusieurs voies de recours possibles devant le tribunal en fonction de ce qu'il souhaite obtenir par l'action, le lésé étant obligé de suivre strictement la procédure prévue par la loi spéciale.

14.4.2 Actes administratifs ayant un régime juridique spécifique du contrôle de légalité exercé sur eux

Article 5, paragraphe 3 de la loi n° 554/2004, modifiée par la loi n° 212/2018, indique que dans les litiges relatifs aux actes administratifs émis pour l'application de l'état de guerre, de l'état de siège ou de l'état d'urgence, ceux relatifs à la défense et à la sécurité nationale ou ceux émis pour le rétablissement de l'ordre public, ainsi que pour l'élimination des conséquences des catastrophes naturelles, des épidémies et des épidémies, les **dispositions de l'article 14 sur la suspension par décision judiciaire de l'exécution de l'acte administratif ne sont pas applicables**.

Avant la modification de la loi n° 554/2004 par la loi n° 212/2018, dans l'article 5, paragraphe (3) prévoyait que ces quatre catégories d'actes administratifs **ne pouvaient faire l'objet d'un recours devant la juridiction administrative que pour excès de pouvoir**, ce qui a conduit à la doctrine qui les a appelés

pouvoir, tendant à l'annulation de la décision de refus ; M. Hauriou, *Précis élémentaire de droit administratif*, Société anonyme du Recueil Sirey, Paris, 1925, p. 309 – l'auteur donne comme exemple du choix du recours, tel qu'on le trouve dans la jurisprudence française, pour une personne dont le terrain a été exproprié par l'administration publique : 1. l'intéressé, s'il est dans le délai, peut former un recours pour excès de pouvoir contre l'acte de délimitation ; si l'acte de délimitation est annulé, il obtiendra la restitution en nature de son terrain (*Conseil d'État*, 27 mai 1863, *Drillet de Lanigou*) ; 2. L'intéressé peut également saisir le tribunal civil d'un recours en paiement d'une indemnité d'expropriation (*Conflits*, 11 janv. 1873, *Paris-Labrosse ;* 1er mars 1893, *Guillé*).

exceptions relatives[38] à la règle du recours des actes administratifs devant la juridiction administrative. En vertu de l'article 21 de la Constitution sur le libre accès à la justice, ces actes peuvent être contestés devant les tribunaux ordinaires, mais uniquement pour des dommages et intérêts ; les recours prévus par les lois spéciales peuvent également être utilisés.

Actuellement, la seule limite qui constitue le **régime juridique spécifique du contrôle de légalité exercé par le juge administratif à leur égard** est donnée par le fait que, dans le cas de ces actes administratifs, les dispositions de l'article 14 sur la suspension judiciaire de leur exécution ne sont pas applicables. Cette limitation est justifiée par le fait que ces actes administratifs adoptent des mesures imposées par l'intérêt public dans des situations d'importance majeure pour la préservation de l'intégrité territoriale de l'État et la sécurité nationale, la survie de l'État de droit, le maintien de l'état de santé de la population et l'élimination des conséquences des catastrophes naturelles.

14.5 Juridictions compétents pour juger des actions contentieuses administratives

Les juridictions du contentieux administratif sont représentées, conformément aux dispositions de l'article 2, paragraphe 1, point g) de la loi n° 554/2004, par la Chambre administrative et fiscale de la Haute Cour de Cassation et Justice, les Chambres administratives et fiscales des cours d'appel et les tribunaux administratifs et fiscaux. Jusqu'à la création des tribunaux administratifs et fiscaux, les litiges sont réglés par les sections des litiges administratifs des tribunaux (article 30 de la loi n° 554/2004).

Compétence matérielle des juridictions du contentieux administratif. Les juridictions du contentieux administratif ont une compétence matérielle générale, ce qui signifie que lorsqu'un tel

---

[38] Voir Verginia Vedinaş, *op. cit.*, vol. II, 2018, p. 241 ; Cătălin-Silviu Săraru, *Droit administratif. Questions fondamentales du droit public*, Maison d'édition C. H. Beck, Bucarest, 2016, p. 500.

litige n'est pas confié par une loi spéciale à la compétence d'autres tribunaux, sa résolution relève de la compétence des juridictions prévues par la loi sur le contentieux administratif[39].

L'Article 10, paragraphe 1 de la loi n° 554/2004 établit la compétence matérielle des juridictions du contentieux administratif selon les règles suivantes :

1. **Lorsque l'objet de l'acte administratif concerne des impôts, des taxes, des dettes douanières et leurs accessoires** – la compétence de la juridiction administrative est déterminée par la valeur. Ainsi, les actes administratifs concernant les impôts et taxes, les contributions, les dettes douanières, ainsi que leurs accessoires jusqu'à 3 000 000 lei sont réglés au fond par les tribunaux administratifs et fiscaux (sections du contentieux administratif et fiscal des tribunaux), tandis que ceux dont la valeur est supérieure à 3 000 000 lei sont réglés au fond par les sections du contentieux administratif et fiscal des Cours d'appel.

2. **Lorsque l'objet de l'acte administratif ne concerne pas les impôts, droits, dettes douanières et leurs accessoires** – La compétence de la juridiction administrative est déterminée par la position de l'autorité publique émettrice dans le système des autorités publiques. Ainsi, les litiges concernant les actes administratifs émis ou conclus par les autorités publiques locales et départementales sont réglés au fond par les tribunaux administratifs et fiscaux (sections du contentieux administratif et fiscal des tribunaux), tandis que ceux concernant les actes administratifs émis ou conclus par les autorités publiques centrales sont réglés au fond par les sections du contentieux administratif et fiscal des Cours d'appel.

Les recours contre les jugements rendus par les sections du contentieux administratif des tribunaux sont entendus par les sections du contentieux administratif des Cours d'appel, et les appels contre les jugements rendus par les sections du contentieux administratif des cours d'appel sont entendus par la section du

[39] Anton Trăilescu, *op. cit.* (*Droit administratif*), 2010, p. 329.

contentieux administratif de la Haute Cour de Cassation et Justice, sauf disposition contraire d'une loi organique spéciale (article 10, paragraphe 2 de la loi n° 554/2004).

Compétence territoriale des juridictions du contentieux administratif. En vertu de l'article 10, paragraphe (3) de la loi n° 554/2004 telle que modifiée par la loi n° 212/2018, « le demandeur personne physique ou morale, de droit privé s'adresse exclusivement à la juridiction de son domicile ou de son siège social. L'établissement public ou assimilé demandeur, s'adresse exclusivement à la juridiction du domicile ou du siège du défendeur ».

14.6 Les solutions qui peuvent être prononcées par le juge du contentieux administratif

La cour, en statuant sur la demande de la partie lésée, peut, le cas échéant, annuler, en tout ou en partie, l'acte administratif, obliger l'autorité publique à émettre un acte administratif, émettre un autre document ou effectuer une opération administrative spécifique (article 18(1) de la loi n° 554/2004).

Les solutions que le juge du contentieux administratif peut prononcer conformément à l'article 18 de la loi n° 554/2004 ne seraient pas possibles sans la reconnaissance implicite du droit revendiqué ou de l'intérêt légitime de la partie lésée, un point également souligné par la Cour constitutionnelle dans la décision n° 1239/2008[40].

Il résulte des dispositions de l'article 52 de la Constitution que le droit prétendument violé doit exister dans le patrimoine du requérant. Il s'agit d'une condition préalable, car nul ne peut prétendre avoir été lésé par un droit qui ne lui appartient pas. Par conséquent, une action en contentieux administratif ne peut pas avoir pour objet l'établissement d'un droit, car sinon elle se transformerait d'une juridiction du contentieux administratif en

[40] Gazette officielle n° 841 du 15 décembre 2008.

une juridiction du contentieux civil, de sorte que le sens de la disposition constitutionnelle relative à la « reconnaissance du droit revendiqué » est que seul un droit subjectif préexistant, lésé par une commission ou une omission de l'autorité publique, peut justifier la censure judiciaire de son action ou de son inaction dans la procédure de contentieux administratif[41].

Dans la mesure du possible, le juge du contentieux administratif peut ordonner le rétablissement de la situation antérieure en vertu de l'article 28, alinéa 1 de la loi n° 554/2004, relative au complément avec le droit commun, c'est-à-dire avec les dispositions du Code de procédure civile, en obligeant l'autorité publique à ordonner diverses mesures à cet égard dans les limites des dispositions de l'article 18, paragraphe 1 de la loi n° 554/2004.

Le juge du contentieux administratif peut également se prononcer sur la légalité des opérations administratives sur la base desquelles l'acte jugé a été émis (article 18(2) de la loi n° 554/2004).

A l'occasion de la résolution du litige, le juge décidera également de l'indemnisation des dommages matériels et immatériels causés, si le demandeur l'a demandée (article 18, paragraphe 3 de la loi n° 554/2004).

Conformément aux dispositions de l'article 18(4) de la loi n° 554/2004, lorsque l'objet du litige administratif est un contrat administratif, selon les faits, le juge du contentieux administratif peut :

a) ordonner son annulation en tout ou en partie ;

b) obliger l'autorité publique à conclure le contrat auquel le demandeur a droit ;

c) exiger que l'une des parties exécute une certaine obligation ;

d) supplanter le consentement d'une partie lorsque l'intérêt public l'exige ;

e) ordonner le versement d'une indemnité pour les dommages matériels et immatériels.

---

[41] Voir Décision de la Cour constitutionnelle n° 87/1995 (Gazette officielle n° 251 du 1er novembre 1995).

14.7 Contrôle judiciaire indirect des actes administratifs à caractère individuel par voie d'exception d'illégalité

Après le recours direct en annulation des actes administratifs, l'exception d'illégalité est le deuxième moyen par lequel les tribunaux exercent le contrôle de la légalité des actes adoptés ou émis par les autorités publiques[42].

L'exception d'illégalité est un moyen de défense qu'une partie à un procès oppose à un acte administratif illégal qui est pertinent pour l'affaire en question[43]. L'intérêt de contester la légalité d'un acte administratif unilatéral à caractère individuel peut se manifester dans le cadre d'une multitude de litiges portant sur des matières différentes. En cas d'admission de l'action directe, la sanction d'annulation de l'acte administratif intervient, et en cas d'admission de l'exception d'illégalité, la sanction d'inapplicabilité intervient.

Sur la base de l'analyse doctrinale[44] et des dispositions de l'article 4, paragraphe 1 de la loi n° 554/2004 sur le contentieux administratif, les caractéristiques suivantes de l'exception d'illégalité peuvent être déduites :

– L'exception d'illégalité ne vise pas l'annulation de l'acte administratif comme dans le cas d'une action directe, mais seulement sa soustraction au règlement du litige ;

– Elle est imprescriptible et peut être invoquée à tout moment et à tous les stades de la procédure (fond, appel ou recours)[45] ;

---

[42] Voir Emanuel Albu, *op. cit.* (*Droit du contentieux administratif*), 2008, p. 264 ; Alexandru Negoiță, *op. cit.* (*Droit administratif*), 1996, p. 280.

[43] Voir Antonie Iorgovan, *op. cit.* (*Traité de droit administratif*), vol. II, 2005, p. 677.

[44] Antonie Iorgovan, *op. cit.* (*Traité de droit administratif*), vol. II, 2005, p. 677-684 ; Ioan Alexandru, Mihaela Cărăușan, Sorin Bucur, *op. cit.* (*Droit administratif*), 2005, p. 581-583 ; Dacian Cosmin Dragoș, *op. cit.* (*Droit du contentieux administratif...*), 2009, p. 159-168 ; Emanuel Albu, *op. cit.* (*Droit du contentieux administratif*), 2008, p. 264-291 ; Anton Trăilescu, „L'exception d'illégalité dans le contexte de la législation actuelle", *Dreptul* n° 4/1998, p. 20-23.

[45] Dans ce sens, la Section du contentieux administratif et fiscal de la Haute Cour de Cassation et Justice s'est également prononcée dans la décision n° 2869/2006 [Décision mentionnée par Gabriela-Victoria Bîrsan, Bogdan Georgescu, *Loi du*

– Elle ne peut concerner qu'un acte administratif de nature individuelle selon l'article 4, paragraphe 1 de la loi n° 554/2004 ;

– Elle peut être soulevée par toute partie à la procédure ou par le tribunal de sa propre initiative ;

– Elle peut être soulevée dans toute procédure relevant de la compétence des tribunaux (civil, commercial, du travail, pénal, administratif, etc.) ;

– L'exception d'illégalité est imprescriptible et peut être invoquée à tout moment, même après l'expiration du délai pour introduire un recours direct en annulation de l'acte.

La compétence pour statuer sur l'exception d'illégalité appartient au juge saisi du fond du litige.

14.8 Contentieux administratif dans les lois spéciales

La réglementation générale de l'institution du contentieux administratif en Roumanie est aujourd'hui, comme nous l'avons montré dans les chapitres précédents, réalisée par la loi n° 554/2004 *sur le contentieux administratif.*

Dans le système juridique roumain, il existe actuellement de nombreuses lois qui utilisent des **règles faisant référence** à la *loi sur le contentieux administratif* pour le règlement des litiges. Ainsi, la *loi sur l'allocation d'État pour enfants* n° 61/1993[46], republiée, avec les modifications et ajouts ultérieurs, stipule à l'article 9 que des recours peuvent être introduits contre la manière dont l'allocation d'État pour enfants est établie et versée, et ces recours seront réglés conformément à la *loi sur le contentieux administratif* n° 554/2004, avec les modifications et ajouts ultérieurs. Un autre exemple est fourni par la *loi sur l'eau* n° 107/1996[47], telle que modifiée et complétée, qui stipule à l'article 60 que les permis et autorisations de gestion de l'eau, ainsi

---

contentieux administratif n° 554/2004 annotée, 2e édition, Maison d'édition Hamangiu, Bucarest, 2008, p. 61].

[46] Gazette officielle n° 767 du 14 novembre 2012.

[47] Gazette officielle n° 244 du 8 octobre 1996.

que le refus de les délivrer peuvent être contestés en vertu de la *loi sur le contentieux* administratif n° 554/2004, telle que modifiée.

Il existe également des **lois spéciales** qui dérogent aux dispositions générales de la loi n° 554/2004 (*specialia generalibus derogant*). Ainsi, il existe des lois qui dérogent à la réglementation sur la compétence de la juridiction administrative, à la procédure préalable à la saisine de la juridiction, au délai de saisine de la juridiction, ou qui établissent des catégories d'actions administratives exemptes du paiement du droit de timbre, etc.

Dans le domaine des contraventions, l'O.G. n° 2/2001 *sur le régime juridique des contraventions* prévoit, par dérogation à l'Article 10, paragraphe 1 de la loi n° 554/2004[48], qu'une plainte peut être déposée contre le procès-verbal de contravention dans un délai de 15 jours à compter de la date de sa remise ou de sa communication à la cour dans le ressort duquel la contravention a été commise (article 31, paragraphe 1, et article 32 de l'O.G. n° 2/2001). Sauf disposition contraire de la loi, la décision relative à la plainte ne peut faire l'objet que d'un appel. L'appel est tranché par la section du contentieux administratif du tribunal. Les motifs du recours ne sont pas obligatoires. Les motifs du recours peuvent également être plaidés oralement devant le tribunal. L'appel suspend l'exécution du jugement (article 34, paragraphe 2, de l'O.G. n° 2/2001).

---

[48] En vertu de l'article 10, paragraphe (1) de la loi n° 554/2004, « les litiges concernant les actes administratifs émis ou conclus par les autorités publiques locales et départementales, ainsi que ceux concernant les taxes et impôts, les contributions, les dettes douanières, ainsi que leurs accessoires jusqu'à 3 000 000 lei sont tranchés au fond par les tribunaux administratifs et fiscaux, et ceux concernant les actes administratifs émis ou conclus par les autorités publiques centrales, ainsi que celles concernant les impôts et taxes, les contributions, les dettes douanières, ainsi que leurs accessoires dépassant 3 000 000 lei sont tranchés au fond par les sections du contentieux administratif et fiscal des Cours d'appel, sauf disposition contraire d'une loi organique spéciale ».

Des lois spéciales visent à adapter les procédures de règlement des litiges administratifs à la nature spécifique des activités administratives réglementées, y compris, comme mentionné ci-dessus, les dérogations à la procédure générale prévue par la loi n° 554/2004.

Bibliographie

A. V. Dicey, *Introduction to the Study of the Law of the Constitution*, Macmillan and Co, Londres, 1885.

A. W. Bradley, R. D. Ewing, *Constitutional and Administrative Law*, 12th ed.

Alexandru Negoiță, *Drept administrativ* [*Droit administratif*], Maison d'édition Sylvi, Bucarest, 1996.

Ana Rozalia Lazăr, « Din nou despre inexistența actului administrativ [À nouveau sur l'inexistence de l'acte administratif] », *Revista de Drept Public*, n° 4/2007.

Ani Matei, *Introducere în analiza sistemelor administrației publice* [*Introduction à l'analyse des systèmes d'administration publique*], Maison d'édition économique, Bucarest, 2000.

Anton Trăilescu, *Actele administrației publice locale* [*Lois sur l'administration publique locale*], Maison d'édition All Beck, Bucarest, 2002.

Anton Trăilescu, Alin Trăilescu, *Legea contenciosului administrativ. Comentarii și explicații* [*Droit du contentieux administratif. Commentaires et explications*], 4e édition, Maison d'édition C. H. Beck, Bucarest, 2018.

Anton Trăilescu, *Drept administrativ* [*Droit administratif*], 4e édition, Maison d'édition C. H. Beck, Bucarest, 2010.

Anton Trăilescu, « Excepția de ilegalitate în contextul legislației actuale [L'exception d'illégalité dans le contexte de la législation actuelle] », *Dreptul* n° 4/1998.

Antonie Iorgovan, Liliana Vișan, Alexandru Sorin Ciobanu, Diana Iuliana Pasăre, *Legea contenciosului administrativ cu modificările și completările la zi* [*Droit du contentieux administratif avec les derniers amendements et ajouts*], Maison d'édition, Universul Juridic, Bucarest, 2008.

Antonie Iorgovan, *Tratat de drept administrativ* [*Traité de droit administratif*], vol. I, 4e édition, Maison d'édition All Beck, Bucarest, 2005.

Bernard Pacteau, *Manuel de contentieux administratif*, Presses universitaires de France, 2e édition, 2010.

Ioan Alexandru, Cătălin-Silviu Săraru, Ivan Vasile Ivanoff, Cezar Corneliu Manda, Alina-Livia Nicu, *Drept administrativ european* [*Droit administratif européen*], Maison d'édition Lumina Lex, Bucarest, 2005.

Cătălin-Silviu Săraru, « La capacité des autorités/institutions publiques à conclure des contrats administratifs », *Dreptul* n° 1/2010.

Cătălin-Silviu Săraru, *Cartea de contracte administrative. Modele. Comentarii. Explicații* [*Le livre des contrats administratifs. Modèles. Commentaires. Explications*], Maison d'édition C. H. Beck, Bucarest, 2013.

Cătălin-Silviu Săraru, « Considérations sur les accords de coopération transfrontalière entre les unités administratives-territoriales bordant les zones frontalières de la Roumanie et les structures similaires des pays voisins », *Curentul Juridic*, n° 2 (45)/2011.

Cătălin-Silviu Săraru, *Contractele administrative. Reglementare. Doctrină. Jurisprudență* [*Contrats administratifs. Règlement. Doctrine. Jurisprudence*], Maison d'édition C. H. Beck, Bucarest, 2009.

Cătălin-Silviu Săraru, « Discuţii referitoare la reglementarea proprietăţii publice în noul Cod civil [Discussions sur la réglementation des biens publics dans le nouveau Code civil] », *Dreptul* n° 11/2010.

Cătălin-Silviu Săraru, *Drept administrativ. Probleme fundamentale ale dreptului public* [*Droit administratif. Questions fondamentales du droit public*], Maison d'édition C. H. Beck, Bucarest, 2016.

Charles-Édouard Bucher, *L'inexécution du contrat de droit privé et du contrat administratif*, Dalloz, Paris, 2011.

Constantin G. Rarincescu, Contenciosul administrativ român [*Contentieux administratif roumain*], 2e édition, Alcalay & Co. Maison d'édition « Universal », Bucarest, 1936.

Constantin Rarincescu, *Teoria serviciului public* [*Théorie du service public*], Maison d'édition des cours lithographiées, 1941.

Constantin Stătescu, Corneliu Bîrsan, *Drept civil. Teoria generală a obligațiilor* [*Droit civil. Théorie générale des obligations*], 3e édition, Maison d'édition All Beck, Bucarest, 2000.

Corneliu Bîrsan, *Drept civil. Drepturile reale principale* [*Droit civil. Principaux droits réels*], Maison d'édition Hamangiu, 3e édition, Bucarest, 2008.

Corneliu Manda, Doina Banciu, Cezar Manda, *Administrația Publică și Cetățeanul. Structuri. Autorități. Informație publică* [*Administration publique et citoyen. Structures. Autorités. Information publique*], Maison d'édition technique, Bucarest, 1997.

Corneliu-Liviu Popescu, « Contenciosul administrativ potrivit dispozițiilor constituționale revizuite [Le contentieux administratif selon les dispositions constitutionnelles révisées] », *Dreptul* n° 2/2004.

Cristian Clipa, « Caracterul obligatoriu al actului administrativ de numire într-o funcție publică și stabilitatea pe post a funcționarului public – corelații necesare [Le caractère contraignant de l'acte administratif de nomination à une fonction publique et la stabilité de la position du fonctionnaire – corrélations nécessaires] », *Revista de Drept Public* n° 4/2010.

Dacian Cosmin Dragoș, « Contractul de achiziție publică [Contrat de marché public] », *Curierul Judiciar* n° 2/2002.

Dacian Cosmin Dragoș, « Discuții privind posibilitatea anulării unui act administrativ pe motiv de inoportunitate

[Discussions sur la possibilité d'annuler un acte administratif pour cause d'inopportunité] », *Revue transylvanienne des sciences administratives*, n° 1(10), 2004.

Dacian Cosmin Dragoş, *Legea contenciosului administrativ. Comentarii şi explicaţii [Droit du contentieux administratif. Commentaires et explications]*, 2e édition, Maison d'édition C. H. Beck, Bucarest, 2009.

Dan Claudiu Dănişor, Ion Dogaru, Gheorghe Dănişor, *Teoria generală a dreptului [Théorie générale du droit*], 2e édition, Maison d'édition C. H. Beck, Bucarest, 2008.

Dana Apostol Tofan, *Puterea discreţionară şi excesul de putere al autorităţilor publice* [*Pouvoir discrétionnaire et excès de pouvoir des autorités publiques*], Maison d'édition All Beck, Bucarest, 1999.

Denis Levy, « Aspects généraux du contrôle » in *Traité de science administrative*, Mouton & Co, Paris, 1966.

Diana Iuliana Pasăre, « Executarea din oficiu a actelor administrative. Repere doctrinare și jurisprudențiale franceze și comunitare în materie [L'exécution d'office des actes administratifs. Références doctrinales et jurisprudentielles françaises et communautaires en la matière. Brèves considérations sur le système juridique roumain] », *Revista de Drept Public* n° 1/2006.

Dinu Ștefănescu, « Contribuții la elaborarea unei noi definiții a dreptului subiectiv [Contributions à l'élaboration d'une nouvelle définition du droit subjectif] », *Dreptul* n° 7-8/1991.

Dumitru Brezoianu, *Contenciosul administrativ* [*Le contentieux administratif*], Maison d'édition Metropol, Bucarest, 1995.

Dumitru Brezoianu, *Drept administrativ român* [*Le droit administratif roumain*], Maison d'édition Lucrețius, Bucarest, 1997.

E. Forsthoff, *Traité de droit administratif allemand*, vol. I, Bruxelles, 1969.

Emanuel Albu, *Dreptul contenciosului administrativ* [*Droit du contentieux administratif*], Maison d'édition Universul Juridic, Bucarest, 2008.

Emanuel Albu, « Motivarea actelor administrative – garanție a dreptului la o bună administrație (administrare) [Motivation des actes administratifs – garantie du droit à une bonne administration] », *Revista de Drept Public* n° 4/2010.

Emil Bălan, *Dreptul administrativ al bunurilor* [*Droit administratif des biens*], Maison d'édition C. H. Beck, Bucarest, 2007.

Eugen Chelaru, *Administrarea domeniului public și a domeniului privat* [*Administration du domaine public et privé*], 2e édition, Maison d'édition C. H. Beck, Bucarest, 2008.

Eugen Popa, *Drept administrativ* [*Droit administratif*], Maison d'édition Servo-Sat, Arad, 2000.

Florian Coman, *Drept internațional public* [*Droit international public*], vol. II, Maison d'édition Sylvi, Bucarest, 1999.

Frédéric Lombard, *La cause dans le contrat administratif*, Dalloz, Paris, 2008.

G. Burdeau, *Traité de science politique*, LGDJ, 1966.

Gabriel Boroi, Carla Alexandra Anghelescu, *Curs de drept civil. Partea generală - conform noului Cod civil*, [*Cours de droit civil. Partie générale – selon le nouveau Code civil*], 2e édition révisée et ajoutée, Maison d'édition Hamangiu, Bucarest, 2012.

Gabriel Boroi, *Drept civil. Partea generală. Persoanele* [*Droit civil. Partie générale. Personnes*], 3e édition, revue et augmentée, Maison d'édition Hamangiu, 2008.

Gabriela Bogasiu, *Legea contenciosului administrativ comentată și adnotată* [*Droit du contentieux administratif annoté et commenté*], 4e édition, revue et augmentée, Maison d'édition Universul Juridic, Bucarest, 2018.

Gabriela-Victoria Bîrsan, Bogdan Georgescu, *Legea contenciosului administrativ nr. 554/2004 adnotată* [*Loi sur le contentieux administratif n° 554/2004 annotée*], 2e édition, Maison d'édition Hamangiu, Bucarest, 2008.

Gaston Jèze, *Cours de droit public (Licence) – Théorie générale des contrats de l'administration formation et exécution*, Paris, Marcel Giard Libraire-Éditeur, 1931.

George Costi, *Noţiunea contractului administrativ* [*La notion de contrat administratif*], Imprimerie Centrale, Bucarest, 1945.

Gheorghe Beleiu, *Drept civil român. Introducere în dreptul civil. Subiectele dreptului civil* [*Droit civil roumain. Introduction au droit civil. Sujets de droit civil*], 5e édition, Maison d'édition et presse « Şansa » SRL, Bucarest, 1998.

Gilles J. Guglielmi, « Vu par ses pères fondateurs, le droit administratif », in *Le droit administratif en mutation*, PUF, 1993.

Giorgio del Vecchio, *Lecţii de filozofie juridică* [*Leçons de philosophie juridique*], Maison d'édition Europa Nova, Bucarest, 1994 (traduction par J. Constantin Drăgan).

Henri Lévy-Bruhl, *Sociologie du droit*, Presses universitaires de France, Paris, 1964.

Ilie Iovănaş, *Dreptul administrativ şi elemente ale ştiinţei administraţiei* [*Droit administratif et éléments de science administrative*], Maison d'édition didactique et pédagogique, Bucarest, 1977.

Ioan Alexandru (coord.), *Drept administrativ* [*Droit administratif*], Maison d'édition Omnia, Brasov, 1999.

Ioan Alexandru, *Administraţia publică, Teorii. Realităţi. Perspective* [*Administration publique, théories. Réalités. Perspectives*], 2e édition, Maison d'édition Lumina Lex, Bucarest, 2001.

Ioan Alexandru, *Drept administrativ comparat* [*Droit administratif comparé*], Maison d'édition Lumina Lex, Bucarest, 2000.

Ioan Alexandru, *Interdisciplinaritatea: noua paradigmă în cercetarea şi reformarea administraţiei publice* [*L'interdisciplinarité : le nouveau paradigme de la recherche et de la réforme de l'administration publique*], Maison d'édition de l'Académie roumaine, Bucarest, 2010.

Ioan Alexandru, Lucica Matei, *Servicii publice* [*Services publics*], Maison d'édition économique, Bucarest, 2000.

Ioan Alexandru, Mihaela Cărăuşan, Ion Popescu, Dragoş Dincă, *Drept administrativ* [*Droit administratif*], Maison d'édition économique, Bucarest, 2002.

Ioan Alexandru, Mihaela Cărăuşan, Sorin Bucur, *Drept administrativ* [*Droit administratif*], Maison d'édition Lumina Lex, Bucarest, 2005.

Ioan Alexandru, *Tratat de administraţie publică* [*Traité sur l'administration publique*], Maison d'édition Universul Juridic, Bucarest, 2008.

Ioan Muraru, Elena Simina Tănăsescu, *Drept constituţional şi instituţii politice* [*Droit constitutionnel et institutions politiques*], vol. I, 11e édition, Maison d'édition C. H. Beck, Bucarest, 2003.

Ioan Muraru, Mihai Constantinescu, « Rolul Curţilor Constituţionale în asigurarea echilibrului puterilor în stat [Le rôle des Cours constitutionnelles pour assurer l'équilibre des pouvoirs dans l'État] », *Dreptul* n° 9/1996.

Ioan Santai, « Căi procedurale de desfiinţare a actelor de drept administrativ stabile [Les voies procédurales pour abolir les actes de droit administratif stables] », *Revista română de drept* n° 3/1985.

Ioan Santai, *Drept administrativ şi ştiinţa administraţiei* [*Droit administratif et science de l'administration*], vol. I, Sibiu, 1992.

Ioan Santai, « Rolul avizelor în cadrul litigiilor având ca obiect controlul judecătoresc al legalităţii actelor şi faptelor administrative [Le rôle des opinions dans les litiges concernant le contrôle judiciaire de la légalité des actes et des faits administratifs] », *Revista română de drept* « Romanian Journal of Law » n° 7/1983.

Ioan Vida, *Manual de Legistică formală. Introducere în tehnica şi procedura legislativă* [*Manuel de légistique formelle. Introduction à la technique et à la procédure législatives*], Maison d'édition Lumina Lex, Bucarest, 2000.

Ioan Vida, *Puterea executivă și administrația publică* [*Pouvoir exécutif et administration publique*], Régie autonome „Monitorul Oficial”, Bucarest, 1994.

Ion Brad, *Revocarea actelor administrative* [*La révocation des actes administratifs*], Maison d'édition Universul Juridic, Bucarest, 2009.

Ion Corbeanu, *Drept administrativ* [*Droit administratif*], 2e édition revue et complétée, Maison d'édition Lumina Lex, Bucarest, 2010.

Ion Corbeanu, Maria Corbeanu, *Teoria generală a dreptului* [*Théorie générale du droit*], Maison d'édition Lumina Lex, Bucarest, 2008.

Ion Deleanu, « Separația puterilor în stat – dogmă sau realitate [La séparation des pouvoirs dans l'État – dogme ou réalité] », *Dreptul* n° 2-3/1991.

Ion Deleanu, Sergiu Deleanu, *Mică enciclopedie a dreptului. Adagii și locuțiuni latine în dreptul românesc* [*Petite encyclopédie du droit. Adages et locutions latines en droit roumain*], Maison d'édition Dacia, Cluj-Napoca, 2000.

Ion Dogaru (coord.), *Drept civil. Contractele speciale* [*Droit civil. Contrats spéciaux*], Maison d'édition All Beck, Bucarest, 2004.

Ion P. Filipescu, Andrei I. Filipescu, *Drept civil. Dreptul de proprietate și alte drepturi reale*, [*Droit civil. Droit de propriété et autres droits réels*], Maison d'édition Universul Juridic, Bucarest, 2006.

Ion Popescu-Slăniceanu, *Funcția publică* [*Fonction publique*], Maison d'édition Infodial, Bucarest, 2000.

Ion Traian Ștefănescu, *Tratat teoretic și practic de drept al muncii* [*Traité théorique et pratique de droit du travail*], 3e édition, revue et augmentée, Maison d'édition Universul Juridic, Bucarest, 2014.

Iordan Nicola, *Drept administrativ* [*Droit administratif*], Maison d'édition universitaire « Lucian Blaga », Sibiu, 2007.

Jean Fougerouse, *Le droit administratif en schémas*, Ellipses Édition Marketing S.A., 2008.

Jean Marie Auby, *Droit administratif*, Université de Bordeaux, Librairie Montaigne, 1975-1976.

Jean Rivero, *Droit administratif*, 12e édition, Dalloz, Paris, 1987.

Jean Rivero, Jean Waline, *Droit administratif*, 14e édition, Dalloz, Paris, 1992.

Jean-Philippe Colson, *Droit public économique*, 3e édition, LGDJ, Paris, 2001.

Laura Maria Crăciunean, « Câteva considerații privind exproprierea pentru cauză de utilitate publică în dreptul comparat și în jurisprudența Curții Europene a Drepturilor Omului [Quelques considérations sur l'expropriation pour cause d'utilité publique en droit comparé et dans la jurisprudence de la Cour européenne des droits de l'homme] », *Revista de Drept Public* n° 2/2006.

Liviu Giurgiu, « Considerații în legătură cu domeniul public [Considérations relatives au domaine public] », *Dreptul* n° 8/1995.

Liviu Pop, *Dreptul de proprietate și dezmembrămintele sale* [*Le droit de la propriété et ses démembrements*], Maison d'édition Lumina Lex, Bucarest, 1996.

Liviu Pop, *Teoria generală a obligațiilor* [*Théorie générale des obligations*], Maison d'édition Lumina Lex, Bucarest, 1998.

Lucica Matei, *Management public* [*Gestion publique*], Maison d'édition économique, Bucarest, 2001.

M. Văraru, *Tratat de drept administrativ român* [*Traité de droit administratif roumain*], Librairie Socec & Co, Bucarest, 1928.

Marian Nicolae, « Considerații asupra Legii nr. 213/1998 privind proprietatea publică și regimul juridic al acesteia [Considérations sur la loi n° 213/1998 sur la propriété publique et son régime juridique] », *Dreptul* n° 6/1999.

Maurice Hauriou, *Précis de droit constitutionnel*, 2e, Sirey, 1929.

Maurice Hauriou, *Précis élémentaire de droit administratif*, Société anonyme du Recueil Sirey, Paris, 1925.

Mădălin Irinel Niculeasa, *Legislaţia achiziţiilor publice. Comentarii şi explicaţii* [*La législation sur les marchés publics. Commentaires et explications*], Maison d'édition C. H. Beck, Bucarest, 2007.

Mihai Adrian Hotca, *Regimul juridic al contravenţiilor* [*Régime juridique des contraventions*], Maison d'édition C. H. Beck, Bucarest, 2006.

Mihai T. Oroveanu, « Concesiunea serviciului public [Concession de service public] », *Studii de drept românesc*, avril-juin 1995.

Mircea Djuvara, *Teoria generală a dreptului. Drept raţional, izvoare şi drept pozitiv* [*Théorie générale du droit. Droit rationnel, sources et droit positif*], Maison d'édition All Beck, Bucarest, 1999.

Mircea N. Costin, Călin M. Costin, *Dicţionar de drept civil de la A la Z* [*Dictionnaire de droit civil de A à Z*], 2e édition, Maison d'édition Hamangiu, Bucarest, 2007.

Mircea N. Costin, *Răspunderea juridică în dreptul R.S.R.* [*La responsabilité juridique dans le droit de la République socialiste de Roumanie*], Maison d'édition Dacia, Cluj, 1974.

Mircea Preda, *Drept administrativ. Partea generală* [*Droit administratif. Partie générale*], 4e édition, Maison d'édition Lumina Lex, Bucarest, 2006.

Mircea Preda, Gabriela Stecoza, « Unele consideraţii şi observaţii critice asupra Statutului funcţionarilor publici [Quelques considérations critiques et observations sur le statut des fonctionnaires] », *Dreptul* n° 8/2000.

Mona-Lisa Belu Magdo, « Proprietatea publică şi regimul juridic al acesteia, [La propriété publique et son régime juridique] », *Revista de Drept Comercial* n° 11/1999.

Montesquieu, *Despre spiritul legilor* [*De l'esprit des lois*], Maison d'édition scientifique, Bucarest, 1964.

Nicolae Popa, *Teoria generală a dreptului* [*Théorie générale du droit*], 5e édition, Maison d'édition C. H. Beck, Bucarest, 2014.

O. H. Phillips, P. Jackson, *Constitutional and Administrative Law*, 6th ed., Sweet-Maxwell, Londres, 1978.

Oliviu Puie, *Contenciosul administrativ* [*Le contentieux administratif*], vol. I, Maison d'édition Universul Juridic, Bucarest, 2009.

Ovidiu Ungureanu, Cornelia Munteanu, *Tratat de Drept civil. Bunurile. Drepturile reale principale* [*Traité de droit civil. Propriété. Principaux droits en rem*], Maison d'édition Hamangiu, Bucarest, 2008.

Paul Negulescu, *Tratat de drept administrativ* [*Traité de droit administratif*], vol. I, 4e édition, Maison d'édition Marvan, Bucarest, 1934.

Pavel Perju, « Sinteză teoretică de practică a instanţelor judecătoreşti din circumscripţia Curţii de Apel Suceava în materia dreptului procesual civil [Synthèse théorique de la pratique des tribunaux de la Cour d'appel de Suceava dans le domaine du droit procédural civil] », *Droit* n° 1/1995.

Pierre Delvolve, *Les contrats de l'Administration*, Fondation nationale des Sciences politiques, Service de Polycope, 1981-1982.

Pierre Pactet, *Institutions politiques. Droit constitutionnel*, Éditions Armand Colin, Paris, 2001.

Prosper Weil, *Le droit administratif*, 15e édition, Presses universitaires de France, Paris, 1992.

Rodica Narcisa Petrescu, *Drept administrativ* [*Droit administratif*], Maison d'édition Hamangiu, Bucarest, 2009.

Rodica-Narcisa Petrescu, « *Criterii de distingere între actele administrative de autoritate şi actele de gestiune ale statului – implicaţii pe planul contenciosului administrativ* [Critères de distinction entre les actes d'autorité administrative et les actes de gestion de l'État – implications pour le contentieux administratif] », *Dreptul* n° 10/1992.

Rozalia-Ana Lazăr, *La légalité de l'acte administratif. Droit roumain et droit comparé* [*Légalité de l'acte administratif. Droit roumain et droit comparé*], Maison d'édition All Beck, Bucarest, 2004.

Sandrine Biagini-Girard, *L'inexistence en droit administratif*, L'Harmattan, Paris, 2010.

Simona Gherghina, Aladar Sebeni, « Efectele şi încetarea contractului de concesiune [Effets et résiliation du contrat de concession] », *Dreptul* n° 11/1999.

Sorin David, « Contractul de concesiune [Le contrat de concession] », *Dreptul* n° 9/1991.

Tudor Drăganu, *Actele administrative și faptele asimilate lor supuse controlului judecătoresc potrivit Legii nr. 1/1967* [*Les actes administratifs et leurs actes assimilés soumis au contrôle judiciaire selon la loi n° 1/1967*], Maison d'édition Dacia, Cluj-Napoca, 1970.

Tudor Drăganu, Actele de drept administrativ [Actes *de droit administratif*], Maison d'édition scientifique, Bucarest, 1959.

Valentin Prisăcaru, *Tratat de drept administrativ român. Partea generală* [*Traité de droit administratif roumain. Partie générale*], 2e édition, revue et augmentée, Maison d'édition All, Bucarest, 1996.

Valeriu Stoica, *Drept civil. Drepturile reale principale [Droit civil. Principaux droits en rem]*, Maison d'édition C. H. Beck, Bucarest, 2009.

Vasile Pătulea, Corneliu Turianu, *Dreptul de proprietate și alte drepturi reale*, vol. II (*Dreptul de proprietate publică, dreptul de proprietate privată, apărarea dreptului de proprietate, publicitatea imobiliară*) [*Droit de propriété et autres droits réels*, vol. II (*Droit public de propriété, droit privé de propriété, défense des droits de propriété, publicité foncière*)], Maison d'édition Wolters Kluwer, Bucarest, 2008.

Verginia Vedinaș, *Drept administrativ* [*Droit administratif*], 9e édition revue et mise à jour, Maison d'édition Universul Juridic, Bucarest, 2015.

Verginia Vedinaş, *Statutul funcţionarilor publici* [*Le statut des fonctionnaires*], Maison d'édition Universul Juridic, Bucarest, 2009.

Verginia Vedinaş, *Tratat teoretic şi practic de drept administrativ* [*Traité théorique et pratique de droit administratif*], vol. II, Maison d'édition Universul Juridic, Bucarest, 2018.

Viorel Mihai Ciobanu, *Tratat teoretic şi practic de procedură civilă* [*Traité théorique et pratique de procédure civile*], vol. I, Maison d'édition National, Bucarest, 1997.

Table des matières

Structures éditoriales du groupe L'Harmattan

L'Harmattan Italie
Via degli Artisti, 15
10124 Torino
harmattan.italia@gmail.com

L'Harmattan Hongrie
Kossuth l. u. 14-16.
1053 Budapest
harmattan@harmattan.hu

L'Harmattan Sénégal
10 VDN en face Mermoz
BP 45034 Dakar-Fann
senharmattan@gmail.com

L'Harmattan Cameroun
TSINGA/FECAFOOT
BP 11486 Yaoundé
inkoukam@gmail.com

L'Harmattan Burkina Faso
Achille Somé – tengnule@hotmail.fr

L'Harmattan Guinée
Almamya, rue KA 028 OKB Agency
BP 3470 Conakry
harmattanguinee@yahoo.fr

L'Harmattan RDC
185, avenue Nyangwe
Commune de Lingwala – Kinshasa
matangilamusadila@yahoo.fr

L'Harmattan Congo
219, avenue Nelson Mandela
BP 2874 Brazzaville
harmattan.congo@yahoo.fr

L'Harmattan Mali
ACI 2000 - Immeuble Mgr Jean Marie Cisse
Bureau 10
BP 145 Bamako-Mali
mali@harmattan.fr

L'Harmattan Togo
Djidjole – Lomé
Maison Amela
face EPP BATOME
ddamela@aol.com

L'Harmattan Côte d'Ivoire
Résidence Karl – Cité des Arts
Abidjan-Cocody
03 BP 1588 Abidjan
espace_harmattan.ci@hotmail.fr

Nos librairies en France

Librairie internationale
16, rue des Écoles
75005 Paris
librairie.internationale@harmattan.fr
01 40 46 79 11
www.librairieharmattan.com

Librairie des savoirs
21, rue des Écoles
75005 Paris
librairie.sh@harmattan.fr
01 46 34 13 71
www.librairieharmattansh.com

Librairie Le Lucernaire
53, rue Notre-Dame-des-Champs
75006 Paris
librairie@lucernaire.fr
01 42 22 67 13

www.ingramcontent.com/pod-product-compliance
Lightning Source LLC
LaVergne TN
LVHW011257061026
849535LV00005B/1288